Christina Danetzky, Meliha Guri
Rauhnächte und Jahreskreisfeste

Hol dir deinen gratis Jahreskreisfeste-Kalender.

Christina Danetzky, Meliha Guri

# Rauhnächte und Jahreskreisfeste

Ganzheitliche Rituale für unseren Alltag

Mit 64 farbigen Abbildungen

*Mehr über unsere Autorinnen, Autoren und Bücher:*
*www.piper.de*



Unser Versprechen für mehr Nachhaltigkeit
Klimaneutrales Produkt
FSC®-zertifiziertes Papier
Hergestellt in Europa

FSC
www.fsc.org
MIX
Papier | Fördert gute Waldnutzung
FSC® C083411

Originalausgabe
ISBN 978-3-492-31752-8
November 2023

Satz: psb, Berlin
Gesetzt aus der ITC Stone Serif
Litho: Lorenz & Zeller, Inning am Ammersee
Druck und Bindung: CPI books GmbH, Leck
Printed in the EU

Für unsere Ahn*innen und Vorfahr*innen,
allen voran unsere Eltern.

# Inhalt

# Vorwort

Dieses Buch darf dir als Reiseführer und Handbuch dienen, um deinen eigenen Weg und Umgang mit den Rauhnächten und Jahreskreisfesten zu finden. Angereichert mit zahlreichen Hintergründen, Fakten und Möglichkeiten zeigt es dir, wie du alte Riten in deinen modernen und sogar in einen urbanen Alltag integrieren kannst. Die Jahreszyklen sind ein Thema, in das man hineinwachsen darf, selbst wenn man noch nie etwas davon gehört hat. Es ist allem voran ein Herantasten, wie du die natürlichen Zyklen in deinem Alltag ganzheitlich leben kannst.
Viele der heute überlieferten Erzählungen zu den Ursprüngen der Rauhnächte und Jahreskreisfeste sind aufgrund fehlender oder nicht eindeutiger Verschriftlichungen umstritten. Weltweit gibt es Funde und Vermächtnisse vorangegangener Kulturen, die auf unterschiedliche Ansätze schließen lassen, wie diese Riten begangen wurden. Wir versuchen, eine Brücke zwischen damals und heute zu schlagen – ganz ohne kulturelle Aneignung oder Hokuspokus, doch immer mit Integrität und Verbundenheit zu uns selbst.
Wir wollen zeigen, dass diese Feste auch heute noch Relevanz haben und selbst in einem urbanen Alltag nichts von ihrer Magie einbüßen müssen. Dazu können wir die alten Bräuche übernehmen, dürfen sie aber an unsere Zeit anpassen.

Die Bedürfnisse der nachkommenden Generationen nach Akzeptanz, Inklusivität, Respekt, Klimabewusstsein und der Freiheit, über den eigenen Körper, Geschlechterrollen und Liebe selbst zu bestimmen, stehen für sie im Vordergrund. So finden heute vordergründig Menschen mit ähnlichen Interessen und Bedürfnissen in neuen Formaten und Subkulturen zusammen, nicht mehr nur, weil sie die gleiche Herkunft oder Religion haben. Spiritualität als Trendbewegung ist schon seit vielen Jahren auf dem Vormarsch. Durch die kommerzielle Verbreitung von Yoga und Meditation und damit einhergehend fernöstlichen Philosophien ist sie ein fester Bestandteil der westlichen Welt geworden.

Für eine kraftvolle moderne Spiritualität braucht es jedoch mehr. Grundvoraussetzung für eine stabilisierende spirituelle Praxis sind ein Bewusstsein und eine wahre Verbindung zu uns selbst. Reflexion und Innenschau, Selbstverantwortung und die Bereitschaft, unseren Teil – in welcher Form auch immer – für das Gemeinwohl und somit das Kollektiv zu leisten. In einem weiteren Schritt können wir dann auch die Verbindung zur Natur wiederherstellen. Denn Spiritualität ohne Naturverbindung fehlt die Erdung.

## Vom Herzensruf zum Buch

Wir, die Autorinnen dieses Buchs, sind fernab von traditionellen Riten aufgewachsen. Vielleicht haben wir als Kinder noch etwas davon mitbekommen, im Jugendalter wurden sie aber immer weniger relevant. Spätestens zum Studium war alles andere interessanter, und auch bei uns kehrten Social Media, Konsum und die Taubheit gegenüber dem Sein ein, eine oder mehrere Krankheiten unserer Zeit. Unabhängig voneinander hatten wir beide irgendwann genug davon und folgten einem Herzensruf nach Veränderung.
Mitten im Spätsommer 2020 begegneten wir uns zum ersten Mal, enthusiastisch, geladen mit einer kindlichen Neugier. Man könnte meinen, es war ein Wink des Schicksals, eine »göttliche« Fügung oder Kismet. Heute trauen wir uns zu sagen, es war sogar Teil eines universellen Plans, dessen Reichweite auch wir erst, während wir die letzten Zeilen dieses Buchs schreiben, beginnen zu begreifen. Als gemeinsame Schnittmenge unserer damals noch fast heimlichen Leidenschaft entwickelte sich ein Tanz mit den Rhythmen der Natur, mit alten Riten und der gegenwärtigen Welt, mit allem, was sie mit sich bringt. Wir begannen, gemeinsam Vorträge darüber zu halten und immer tiefer in die Materie des zyklischen Lebens im Einklang mit der Natur, aber auch dem Zeitgeist abzutauchen.
Dieses Buch entstand aus einem Herzensruf heraus, aber auch aus Neugier, Verantwortungsbewusstsein und dem Wunsch, einen entstaubten Blick auf altes Wissen und Riten zu wagen. Das Bewusstsein für die Notwendigkeit, uns wieder mit unseren Wurzeln zu verbinden, für die pure Nacktheit des Seins zwischen Mensch und Erde, unabhängig von Nationen, Religionen, politischer, ethnischer oder kultureller Zugehörigkeit, ist das, was uns alle verbindet und wieder zusammenführen kann.

Das Leben im Einklang mit den Naturzyklen ist nicht nur ein Trend oder Lifestyle, es ist eine Lebenseinstellung, basierend auf Respekt uns selbst sowie unserer Umwelt und deren Fortbestehen gegenüber. Ein emotional geladenes Thema, das uns seit Jahrzehnten begleitet und in den kommenden Jahren das Schicksal zukünftiger Generationen besiegeln wird.

**»Wir heilen die Vergangenheit in der Gegenwart als Ahn*innen der Zukunft.« – Meliha Guri**

Dieses Buch ist unser Beitrag zu einem Umdenken, eine Sensibilisierung für unsere Existenz, eine Brücke zu den weisen Alten, die den Boden für uns geebnet haben, überhaupt diese Entwicklung als Menschheit erleben zu können. Die Recherche hat uns an der einen oder anderen Stelle zutiefst erschüttert, manchmal betroffen gemacht, aber uns auch so lebendig fühlen lassen und Zuversicht im Hinblick auf die vielen Möglichkeiten gegeben, die auch in einem urbanen Alltag umsetzbar sind. Sie hat uns aufgerüttelt, erinnert und ermutigt, auch die kritischen Themen, die im Kontext mit Spiritualität und alten Riten oft gar nicht erst gesehen werden, auszuführen.
Das Leben im Zyklus der Natur kann und darf unabhängig von Zeit und Raum gelebt werden. Es ist irrelevant, ob du in einer Großstadt, auf dem Land oder irgendwo dazwischen lebst. Die Auswirkungen unseres Handelns holen uns überall ein.

## Der Verlust unserer Wurzeln

Wir können jemandem auf der anderen Seite der Welt innerhalb einer Sekunde eine Nachricht schreiben, jegliche Musik hören, die jemals aufgenommen wurde, Herzen transplantieren, Schafe klonen und mit künstlicher Intelligenz bald noch so vieles mehr. Was ein Großteil der Menschen dafür nicht mehr kann – und hier übertreiben wir absichtlich ein wenig –, ist, mehr als fünf Pflanzen und Kräuter zu benennen. Eine britische Studie zeigt, dass Kinder Schwierigkeiten haben, gängige Pflanzen wie Brennnessel, Löwenzahn und Eichenblätter zu identifizieren, dafür können sie mit spielerischer Leichtigkeit Bildlogos den richtigen Marken zuordnen.[1] Manche sprechen dabei bereits von einer Art »Natur-Defizit-Störung«. Auch Feste, die wir noch feiern, wie Weihnachten und Ostern, oder Feiertage wie Mariä Himmelfahrt sind für viele nicht mehr im Ursprung oder ihrer wahren Bedeutung nachzuvollziehen.

Die andere Seite ist die der vielen Menschen, die in den letzten Jahren auf der Suche nach Antworten und einer spirituellen Anbindung in andere Kulturen eingetaucht sind. In einer modernen, globalisierten Gesellschaft ist das im Grunde auch zu erwarten und eine natürliche Form der Traditionserhaltung. Neben den mittlerweile in die westliche Welt integrierten asiatischen Lehren wie der Traditionellen Chinesischen Medizin, Ayurveda, Yoga oder dem japanischen Reiki gibt es auch Antworten in heimischen Traditionen. So sind beispielsweise die boomenden Selbstfindungsretreats eine gute Möglichkeit für Auszeiten und um eine Verbindung mit sich selbst zu etablieren. Hierbei sollte man aber immer auch die eigene Loyalität und Integrität reflektieren, sich also die Frage stellen, ob man nur in einem Trend von *Spiritual Bypassing*, also einer Art Flucht, mitschwimmt oder wirklich die Bereitschaft zur Veränderung hat. Denn das Ausborgen schamanischer Traditionen wie zum Beispiel die Ayahuasca-Zeremonien der südamerikanischen Ureinwohner und sonstiger spiritueller Tourismus bleiben kulturelle Aneignung, wenn die Intention nicht da ist, das Erfahrene nicht nur zum Wohl deiner selbst, sondern zum Wohl aller zu leben.

Die meisten der im deutschsprachigen Raum ansässigen Menschen wissen heute mehr über griechische und altägyptische Mythologie als über keltische und germanische, obwohl man diese Völker doch viel eher als unsere Vorfahr*innen bezeichnen könnte. Das liegt auch daran, dass die Kelten[2] kein Volk waren, das viel verschriftlicht hat. Wissen sollte eher im Herzen getragen werden. Und im Gegensatz zu den Römern bauten sie keine Tempel für die Ewigkeit, sondern der ganze Wald war ihnen heilig. Vermehrt kommt in unserer Gesellschaft nun das Verlangen nach einer Verbindung zum Ursprünglichen zurück, was sich bei einer so spärlichen Faktenlage und dem vielen überlieferten Halbwissen denkbar schwierig gestaltet. Doch das soll uns nicht länger aufhalten, unsere eigenen Wurzeln wieder aufzuarbeiten und zurückzuerobern.
Ja, einiges von dem, was man häufig über die Kelten und Jahreskreisfeste liest, mag einem romantisierten Wunschdenken gleichkommen, und dennoch haben viele der alten Bräuche – jedoch meist leider sinnentleert – bis heute überlebt. Wer weiß heutzutage noch, dass das Oktoberfest ursprünglich ein Erntedankfest war oder der Maibaum im Dorf ein Symbol der Fruchtbarkeit des Landes ist? Diese Kontexte möchten wir mit diesem Buch wiederherstellen.

# Im Einklang mit der Natur & dem Puls der Erde

Zu Jäger-und-Sammler-Zeiten verlief das Leben in vollkommenem Einklang mit dem jahreszeitlichen Geschehen. Der Mensch war unmittelbar in den Kosmos und das Naturgeschehen eingebettet.
Ob der alles erleuchtende Vollmond oder der dunkle Neumond am Nachthimmel regierte, machte einen spürbaren Unterschied. Es gab noch kein elektrisches Licht, das unseren natürlichen Tag-Nacht-Rhythmus verschob. Die Umwelt war nicht nur etwas, das draußen stattfand, sondern direkt am eigenen Leib erlebt wurde.
Heute vergessen wir oft das Zusammenspiel von Himmel und Erde, dass der Mond auf unser Gemüt, den Körper und die Gezeiten einwirkt und die Sonne überlebensnotwendig für viele Körperfunktionen ist.
Regenzeit und Trockenzeit, Leben und Tod, Winter und Sommer, Tag und Nacht – das Leben unserer Vorfahr*innen war von Polaritäten geprägt. Diese erkannten sie damals noch als essenziell, denn ein ewiger Sommer würde unsere Felder verdorren lassen, ewige Ernte aufgrund von Übernutzung unsere Felder nährstoffarm zurücklassen. Wenn dich das an unsere heutige Landwirtschaft oder Leistungsgesellschaft erinnert, dann weil uns diese Polarität abhandengekommen ist. So etwas wie Ruhe, Regeneration oder Leere kennen wir kaum noch. Stattdessen gibt es 365 Tage im Jahr Avocados und Erdbeeren im Supermarkt, und selbst bei Dunkelheit sind unsere Wohnungen noch hell erleuchtet. Wir zwingen uns selbst, *always on* und fortwährend produktiv zu sein – ohne je eine richtige Pause einzulegen.
Die Zyklen der Natur erinnern uns, dass endloses Wachstum unnatürlich ist. Jeder Sonnenaufgang bedeutet auch einen Sonnenuntergang. Auf Sommer folgt Herbst. Genau so lehrt uns die Natur, wann die günstigste Zeit ist, um neue Projekte zu launchen, Wachstum zu kultivieren, sich zurückzuziehen, sich auszuruhen und zu träumen. Ein Vogel würde nie ein Nest im Winter bauen, genauso wenig, wie ein Wal gegen den Strom migrieren würde. Dieses Buch ist weit davon entfernt, dich an den Pranger zu stellen, weil du dir im Winter mal Erdbeeren gönnst. Aber es ist wichtig zu realisieren, wie unnatürlich unser Alltag und bestimmte alltägliche Handlungen geworden sind, die wir im 21. Jahrhundert für selbstverständlich und als gegeben hinnehmen.
Unser Ziel ist vielmehr, dich zu inspirieren, wieder in Einklang mit dem Rhythmus der Natur und den natürlichen Zyklen zu kommen.
Damit Natur fortan nicht mehr nur etwas ist, das außerhalb deiner vier Wände stattfindet und das es zu bezwingen gilt, zeigen wir dir, wie sie gelebte Realität werden kann. Indem du lernst, ihre Wellen zu reiten

und das als deine Superpower zu nutzen, entstehen viele Vorteile für dein Leben. Ein Same keimt im Dunklen, wächst heran, entfaltet seine Blätter, blüht auf, vergeht und kehrt wieder zur Erde zurück. Es ist der natürliche Kreislauf des Lebens. Ein Kreislauf, für den wir heute jegliche Wertschätzung oder Gefühl verloren haben.
Die Gesetze der Natur erinnern uns daran, dass auch wir, wenn die Zeit reif ist, mühelos aufblühen und erschaffen, ohne etwas erzwingen zu müssen. Auf der anderen Seite brauchen wir auch den Rückzug und die fruchtbare Dunkelheit, damit Ideen im Stillen keimen und wir uns regenerieren können.
Unsere moderne Kultur zwingt uns jedoch dazu, jeden Tag die gleiche Leistung zu erbringen, unabhängig von den Jahreszeiten oder unserem eigenen Tempo. Wir haben nie gelernt, mit den Strömen der Natur zu schwimmen, auf das Auf und Ab der Energie in uns wie auch um uns herum zu achten. Dieses Geschenk möchten wir dir mit diesem Buch machen. Du kannst die Portale des Jahreskreises nutzen, um die schwindende und zunehmende Energie bewusst in dir wahrzunehmen und einen gemeinsamen Rhythmus zu kultivieren.

## Wieder einweben in Rhythmen & Zyklen

Wir haben in den letzten Jahrhunderten durch unsere rasante Entwicklung, vor allem durch unsere technologischen Errungenschaften, die Verbindung zur Natur und auch unserer inneren Uhr, unseren »Ur-Rhythmus«, verloren. Auf die Jahreskreisfeste und ihre moderne Entwicklung bezogen hatten wir evolutionär kaum Zeit, Körper und Geist an die neuen Umstände anzupassen. Somit hinken wir mit der sogenannten Kulturation hinterher. Darunter versteht man die kulturelle Evolution, die sich unter anderem auf die Übertragung von Ideen, Verhaltensweisen, Werten und Traditionen von einer Generation zur nächsten bezieht.
Hier betritt die Magie der Jahreskreisfeste das Jetzt, und das Verständnis von Vergehen und Werden kann uns wieder in das jahreszeitliche Geschehen einweben. Denn Polarität bringt alles wieder ins Gleichgewicht.

Unser Kulturerbe ist größtenteils geprägt von der typischen Vegetation wie auch den großen Temperaturschwankungen, die vier deutlich unter-

333

scheidbare Jahreszeiten hervorbringen. Für eine*n Ureinwohner*in im Dschungel des Amazonas, für die oder den der Kontrast der Jahreszeiten nicht so stark ausgeprägt ist, wird eine andere Auseinandersetzung mit der Natur relevant sein. Das dortige Klima wird einen anderen Einfluss auf sein Gemüt haben wie das unsrige. Wir Mitteleuropäer*innen dürfen lernen, unsere eigene Flora und Fauna wie auch unser Klima wieder wertzuschätzen. Wir dürfen herausfinden, welche Geschenke den vier Jahreszeiten – ja, selbst dem kalten, vermeintlich bösen Winter – innewohnen. Statt völlig konträr zu unserem eigenen regionalen Rhythmus zu leben und im tiefsten Winter in den Süden flüchten zu wollen oder Superfoods von dort zu essen, dürfen wir die Geschenke vor der eigenen Haustür wieder als solche erkennen.

Wir denken, einer der Schlüssel, um der Klimakrise zu begegnen, besteht darin, das eigene Land im Sinne der Erde, auf der wir stehen, unsere Wurzeln und Natur wieder besser zu verstehen. Gleichzeitig sind wir überzeugt, dass es nicht reicht, einfach nur mit rein analytischem und logischem Verstand verstehen zu wollen, welche Auswirkungen unser Verhalten auf die Natur und das Klima hat. Um tatsächlichen, nachhaltigen Wandel einzuläuten, braucht es ein wahres Gefühl von Verbundenheit mit der Natur und unserem Kulturerbe. Denn dass zu viele von uns Natur nicht mehr wirklich kennen, geschweige denn eine aufrechte, intakte Verbindung zu ihr haben, ist leider Stolperstein Nummer eins für diesen Prozess.

**»Man kann nur lieben, was man kennt. Und man schützt nur, was man liebt.« – Christina Danetzky**

Die Jahreskreisfeste wieder bewusst zu begehen kann uns helfen, uns in den Rhythmus der Natur einzubinden und so ein Gefühl der Wertschätzung und Verbundenheit zu heimischer Natur, Klima und Boden herzustellen.

In diesem Sinne lass dich von uns auf eine zeitgemäße Reise durch die Jahreskreisfeste und Rauhnächte mitnehmen, mit vielen Fakten aus dem Jetzt und noch mehr aus dem Damals, um eine Brücke für dein Wohlbefinden in neuen Zeiten zu schaffen.

# Ursprünge & Geschichte der Jahreskreisfeste

Unsere Vorfahr*innen empfanden die Zeit als Rad. Sie beobachteten die Natur und ihren Wandel ganz genau, begriffen Pflanzen, Tiere und die Gezeiten als beseelt, verstanden sich mit ihnen als Einheit. Sei es in alten Sagen oder der Mythologie, Höhlenmalereien und Bauten, überall finden sich Überreste von Bräuchen, mit denen der Mensch das Leben und seine Zyklen zelebriert hat. Wir bezeichnen diese Haltung heute als Animismus.

Das Grundprinzip der Jahreskreisfeste und der Bräuche um solare, lunare und zyklische Wendepunkte im Jahresrad bestand darin, diese bewusst wahrzunehmen. Es ging um die tiefe Verbindung zwischen Menschen, Natur und Erde. So orientierten sich die Feste am jahreszeitlichen Rhythmus und markierten die Übergänge von einer Jahreszeit in die nächste. Dieser bewusste Übergang war für eine durch den Ackerbau geprägte Gesellschaft überlebenswichtig.

Gerne werden die Jahreskreisfeste im deutschsprachigen Raum den Germanen und noch viel lieber den Kelten angehängt. Beide Völkergruppen begingen Feste, die sich an Sonne, Mond und Sternen sowie den Jahreszeiten orientierten. Tatsächlich hatten aber Völker auf der ganzen Welt solche Feste und kamen häufig auf ähnliche Schlüsse und Bräuche. Als Religionen – im europäischen Raum vor allem das Christentum – überhandnahmen, wurden alle, die sich keiner Religion zugehörig fühlten, unter dem Überbegriff »Heiden« zusammengefasst.

Aus dem keltischen Brauchtum sind lediglich vier Feste überliefert. Es sind die Hochfeste Samhain, Imbolc, Beltane und Lughnasadh, die immer zu Vollmond gefeiert wurden. Im Jahr 1958 wurden die vier Sonnenfeste, die beiden Sonnwendfeiern Litha und Yule sowie die Tagundnachtgleichen Ostara und Mabon, von Gerald Gardner, dem Begründer

der Naturreligion Wicca, in den Jahreskreis mit aufgenommen. Die vier Sonnenfeste hatten ihren Ursprung höchstwahrscheinlich in germanischen Festen. So wurden hier vermutlich keltisches und germanisches Kulturgut in einem achtspeichigen Jahreskreis zusammengefasst. Die vereinfachte Einteilung, dass die Germanen Sonnenfeste und die Kelten Mondfeste feierten, stimmt so aber wahrscheinlich auch nicht. Neolithische Steinanlagen wie Stonehenge, Nebra, Goseck und viele mehr bieten Hinweise darauf, dass sie zu Sonnenfesten wie auch zu Vollmonden genutzt wurden.

## Zurück auf Anfang: Schöpfungsmythos & die Entstehung der Welt

Kulturen und Völker auf der ganzen Welt haben seit jeher versucht, die Entstehung der Welt und des Universums zu erklären. Die nordische und die griechische Mythologie, die Erzählungen aus der *Bhagavad Gita*, ja sogar die Lebensphilosophien der Aborigines in Australien oder der Ureinwohner in abgelegenen Gebieten des südamerikanischen Regenwalds, sie alle huldigten unabhängig voneinander Sonnengöttern und Erdgöttinnen. Viele Schöpfungsmythen weisen Parallelen auf, so zum Beispiel der Glaube an die Erschaffung allen Seins durch die Handlung eines oder mehrerer Götter. Diese werden oft als übernatürliche und mächtige Wesen dargestellt. Eine weitere Gemeinsamkeit ist auch der Kampf zwischen den Göttern oder Kräften, die die Welt erschaffen, und solchen, die sie zerstören, sowie zwischen Licht und Dunkelheit, Gut und Böse, Weiblichkeit und Männlichkeit oder Leben und Tod. Polaritäten spielen hier eine wichtige Rolle.

Schöpfungsmythen sind grundlegende Bausteine, auf denen die kulturelle Identität von Völkern und Gemeinschaften aufbaut. Die Hauptdarsteller*innen der meisten Ursprungsgeschichten sind die Erde selbst, die Sonne und der Mond. In diese Trilogie fügt sich der Mensch und nimmt seinen Platz ein.

Der Erde und dem Mond werden häufig die weiblichen Aspekte als Schöpferin zugewiesen und der Sonne die männlichen.

## Die Erde als dreifaltige Göttin

Eine Selbstverständlichkeit in jeder Kultur war die Annahme der Existenz einer Muttergöttin. Diese zeigt sich uns in dreifacher Gestalt: als Jungfrau, als Mutter und Alte oder als Symbol für (Wieder-)Geburt, Leben und Tod. Wir kennen diese Erd- und Fruchtbarkeitsgöttinnen aus vielen Überlieferungen unter Namen wie Gaia, Demeter, Isis, Innana und vielen mehr. Dargestellt werden die unterschiedlichen Aspekte der Muttergöttinnen oft durch die Farben Weiß, Rot und Schwarz. Es sind die Urfarben des Lebens. Weiß steht für das »Lebengebende«, den männlichen Samen und die Muttermilch. Rot symbolisiert das Blut in unseren Adern, durch das das Leben pulsiert, und auch die Feuerglut, die uns warm hält. Schwarz steht für den Tod, das Vergängliche und Verwesende. Es spiegelt sich im Ruß, in verbrannter Erde und erloschenem Feuer wider.
Die weiße Göttin treffen wir zum keltischen Imbolc als Brigid. Sie ist die jungfräuliche, lichtbringende Göttin, die nach dem langen Winter aus der Unterwelt aufsteigt und den Frühling mitbringt. Sie verwandelt sich danach in die rote Göttin der Fruchtbarkeit und der Reife. Zu Ostara oder Beltane, je nach Tradition, zeugt sie mit ihrem Geliebten, dem Sonnengott, den neuen Jahreskreiskönig. Zu Litha steht sie für die Lebens- wie auch die Jahresmitte und schenkt uns im Sommer zahlreiche Früchte und Blüten, bis sie sich zu Samhain in die schwarze Greisin verwandelt und zur Königin der dunklen Jahreshälfte und der Unterwelt, dem Reich der Toten, wird. Zu Yule wird am Zenit der Dunkelheit das Sonnenkind geboren, das Licht der Welt. Es ist der Retter in den dunklen Zeiten, der das Licht wiederbringen wird. In der Zwischenzeit regeneriert sich die große Göttin in der Unterwelt neu, um im Frühling als weiße Lichtgöttin zurückzukehren.
Bei all diesen unterschiedlichen Erscheinungen handelt es sich um ein und dieselbe Göttin. Auch in der hinduistischen Kultur finden wir die Verehrung der dreifaltigen Göttin. Saraswati ist die weiße Göttin mit ihrem Schwan. Wie das der keltischen Brigid findet auch ihr Fest im Februar statt. Die rot gekleidete Lakshmi, deren Symbol die rote Lotosblüte ist und die die Göttin des Wohlstands und Glücks ist, bringt Fülle und Reichtum auf die Erde wie im Frühling Walpurga. Man könnte sie mit den Göttinnen der Fruchtbarkeit oder der Ernte gleichsetzen. Sie wird abgelöst von der schwarzen, schreckenerregenden Göttin Kali, der Zerstörerin. Daran erinnern uns hier als Pendant Morrigan und die irisch-keltische Sheela-na-Gig.
Die Dreifaltigkeit findet sich nicht nur in weiblicher, sondern auch in männlicher Gestalt wieder. Im Christentum kennen wir Gott Vater, Gottes Sohn und den Heiligen Geist. Im Hinduismus sind es Brahma, Schöpfer des Lebens, Vishnu, der Erhalter, und Shiva, der Zerstörer. Auch diese männliche Dreifaltigkeit steht für den Kreislauf des Lebens.

## Die Sonne als Sonnenkind, -könig & -gott

Der Jahreskreis beginnt in der nordischen Tradition in der dunklen Jahreshälfte mit Samhain, dem Totenfest, mit dem Tod des Sonnenkönigs oder auch Jahreskreiskönigs. Das Licht, also der Sonnenkönig, lässt sich in dieser Zeit kaum sehen und taucht erst zu Yule wieder auf. Was uns heute eher als Weihnachten bekannt ist, ist die Geburt des Lichtbringers und neuen Königs. Das Sonnenkind ist geboren, und die helle Jahreshälfte bricht an. Über Imbolc und Ostara wächst er heran, wie es auch die Sonnenkraft tut, bis er dann zu Beltane als grüner, strammer Jüngling zum ersten Mal zeugungsfähig wird und mit der großen Göttin den nächsten Königsanwärter zeugt. Wie die jungen Hirsche im Wald fordert der junge Sonnenprinz nun auch seinen rechtmäßigen Platz als König ein, um den alten abzulösen. Zur Sommersonnenwende feiern wir den Höhepunkt seiner Herrschaft. Doch am Zenit seiner Kraft wird er beschnitten, und mit Lughnasadh beginnt seine Kraft nun schnell zu schwinden. Zu Mabon macht er sich langsam auf seinen Weg in die Unterwelt, bis er, wie auch die Kraft der Sonne, zu Samhain endgültig stirbt, damit dann der gesamte Zyklus von Neuem beginnen kann.
Der Jahreskreis beginnt in der finsteren Jahreszeit, wie auch wir aus den Tiefen des dunklen Mutterschoßes geboren werden und der Samen in der Erde heranreift, um ans Licht zu kommen.

## Animismus

Unter Animismus versteht man eine Weltanschauung, die davon ausgeht, dass alle Dinge, vor allem Objekte wie Steine, Berge, Flüsse, Tiere und Pflanzen, eine Seele oder ein Bewusstsein haben. Damit einher geht die Vorstellung, dass die Welt von verschiedenen Arten von Geistern, Göttern oder Geistwesen bewohnt ist, die mit der Natur und Lebewesen interagieren. Die Bedeutung von Riten, Opfern und Zeremonien hat in diesem Zusammenhang große Relevanz, um diese Wesen zu besänftigen, ihre Gunst zu gewinnen und ihren Schutz zu bekommen. Die Ahn*innen und Vorfahr*innen sind ein weiteres Element, das aktiv in diese Lebensweise eingebunden ist, genauso wie zwischenmenschlicher Umgang, gegenseitiger Respekt und Achtsamkeit der Welt, Natur und Gemeinschaft gegenüber.
Viele indigene Völker, die noch sehr naturverbunden und abgeschottet leben, praktizieren den Animismus. Bis heute spielt er in Kultur und Spiritualität eine wichtige Rolle und wird in seiner grundlegenden Idee auch in modernen esoterischen und spirituellen Bewegungen weitergelebt.
Der Animismus betont die Verbundenheit zur Natur und besagt, dass alles Leben eine Seele oder ein Bewusstsein hat, wohingegen die heu-

tige Entfremdung von Mensch und Natur zu Trennung und Dominanz des Menschen über die Natur führt. Ohne Rücksicht darauf zu nehmen, welche Auswirkungen sein Handeln auf die Umwelt hat, bedient sich der Mensch an der Natur und versucht, sie so zu kontrollieren, dass seine Bedürfnisse befriedigt werden. Die wechselseitige Abhängigkeit und das daraus resultierende Ungleichgewicht erleben wir heute in Form des Klimawandels, der Verschiebung der Jahreszeiten und schwerwiegender Naturkatastrophen mit Konsequenzen für ebendiese Bedürfnisse.

## Das Heidentum

Für die vielen Völker in Europa vor der Christianisierung und später auch der Islamisierung, die sich auf verschiedene polytheistische, animistische und naturverbundene Glaubenssysteme bezogen, haben sich die Begriffe »Heidentum« sowie »Paganismus«, was wörtlich etwa »ländlich« bedeutet, etabliert.

Sie waren grundsätzlich nicht monotheistisch organisiert und verehrten eine Vielzahl von Gottheiten, Geistern und Naturkräften. Die Überlieferung ihres Glaubens beruht auf mündlichen Erzählungen von Mythen, Sagen, Legenden und Bräuchen, die von Generation zu Generation überlebt haben.

Heute erfährt das Heidentum eine Art Renaissance und lebt beispielsweise im Wicca, Ásatrú oder Druidismus wieder auf. Aber auch zahlreiche moderne spirituelle Lebensweisen greifen Elemente daraus auf, ohne sich den genannten Gruppen zuzuordnen. Sie alle beziehen sich auf unterschiedliche kulturelle und historische Kontexte, was es schwer macht, sie in einheitlichen Definitionen zu erfassen. Das Wiederentdecken und Neuaufleben der heidnischen Traditionen beruht vor allem auf dem Wunsch nach der Verbindung zur Natur und den natürlichen Rhythmen des Lebens. Auch wenn heute das Verständnis über die Geheimnisse der Natur dank Forschung und Wissenschaft ein ganz anderes ist als damals, kommen die Verehrung von Gottheiten und Begleitwesen sowie das Abhalten von Riten und Zeremonien wieder in Mode. Die Authentizität der verschiedenen Gruppierungen ist dabei nicht unumstritten, und manche Auslegungen und Bewegungen sind als problematisch zu betrachten, da sie sich alter Traditionen zur Untermauerung ihrer eigenen Ideologien bedienen. Kultstätten werden zu touristischen Wallfahrtsorten beziehungsweise Cashcows, und Verfilmungen der alten Götterwelten lassen die Kinokassen klingeln.

Die Bewegung hin zu einem modernen Heidentum ist sehr divers und entwickelt sich mit dem Zeitgeist. Die Vernetztheit der Welt, die Möglichkeit, in jeden noch so abgelegenen Ort der Erde zu fliegen, in Kulturen einzudringen und sie an andere Orte mitzunehmen und zu integrieren, Bücher über jede Kultur lesen zu können und durch das Internet jegliche Information abrufen zu können, haben entscheidenden Einfluss auf diese Entwicklung genommen – eine zweischneidige Wendung, die Konflikte im Bereich kultureller Aneignung aufwirft und gleichzeitig wieder mehr Bewusstsein und Verbundenheit zur Natur schafft.

## Wer ist wer? Die Germanen & die Kelten

Der Begriff und das Konzept der »Germanen« gehen hauptsächlich auf Julius Caesar zurück. Er fasste dabei mehr als 70 Stämme und Völker zusammen, die zwischen Rhein, Donau und Weichsel lebten, um die Germanen wie eine gefährliche Bedrohung wirken zu lassen. So konnte er große militärische Ressourcen für sich mobilisieren und diese rechtfertigen. Es gab aber keinen gemeinsamen Staat der Germanen. Sie existierten nie als einheitliches Volk oder mit einer gemeinsamen Identität, wie oft blind angenommen wird. Ähnliches gilt für die »Kelten«. Auch sie hatten weder einen gemeinsamen Staat noch eine gemeinsame Führung, sondern waren eher Zusammenschlüsse und Verbände verschiedener Stämme.

Auch ist keine schriftliche Geschichtsüberlieferung der Kelten selbst vorhanden, weshalb unser Wissen über sie bis heute begrenzt ist. Was wir heute an schriftlichen Quellen über die Kelten und Germanen besitzen, stammt ausschließlich aus griechischen und römischen Berichten. Einiges über sie wissen wir mittlerweile auch aus archäologischen Ausgrabungen dank Grabbeigaben und deren Analysen.

Beide Völkergruppen waren Indoeuropäer in der Eisenzeit und haben gemeinsame Wurzeln in ganz Mitteleuropa. Ihre Spuren erstrecken sich von Irland bis Anatolien. Einfachheitshalber wurden die Stämme von den Römern westlich des Rheins in Kelten und die Stämme östlich des Rheins in Germanen eingeteilt – auch wenn diese vereinfachte Zuteilung sicher nicht im Sinne der Stämme war. Schließlich erstreckte sich das Gebiet des vermeintlichen Germaniens über den gesamten mitteleuropäischen Raum bis nach Skandinavien.

Aber für die Römer waren viele der keltischen und germanischen Stämme schwer auseinanderzuhalten, weshalb beide Begriffe, »Kelten« und »Germanen«, bis heute immer wieder verwechselt werden. Das macht es so schwierig, genau zu verstehen, was die Relikte dieser Kulturen zu bedeuten haben, und auch, wie ihr Glauben und ihre Vorstellungen tatsächlich aussahen.

Als deutlichsten Unterschied der beiden Stammesgruppen kann man hervorheben, dass die Kelten ein hoch entwickeltes Volk mit einem aus-

geprägtem Wirtschaftssinn waren und bereits Städte bauten und Handel trieben. Sie waren eine Gruppe von Völkern, die in Teilen von Deutschland, Österreich, Frankreich, Spanien, Großbritannien und Irland lebten, eine gemeinsame keltische Sprache und Kultur sowie Kunst, Musik, Spiritualität und Kriegsführung hatten. Eine starke aristokratische Kultur prägte ihre Werte, und sie waren bekannt für ihre prächtigen Kunstwerke, insbesondere ihre kunstvollen metallischen Gegenstände.
Im Gegenzug konzentrierten sich die Germanen im Norden Deutschlands, in Skandinavien und in Großbritannien mehr auf Kriegsführung, Landwirtschaft und Handel. Auch sie hatten eine germanische Sprache und Kultur, jedoch weniger aristokratisch geprägt und mehr auf Funktionalität als Ästhetik bedacht.
Trotz der Unterschiede zwischen Kelten und Germanen gibt es auch Gemeinsamkeiten, wie ihre polytheistischen Religionen und ihre Verbindung zur Natur, die einen Einfluss auf die europäische Geschichte, Kultur und ihre Erb*innen hat.

## Stammeskampf und Territorialkonflikt

Während die Gallier zur La-Tène-Zeit, etwa 450 v. Chr., auf französischem Gebiet noch weitverbreitet waren, führte der Gallische Krieg im 1. Jahrhundert zur Unterwerfung der gallischen Stämme durch Caesar. Nachdem fast ganz Gallien römisch besetzt worden war, wandte Caesar seine Aufmerksamkeit weiter östlich den Germanen zu. Er wollte *Germania magna*, wie er es nannte, erobern. Das ließ sich gut an das Volk bringen, und es gelang ihm auch für eine kurze Zeit. Stamm für Stamm – die sich selbst eben nicht als »germanische« Einheit, sondern gesondert voneinander sahen – unterwarfen sie sich der Macht Roms und zahlten Tribut. Unter Kaiser Augustus kam es 9 n. Chr. schließlich zur berühmten Varusschlacht – auch als Schlacht im Teutoburger Wald bekannt –, bei der die Römer eine vernichtende Niederlage gegen ein germanisches Heer unter dem Cherusker Arminius (heute auch der Befreier Germaniens genannt) erlitten. Rückblickend war der Krieg gegen die Kelten und Germanen kein gewöhnlicher Krieg um Land und Besitz, es war ein Kampf der Kulturen. Die Römer bezeichneten ihre Gegner als »Barbaren« und hielten sie für Wilde.
Obwohl größtenteils besiegt, unterworfen und vernichtet, gibt es bis heute Bevölkerungsgruppen im modernen Europa, die sowohl keltische Brauchtümer fortführen und praktizieren als auch die Sprache sprechen und ehemalige keltische Gebiete im sogenannten *Celt belt* bewohnen. Auch wenn Länder wie das heutige Frankreich, Deutschland, Österreich, die Schweiz und Skandinavien ebenso von keltischen Stämmen bewohnt waren, zählen sich nur noch wenige wirklich dazu. Die heute anerkannten sechs Regionen, die noch auf diesem Gebiet liegen, sind

Schottland, Irland, Isle of Man, Wales, Cornwall und Bretagne mit einer Bevölkerung von knapp 20.000.000 Einwohnern. Der Rest Europas, wie wir es heute kennen, hat sich in verschiedene Staaten aufgeteilt.

## Germanische & keltische Religion

Beide, die germanische wie die keltische Religion, basieren auf der indogermanischen Religion, welche im Lauf der Zeit an die regionalen kulturellen und wirtschaftlichen Gegebenheiten angepasst wurde. Ein ausgeprägter Götter-, Toten- und Ahnenkult ließ die Menschen stammesübergreifend zusammenkommen und ihre Bündnisse untereinander bekräftigen. Auch wenn Kelten und Germanen die gleichen Ursprünge teilten und ihre Götter bevorzugt auf Waldlichtungen, an Gewässern, Mooren und in Hainen zu finden waren, variierten die Namen der Gottheiten. Deshalb erfordert es heute einiges an Recherche und Interpretationskunst, um die richtigen Zusammenhänge zu finden. Neben einem gemeinsamen Götterkult praktizierten die Stämme auch ähnliche Riten der Opfergabe. Später entwickelten sich in beiden Gruppen die priesterähnlichen Posten der Druiden und Völva für die Erhaltung und Weitergabe spirituellen Wissens. Magie, Okkultismus, Zauberei und der Orakelkult wurden fester Bestandteil des kultisch-rituellen Spektrums. Die Neugier des Menschen, einen Blick in die Zukunft zu wagen oder etwas Verborgenes herauszufinden, das Leben und den Tod zu verstehen oder gar zu überwältigen, scheint damals wie heute Trendhöhepunkte gehabt zu haben.

Nichtsdestotrotz setzte sich die Christianisierung durch und verbreitete sich rasant im gesamten europäischen Raum, integrierte die alten Riten in den eigenen Jahreslauf und verwandelte die Götter zu ihren Heiligen.

## Die Anderswelt

Die Anderswelt ist in der keltischen Mythologie eine Welt auf einer anderen Ebene, zu der zu bestimmten Zeitpunkten im Jahr oder an bestimmten Orten auch wir Menschen Zutritt haben. Immer dort, wo auch physisch Erde und Wasser zusammenkommen, also in Gewässern, Seen und Flüssen, ahnte man Übergangsorte in die Anderswelt. Heilige Orte, an denen sich die Welt von Gottheiten, Feen, Geistern und anderen Fabelwesen eröffnet. Nach keltischer Vorstellung gibt es noch weitere dieser Schwellenorte wie bestimmte Höhleneingänge, Hügel oder Inseln. Normalsterbliche bekamen zu Übergangszeiten, wie es die Jahreskreisfeste sind, Zutritt zu dieser Anderswelt. Für die Kelten waren rund um die acht Festtage und die Rauhnächte die Schleier zwischen den Welten dünner als sonst, und feinfühlige Menschen konnten durch sie einen

Blick in die Zukunft erhaschen oder Kontakt zu ihren Ahn*innen aufnehmen.

### Sind die Jahreskreisfeste wirklich den Kelten zuzuordnen?

Ja und nein. Seit es Aufzeichnungen zu menschlichen Zivilisationen gibt, gibt es diese auch zu Architektur, Tempeln und Kunst, die sich vor allem nach dem kosmischen Geschehen richten. Die »Heirat zwischen Himmel und Erde/Erdgöttin und Sonnengott« wurde weltweit zelebriert. Im zentraleuropäischen Raum sind uns die Feste der Kelten und später vor allem die angepassten Versionen aus dem Christentum bekannt. Natürlich sind die Ursprünge tief in diesen Völkergruppen verankert, aber sie über einen Kamm zu scheren und als rein keltische Feste zu bezeichnen wäre schlichtweg inkorrekt. So, wie wir heute ganz bedacht und inklusiv über andere Themen sprechen, darf es sich auch mit diesen Festen verhalten.

**Jahreskreisfeste** sind globale, solare und lunare zyklische Festivitäten, die Ursprünge in so gut wie allen Kulturen weltweit haben und von den Menschen seit Jahrtausenden zelebriert werden. Durch die Völkerwanderung verschwammen die Grenzen der Zugehörigkeiten.
Die weitere Vermischung und Verschmelzung ihrer Riten sind in einer globalisierten Welt wie heute unvermeidbar.

## Tradition & Religion

Im Gegensatz zum Heidentum gibt es bei den abrahamitischen Religionen (Judentum, Christentum, Islam) zentrale religiöse Texte und Institutionen. So organisiert konnten sie sich durchsetzen, sie übernahmen viele der heidnischen Bräuche und Traditionen und machten sie zu ihren eigenen. In dieser Entwicklung gab es einen ausgeprägten religiösen Exklusivitätsanspruch, und Andersgläubigen gegenüber war man prinzipiell feindlich eingestellt. So erhielten der Begriff »Heidentum« und auch die Bezeichnung »Heide« eine negative Konnotation und sind auch im heutigen Sprachgebrauch hauptsächlich abschätzig oder beleidigend gemeint.

In den einzelnen Kapiteln zu den Jahreskreisfesten gehen wir näher darauf ein, wie die ursprünglichen Bräuche übernommen wurden und sich in heute besser bekannte Feste wie Weihnachten und Ostern verwandelt haben. An dieser Stelle ist es wichtig, zu unterstreichen, dass wir uns rein auf historische Fakten beziehen und nicht eine Glaubensrichtung, einen Kult oder eine Ideologie bevorzugen. Das Ziel dieses Buchs ist es, einen überwiegend objektiven Überblick zum Thema zu geben und den Fokus auf eine moderne Integration der alten Bräuche zu legen.

## Aneignung alter Traditionen im Christentum

Mit der Ausdehnung des Christentums ging auch eine große Bewegung des Missionierens einher. Man versuchte, die Menschen immer mehr von ihrem Glauben an die beseelte Natur zu trennen. Vor allem für das durch Landwirtschaft geprägte einfache Volk war das Zusammenleben im Einklang mit der Natur aber etwas Selbstverständliches. Deshalb konnten sich Bräuche und Riten, wie beispielsweise das Ausräuchern des Stalls und Hofs, aber auch die Erntefeste und Rauhnächte oder das Aufstellen des Maibaums in einigen Regionen bis heute halten.
Der katholischen Kirche waren die heidnischen Riten ein Dorn im Auge, doch so einfach ließ sich die Landbevölkerung nicht von den altüberlieferten Traditionen abbringen. So fand sich ein fauler Kompromiss, und man verpasste den alten Traditionen einen christlichen Anstrich. Feste und Gottheiten wurden übernommen, in Heilige verwandelt und in ein christliches Gewand verpackt.

## Von polytheistischer Naturverehrung zu dem einzig wahren Gott

Wurde in antiken Religionen meist eine polytheistische Vielgötter-Verehrung praktiziert, bei denen auch weiblichen Erd- und Fruchtbarkeitsgöttinnen neben vielen anderen gehuldigt wurde, verschwanden diese irgendwann von der Bildfläche. Mit dem israelischen Jahwe-Kult zog ein Gott ein, der neben sich keine weiteren Götter duldete. Darauf folgte später das Christentum, das ebenfalls den Glauben an andere Götter ausschloss. Das führte zum Konflikt mit zahlreichen polytheistischen naturverehrenden Religionen, allen voran dem Heidentum. So kam es zu Auseinandersetzungen zwischen christlichen Missionaren und den Einheimischen, die weiter ihre Naturgottheiten verehrten. Den Kelten und Germanen waren Bäume heilig, und sie waren Kultstätte für Versammlungen, Rituale und Zeremonien.
Eine bekannte Geschichte nun erzählt von Bonifatius, einem christlichen Missionar, der bekannt war für seine Bemühungen, das Christentum in Deutschland zu verbreiten und heidnische Praktiken zu bekämpfen. Die Erzählung bezieht sich auf die »Donareiche«, einen dem Donnergott Thor geweihten Baum. Diese Eiche wurde von den heid-

nischen Germanen verehrt und befand sich im heutigen Nordhessen. Es war üblich, dass die Menschen dem Baum Geschenke überbrachten, um Schutz und Segen zu erhalten. Bonifatius war entschlossen, diese heidnische Tradition zu beenden. So reiste er im Jahr 723 in die Gegend, in der die Donareiche stand, und traf sich mit den germanischen Einheimischen. Er sprach zu ihnen über das Christentum und forderte sie auf, ihre heidnischen Praktiken aufzugeben. Um die Macht seines Gottes über die einheimischen Götter zu demonstrieren, ließ er unter dem Schutz von Soldaten dieses germanische Baumheiligtum fällen und aus seinem Holz ein geweihtes Bethaus bauen.
Mit der zunehmenden Romanisierung des germanischen Reichs und der damit einhergehenden Verstaatlichung des Glaubens fand neben der Ausbreitung des männlich geprägten Christentums auch die kollektive Dämonisierung der lebendigen Religiosität der Heiden statt.

## Religion & moderne Spiritualität

Jahrhunderte später sind wir vor allem im Westen in einer Zeit der religiösen und spirituellen Abspaltung angelangt. Seit der Aufklärung im 18. Jahrhundert regieren in Europa die kühle Vernunft, Individualismus und Wissenschaft. Der Siegeszug der Naturwissenschaften und die Technisierung der Gesellschaft waren längst in vollem Gange, die Strukturen der Welt wurden neu geordnet.
Dadurch ging nicht nur die Verbindung zur Natur verloren, sondern auch die zu einer höheren, geistigen Welt. Die heutigen Götter heißen Social Media und Konsum.
Was sie versprechen? Ablenkung, Ausblick auf ein anderes Leben, Glücksgefühl durch Konsum. Dass dieses immer nur von kurzer Dauer ist, ist ein Systemfehler in der heutigen Gesellschaft. In den letzten Jahren sind wir damit an einen Kipppunkt gelangt, mit dem verstärkt auch wieder der Wunsch einhergeht, mit etwas Größerem oder Höheren verbunden zu sein. Etwas für die Seele zu tun, das tiefe Verlangen nach einem Sinn und nach Zugehörigkeit zu einer Gemeinschaft sind Grundbedürfnisse des Menschen und heute stärker denn je.
Die großen Weltreligionen verzeichnen vor allem in der westlichen Welt eine Abnahme ihrer Anhängerschaft, und jüngere Generationen finden immer mehr Zuflucht und Verständnis in undogmatischer Spiritualität. Was Christentum, Islam und Judentum uns an Auseinandersetzungen, Konflikten, Kriegen, Missbrauch, Unterdrückung und Grenzüberschreitungen gezeigt haben, hat wenig mit dem zukünftigen Zeitgeist zu tun, den wir für das Überleben als Menschheit benötigen werden.

## Aberglaube & Hexen

Vielleicht hast du bisher angenommen, dass die Jahreskreisfeste nur von bestimmten Gruppen wie abergläubischen Menschen, Hexen oder Gurus begangen wurden. In Wirklichkeit waren es jedoch »nur« Menschen wie du und ich, die stärker mit der Natur verbunden, auf sie angewiesen waren und sie im Kontext mit dem Menschsein anders und intensiver empfanden. Natürlich gab es extreme Ausführungen, übertriebene Bräuche und Riten. Die gab und gibt es aber auch in den monotheistischen Weltreligionen und anderen Kulturkreisen.

Wie und in welchem Ausmaß du etwas lebst, liegt nur bei dir selbst. Wir möchten dich zu keinem Kult oder Aberglauben bewegen, sondern schlicht über Naturzyklen und ihre Zeitqualität aufklären. Deine Bräuche und Rituale gestaltest du selbst nach deinen Bedürfnissen.

**Hexen:**
Kräuterkundige Frauen, Heilerinnen und all diejenigen, die Wissen über Schwangerschaften und Verhütung hatten, wurden in der Vergangenheit oft als Hexen bezeichnet. Männer wie auch Frauen, die sich nicht an die Regeln und Werte der christlichen Kirche hielten, die noch den alten Göttern huldigten, wurden verfolgt. Im Volksglauben sprach man Hexen unerklärliche Zauberkräfte zu und Kontakt mit Wesen aus anderen Welten und Dimensionen. Unter dem Vorwurf der Zauberei wurden zu Zeiten der Hexenverfolgung Menschen aufgrund ihrer Andersgläubigkeit angeprangert, verbrannt und umgebracht. Von 1500 bis 1660 wurden in Europa zwischen 50.000 und 80.000 Menschen gefoltert und als vermeintliche Hexen qualvoll ermordet. Ein großer Teil davon waren Frauen.
Etymologisch geht das Wort Hexe auf das althochdeutsche Wort *hagazussa* zurück, was so viel heißt wie »Zaunreiterin«. Kräuterkundige verbrachten viel Zeit in den Hecken, deren Bezeichnung vom Wort *hag* kommt und so viel bedeutet wie »einhegen, umzäunen«. Die Hecken schützten nicht selten die Dörfer und grenzten so ihre Gebiete ein. Kräuterkundige Frauen wohnten deshalb oft am Stadtrand, sprich am Rande der Gesellschaft, um die Hecken nach Medizin absuchen zu können. Die Hecke war die Grenze zur Wildnis, und diese Frauen wagten es, über den Zaun zu schauen. Sie hatten den Mut, in die Wildnis zu gehen und damit auch die öffentliche Ordnung und die kontrollierende Hand der Kirche und des Staats hinter sich zu lassen.
Auch wenn es Männer gab, die dieser Praktiken beschuldigt wurden, blieb die Bezeichnung »Hexe« fast ausschließlich am weiblichen Geschlecht hängen. Bis heute hält sich der Begriff als Schimpfwort.
Auch wenn man in den letzten zwei Jahrzehnten von einer sanften Deeskalation des Wortes sprechen kann, haben wir alle eine bestimmte Vorstellung, sobald wir diese Bezeichnung hören, da uns insbesondere im Kindesalter weiterhin Geschichten mit der Figur der bösen Frau als Hexe eingeprägt werden. Ob wir diese Figur jemals ganz reinwaschen werden, ist fraglich. Wichtig ist jedoch zu unterscheiden, dass essenzielle Unterschiede zwischen dem verbreiteten Bild der Hexe und dem, worum es bei Jahreskreisfesten geht, bestehen.

# Der Jahreszyklus, seine Feste & die Rauhnächte

Das Rad des Jahres, auch Jahreskreis genannt, besteht aus den vier Kardinalpunkten – den Feiern, die der Sonne zugesprochen werden.

Die vier solaren Feste, auch das Sonnenkreuz genannt, sind:

- Frühlingstagundnachtgleiche – Ostara – 21. März
- Sommersonnenwende – Litha – 21. Juni
- Herbsttagundnachtgleiche – Mabon – 21. September
- Wintersonnenwende – Yule – 21. Dezember

Zwischen den jeweiligen solaren Festen finden wir jeweils die saisonalen Schwellen- oder Mondfeste, auch »Kreuzvierteltage« genannt:

- Imbolc – 1. bis 2. Februar
- Beltane – 1. Mai
- Lughnasadh – 1. August
- Samhain – 31. Oktober bis 2. November

Im Kontrast zum Sonnenkreuz sind die Kreuzvierteltage an den Wechsel der Mondphasen gebunden. Denn auch der Mond hat vier Phasen: Neumond, zunehmender Halbmond, Vollmond, abnehmender Halbmond.

Hier scheiden sich die Geister, ob diese vier Mondfeste der Kelten auch Sonnenfeiern waren, weil sie genau zwischen den Kardinalpunkten liegen und eine Schwellenzeit des Sonnenlichts markieren. Die Datierungen der Feste variieren abhängig von der Quelle, aber grundsätzlich kann man sagen, dass die Sonnenfeste heute immer um den 21. Tag im Monat gefeiert werden und die Mondfeste immer am 1. Tag des Monats.

Diese jahreszeitlichen Feste haben nicht nur auf der Nordhalbkugel Tradition, sondern überall auf der Welt. So folgen wir unserem Sonnenzyklus auf der oberen Hälfte des Äquators, während auf der Südhalbkugel die »gegenüberliegenden« Feste gefeiert werden. Ist also auf der Nordhalbkugel Sommersonnenwende, feiert man auf der Südhalbkugel Wintersonnenwende.
Bei den Tagundnachtgleichen wie auch den Sonnenwenden handelt es sich ganz klar um **Sonnenfeste**. Während wir bei der Frühlingstagundnachtgleiche im März von der dunklen zur hellen Jahreshälfte über-

gehen, verhält es sich bei der Herbsttagundnachtgleiche Ende September genau umgekehrt. Am Zenit der Dunkelheit wird im Dezember zur Wintersonnenwende der Keim des Lichts wiedergeboren, am Höhepunkt der Strahlkraft der Sonne Ende Juni stirbt er. Bei den vier solaren Festen geht es somit immer um die Polarität zwischen Licht und Dunkelheit, die für unsere Breitengrade so prägend ist. Die vier Feste repräsentieren auch die vier kardinalen Grundrichtungen (Norden, Osten, Süden, Westen) sowie die vier Hauptjahreszeiten, die vier Elemente und die vier Lebensalter (Kindheit, Erwachsensein, Alter, Tod).

Die **Kreuzvierteltage** wurden so gefeiert, dass sie immer auf den Vollmond des Monats (Februar, Mai, August und November) fielen. Denn zu Vollmond ließ sich schon immer gut feiern, und das nicht nur, weil die Nächte besser beleuchtet sind. Die Annahme, dass die Menschen sich zu Vollmond verändern, hält sich eisern, jedoch gibt es keine bestätigenden Studien dazu. Das lateinische Wort *lunaticus* verweist hauptsächlich auf Wahnsinn und Epilepsie.
Nichtsdestotrotz ranken sich zahlreiche Mythen und Geschichten um das Verhalten der Menschen zu Vollmond. Auch wenn es nur subjektive Beobachtungen sind, wird oft angegeben, dass die Tage um den Vollmond mit Schlafproblemen, Verhaltensveränderungen und Aggressivität einhergehen. Universelle Kräfte sollen besonders aktiv sein und Wahrsagerei sowie Manifestation begünstigen.
Was der Mond mit seinen Phasen aber definitiv beeinflusst, sind die Gezeiten. Die Anziehungskraft des Mondes auf die Erde verursacht Ebbe und Flut, die man an den Meeren beobachten kann. Aus unserer Sicht wäre es deshalb verwunderlich, wenn der Mond gar keine Wirkung auf den Menschen hätte, wo doch alles miteinander verbunden ist.

Wie lassen sich nun die **Rauhnächte** in den Jahreskreis integrieren? Die zwölf Rauhnächte werden auch »die Zeit zwischen den Jahren« oder »Niemandszeit« genannt. Ein Mondjahr besteht aus 354 Tagen, wohingegen ein Sonnenjahr 365 Tage ohne Schalttag dauert. Daraus ergibt sich eine Differenz zwischen dem lunaren und solaren Kalender von elf Tagen und zwölf Nächten.
Sie werden nach Yule, der Wintersonnenwende, als »Zeit zwischen den Jahren« begangen, also zwischen dem 25. Dezember und dem 5. Januar.

# Rhythmen & Zyklen als feste Bestandteile unseres Lebens

Unter Rhythmen verstehen wir Muster wie Schwingungen und Bewegungen, die gleichmäßig in einem bestimmten Zeitrahmen wiederkehren. Zyklen hingegen sind eine Abfolge von Ereignissen, die sich in einem bestimmten Zeitraum wiederholen. Beide finden wir in der Natur wie auch in uns, im Wechsel von Tag und Nacht, in unserem Atem, Herzschlag und Blutkreislauf. Der Mondzyklus mit seinen 29,5 Tagen, die Gezeiten und die vier Jahreszeiten sind dem Menstruationszyklus nicht ungleich.

Für Jahrtausende waren Menschen in die Rhythmen der Natur eingebunden, ohne darüber nachzudenken, sie beherrschen zu wollen oder sich über sie hinwegzusetzen. In einer Zeit vor künstlichem Licht und automatischen Heizungen prägten der Auf- und Untergang der Sonne wie auch die Jahreszeiten und der Mond das gesellschaftliche Zusammenleben. Man konnte sich dem Einfluss der Natur gar nicht entziehen.

Heute sieht das anders aus: Wir können im Winter Urlaub im Süden machen, Erdbeeren das ganze Jahr über genießen und die Nacht zum Tag machen, wann wir wollen. Die Jahreszeiten verschieben sich und somit auch unsere inneren Rhythmen. Wir sind ent-rhythmisiert.

In einer modernen Leistungsgesellschaft wie heute können wir schon lange nicht mehr auf unseren eigenen Rhythmus hören. Unser Tagesablauf ist meist von äußeren Vorgaben wie unserem Arbeitsplatz oder Terminen geprägt. Dieser Takt entspricht oft nicht unseren eigentlichen Bedürfnissen, sondern ist fremdbestimmt. Viele von uns haben nicht den Luxus, morgens aufzuwachen und selbst zu entscheiden, wann, wo und ob sie heute arbeiten. Obwohl jede*r Einzelne von uns ein ganz eigenes Energiemuster hat und anders funktioniert, müssen wir in ein einheitliches System passen, damit das Konstrukt der heutigen Welt aufrechterhalten bleibt.

## Die Erde

Die Erde folgt ihrem eigenen Zyklus, den wir vor allem durch die Jahreszeiten und den Tag-Nacht-Rhythmus erleben. Weitere Zyklen und Rhythmen der Erde beruhen auf physikalischen, biologischen und geologischen Prozessen.

Sie benötigt ungefähr 365,24 Tage, um einmal die Sonne zu umkreisen. Währenddessen ändert sich der Neigungswinkel der Erdachse, was zu den verschiedenen Jahreszeiten führt. Innerhalb von 24 Stunden dreht

die Erde sich einmal um ihre eigene Achse und lässt so Tag und Nacht entstehen.
Neben den Jahreszeiten durchläuft die Erde auch verschiedene Klimazyklen, die auf natürlichen Schwankungen der Sonnenstrahlung, der Atmosphäre und der Ozeane beruhen. Die Eiszeit, die in regelmäßigen Abständen von etwa 100.000 Jahren auftritt, ist ein solcher Zyklus. Auch Klimaschwankungen aufgrund von Vulkanausbrüchen oder der Sonnenaktivität gehören dazu. Die verschiedenen Gesteinszyklen rühren von geologischen Prozessen wie Erosion, Verwitterung und Plattentektonik her. Der Magnetfeldzyklus der Erde wechselt in regelmäßigen Abständen (ca. alle 200.000 bis 300.000 Jahre) seine Polarität, was bedeutet, dass der magnetische Südpol zum Nordpol wird und umgekehrt.

## Die Jahreszeiten

Wir kennen hauptsächlich die vier großen Jahreszeiten, Frühling, Sommer, Herbst und Winter. Sie sind die vier meteorologischen Perioden, in die das Jahr in den gemäßigten Breiten unterteilt wird. Zum Vergleich: In den Tropen sind es die Regenzeit, Übergangszeit und Trockenzeit. Die Samen, ein indigenes Volk im Norden Fennoskandinaviens, kennen acht Jahreszeiten, die Aborigines in Arnhemland in Australien sechs, und in Russland zählt man die Zeit der Schneeschmelze im Frühling und die der großen Regenfälle im Herbst als Schlammzeit dazu. Die Jahreszeiten auf der Nordhalbkugel sind jeweils denen auf der Südhalbkugel entgegengesetzt.
In der Wissenschaft unterscheidet man für Mitteleuropa zehn phänologische Jahreszeiten nach dem saisonalen Entwicklungsstand der Natur. Der phänologische Kalender ist ein Kalender, der auf dem Naturschauspiel basiert. Er richtet sich nach Entwicklungsstadien von Zeigerpflanzen und dem Verhalten in der Tierwelt. Er beschreibt typische Ereignisse wie Blütezeit, Laubfall, Vogelzug oder Eiablage und hilft bei der Bestimmung von optimalen Zeitpunkten für landwirtschaftliche Arbeiten wie Aussaat, Düngung oder Ernte. Der phänologische Kalender ist ein wichtiges Instrument für die Landwirtschaft, den Naturschutz und die Klimaforschung, da er Veränderungen im Ökosystem und im Klima aufzeigt und damit langfristige Trends erkennbar macht. Er ist außerdem besonders hilfreich für das Sammeln von Kräutern, denn er variiert von Region zu Region und ist auch von Jahr zu Jahr nicht immer exakt gleich. So bestehen zum Beispiel schon Unterschiede in der Vegetationsentwicklung zwischen Wien und München. Selbst zwischen Berg und Tal lassen sich große Differenzen feststellen.

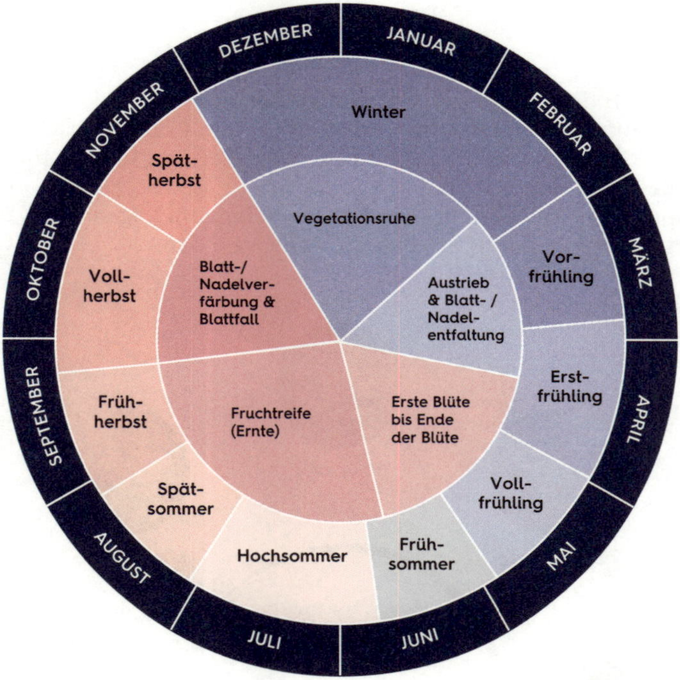


Phänologischer Kalender

Die Jahreskreisfeste sind mit den Jahreszeiten verwoben und spiegeln jeweils die Zeitqualitäten der Natur wider. So sind wir zur Frühlingstagundnachtgleiche am 21. März jahreszeitlich im Vorfrühling und in der Zeitqualität des Austriebs und der Entfaltung. Wir öffnen uns nach außen und zeigen uns, wie die Knospen in der Natur und die ersten Blüten.

## Klimabedingte Jahreszeitenverschiebung

Der Klimawandel hat mittlerweile signifikante Auswirkungen auf die jährlichen Temperatur- und Niederschlagsmuster auf der Welt und somit auch direkten Einfluss auf die Jahreszeiten und deren Verschiebung. Insbesondere in der Nähe des Nordpols sowie in Skandinavien und Sibirien steigen die Temperaturen im Frühling und Herbst schnell. Dadurch haben sich die Jahreszeiten verschoben, und der Frühling beginnt oft früher, und der Herbst dauert länger. Auch in anderen Teilen der Welt gibt es Anzeichen für Verschiebungen. Man kann das besonders gut am Beispiel der verschobenen Blütezeit von Pflanzen und Bäumen erkennen.

## Der Mond

Wir können den Mond als natürlichen Satelliten der Erde bezeichnen, der sich auf der Umlaufbahn der Erde befindet und durchschnittlich 384.400 Kilometer von ihr entfernt ist. Viele Planeten haben einen oder sogar mehrere Monde.
Ein Monzyklus dauert von einem Neumond bis zum folgenden 29,5 Tage. In dieser Zeit durchläuft der Mond folgende Phasen:

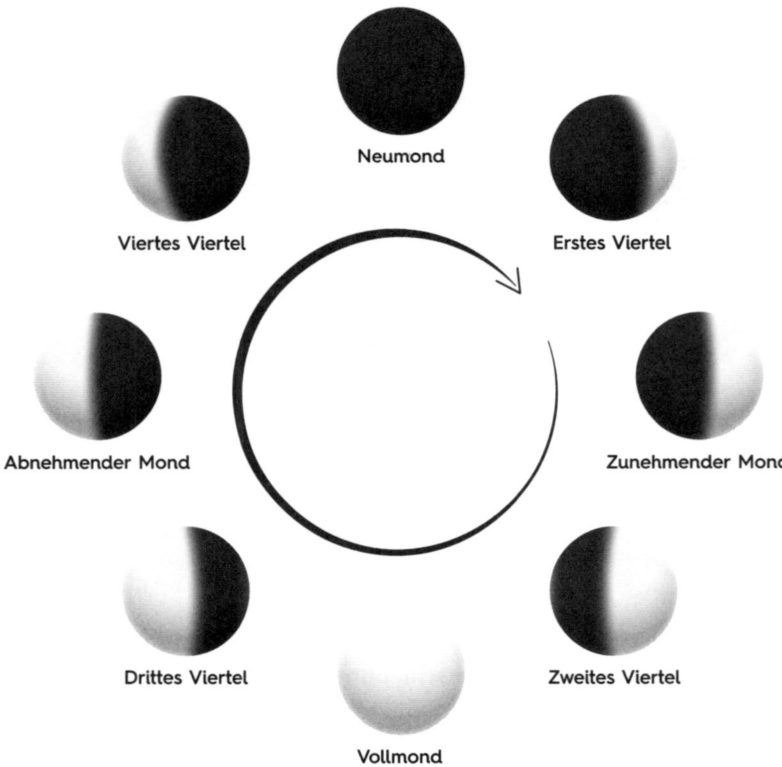


Vor der Erfindung der Uhr richteten Kulturen ihre Zeitrechnung unter anderem nach dem Mond aus. Man beobachtete, dass sich bestimmte Ereignisse in der Natur regelmäßig mit dem Vollmond ereigneten, und gab ihnen deshalb Namen, um diese Ereignisse zu beschreiben. Wir kennen solche Namen heute noch am ehesten von dem Volk der Algonkin, amerikanischer Ureinwohner, die im Osten Nordamerikas beheimatet sind. Zum Beispiel fällt der Vollmond im Januar oft mit dem Zeitpunkt zusammen, an dem Wölfe in Nordamerika besonders laut heulen. Daher bezeichnen sie diesen Vollmond als »Wolfsmond«. Doch auch die frühen Kulturen Europas nutzten einen solchen einfachen Mondkalender, um jahreszeitliche Besonderheiten in der Natur und wichtige saisonale Termine der Landwirtschaft oder Jagd benennen zu können. Dort finden wir zum Beispiel den Schneemond, Erntemond oder Bibermond wieder.

| Monat | Bezeichnung der Ureinwohner Amerikas (Algonkin) | Altdeutsch |
|---|---|---|
| Januar | Wolfsmond | Hartung, Eismond |
| Februar | Schneemond | Hornung |
| März | Wurmmond | Lenzmond |
| April | Rosa Mond | Ostermond |
| Mai | Blumenmond | Wonnemond |
| Juni | Erdbeermond | Brachmond |
| Juli | Bockmond | Heumond |
| August | Störmond | Erntemond |
| September | Erntemond | Herbstmond |
| Oktober | Jägermond | Weinmond |
| November | Bibermond | Nebelmond |
| Dezember | Kalter Mond | Julmond |

In der biodynamischen Landwirtschaft wird der Mond heute noch als ein wichtiger Einflussfaktor auf das Pflanzenwachstum betrachtet. Eine zentrale Idee dieser auf den anthroposophischen Lehren des österreichischen Philosophen Rudolf Steiner basierenden Methode ist es, die Landwirtschaft als Teil eines größeren kosmischen Zusammenhangs zu betrachten.

Da der Mond einen Einfluss auf die Gezeiten, das Wasser und den Boden hat, wird in der biodynamischen Landwirtschaft angenommen, dass er auch das Wachstum von Pflanzen beeinflussen kann. Durch das Beobachten des Mondes und seiner Phasen können Bauern den optimalen Zeitpunkt für bestimmte landwirtschaftliche Tätigkeiten wie Pflanzung, Ernte, Düngung und Bewässerung bestimmen. Zum Beispiel wird angenommen, dass der abnehmende Mond einen Einfluss auf die Wurzelbildung von Pflanzen hat und diese Mondphase daher der beste Zeitpunkt für Bodenbearbeitung und Aussaat ist. Der zunehmende Mond wird dagegen als der beste Zeitpunkt für die Ernte betrachtet, da die Pflanzen dann ihre Energie auf die oberirdischen Teile konzentrieren.

## Planeten- & Sternenzyklen

Nicht nur die Erde und der Mond, sondern auch alle anderen Planeten haben Zyklen. Sie stehen in einer komplexen Wechselwirkung zur Erde. Unser wichtigster Stern ist die Sonne, um die sich unser Planet dreht. Aber auch die anderen Planeten in unserem Sonnensystem wirken auf die Erde ein. Abhängig von ihrer Größe und Geschwindigkeit haben sie unterschiedliche Auswirkungen auf das Sonnensystem und auch unser Leben. Planeten und Sterne dienen uns seit jeher als Orientierungshilfe für Navigation und Landwirtschaft. Neben der Sonne waren viele Tempel und Kultstätten auch dem Stern Sirius gewidmet. Er ist der hellste Stern am Himmel und hat aufgrund seiner Helligkeit und Sichtbarkeit in vielen Kulturen eine wichtige Rolle gespielt.
In der astrologischen Lehre wird allen Planeten eine eigene Bedeutung und Kraft zugemessen, und jeder Planet wird einem bestimmten Sternbild aus den Tierkreiszeichen zugeordnet.

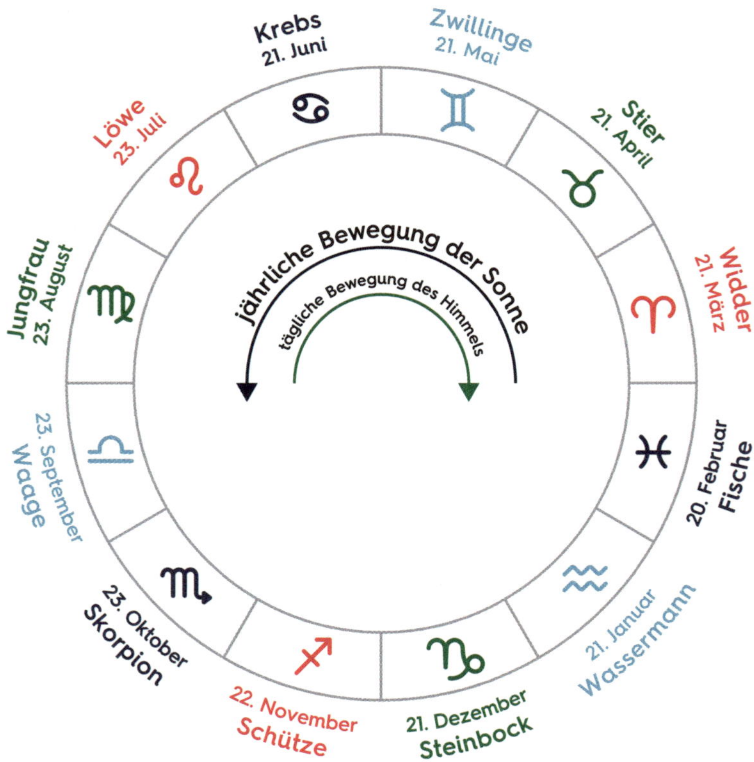

## Die Sonne

Unsere Sonne ist die primäre Energiequelle für alles Leben auf der Erde. Genau wie für die pflanzliche Fotosynthese ist sie auch für den Menschen und seine Gesundheit als wichtigste Quelle von Vitamin D, das für die Knochengesundheit und das Immunsystem essenziell ist, unerlässlich.
Durch den wissenschaftlichen Fortschritt und die technologische Entwicklung sind uns ihre Relevanz wie auch ihr Rhythmus und die Jahreszeiten leider nicht mehr so bewusst. Die Entdeckung der fossilen Brennstoffe hat den Stellenwert der Sonne als Energiequelle stark verschoben. Erst in den letzten Jahrzehnten kehrte sie im Bereich der Solarenergie zurück in das Bewusstsein der Gesellschaft. Und auch durch die intensive Erforschung der Sonne durch die moderne Wissenschaft erlangen wir ein immer besseres Verständnis über ihre Aktivität und ihre Auswirkungen auf die Erde.

### Der Sonnenzyklus

Der Sonnenzyklus schwankt alle elf Jahre und variiert in seiner Aktivität – Störungen in Satellitenkommunikationssystemen, Veränderungen im Erdmagnetfeld oder der Ionosphäre sind die Folge. Aktuell befinden wir uns im 25. Sonnenzyklus, und das nächste solare Maximum wird zwischen 2024 und 2026 erwartet, was bedeutet, dass die Sonne wieder einen Höhepunkt in ihrer Aktivität erreicht. Damit geht auch ein erhöhtes Risiko durch Sonnenstürme für Technologie und Infrastruktur einher, die sich während der letzten Jahrzehnte stark von Elektrizität abhängig gemacht haben. Neben faszinierenden Polarlichtern können Störungen bei Kommunikationssystemen, GPS, Stromnetzen und jeglichen elektrischen Geräten auftreten und sie sogar außer Betrieb setzen. Einer der stärksten bekannten Sonnenstürme ereignete sich 1859 und führte zu Polarlichtern bis zum Äquator, induzierte aber auch so eine hohe Spannung in damaligen Telegrafenleitungen, dass die Papierstreifen in den Empfängern in Brand gesetzt wurden. Im Juli 2012 entging die Erde nur knapp einem solchen Sturm.
Das sollte uns wieder vor Augen führen, welches Machtverhältnis zwischen Mensch, Erde und Sonne herrscht und an welchem Ende dieser Hierarchie wir stehen.

### Die Sonne & der Klimawandel

Es ist ein wissenschaftlich belegter Fakt, dass die Sonne zwar eine wichtige Rolle im Klimasystem der Erde spielt, der aktuelle Klimawandel und der Anstieg der globalen Temperaturen jedoch auf die menschlichen Aktivitäten auf der Erde zurückzuführen sind. Die Sonne und ihr Zyklus sind somit nicht für die Jahreszeitenverschiebung verantwortlich. Insbesondere die Emission von Treibhausgasen wie $CO_2$ und Methan – Gase, die eine dichte Schicht um die Erde bilden und dadurch verhindern, dass die Wärme der Sonne zurück ins Weltall reflektiert wird – erhöht die globalen Temperaturen.

Es ist an dieser Stelle von entscheidender Bedeutung, zu unterstreichen, dass die Menschheit nur noch begrenzt Zeit hat, wirksame Maßnahmen zu ergreifen, die den Klimawandel aufhalten können. Die Jahreszeitenverschiebung ist schon in vollem Gange und ist deutlich aus ihrem natürlichen Rhythmus geraten. Das hat längst Auswirkungen auf die gesamte Welt von Flora und Fauna sowie jetzt schon unumkehrbare sozioökonomische Bewegungen auf dem ganzen Planeten zur Folge.

## Biologische Rhythmen

Dem Werden und Vergehen von Pflanzen wohnt wie auch der Geburt eines neuen Lebens und dem Sterben ein alter Zyklus inne. In der Chronobiologie werden diese physiologischen Prozesse und wiederholenden Verhaltensmuster untersucht. Unsere biologischen Rhythmen helfen uns, ein Gleichgewicht zu finden, uns selbst zu regulieren. Sie werden in ultradiane, circadiane und infradiane Rhythmen eingeteilt.

### Ultradiane Rhythmik

Die ultradiane Rhythmik bezieht sich auf biologische Abläufe, die sich nach weniger als 24 Stunden in einem regelmäßigen Muster wiederholen. Darunter fallen die Phasen des Schlafs sowie Hunger- und Durstzyklen, Herzfrequenzschwankungen und auch Schwankungen der Körpertemperatur. Ist dieser Rhythmus gestört, kann das zu Schlafstörungen, Erschöpfung, Hungerattacken und anderen gesundheitlichen und körperlichen Problemen führen.

## Circadianer Rhythmus & die innere Uhr

Der circadiane Rhythmus ist ein biologischer Prozess, der ungefähr 24 Stunden dauert und den Schlaf-Wach-Zyklus sowie andere körperliche Funktionen beeinflusst. Die innere Uhr ist also das System, das für die Steuerung dieses Rhythmus verantwortlich ist. Sie besteht aus einer Gruppe Nervenzellen im Gehirn, die als suprachiasmatischer Nucleus (SCN) direkt mit den Augen verbunden ist und über das Licht Signale empfängt, wann der Körper Schlaf braucht und wann er aufwachen soll. Der SCN ist für die Ausschüttung des Hormons Melatonin verantwortlich, das den Körper auf den Schlaf vorbereitet. Für den Wachzustand wird die Freisetzung von Melatonin rechtzeitig gestoppt. Neben dem Schlaf-Wach-Rhythmus beeinflusst der circadiane Rhythmus ebenso den Stoffwechsel sowie die Hormonproduktion.
Auch der Tag-Nacht-Rhythmus wird vom circadianen Rhythmus und der inneren Uhr gesteuert. Er ist ein wichtiger Faktor für unsere Gesundheit und das Wohlbefinden. Durch Störungen kann es erneut zu Schlafproblemen, zu Erschöpfung, Konzentrationsschwäche und auch zu langfristigen Auswirkungen wie Depressionen, Diabetes oder Herz-Kreislauf-Erkrankungen kommen. Auch der Konsum von Koffein und Alkohol sowie anderen Stimulanzien kann diesen Rhythmus stören. Über gesunde Routinen und regelmäßige Schlafenszeiten können wir unser Nervensystem unterstützen und damit auch die Produktion von Stresshormonen eindämmen. Studien zu Spät- und Nachtschichten in der modernen Welt zeigen deutlich, dass Nachtschichten und eine gestörte innere biologische Uhr mit verschiedenen gesundheitlichen Risiken verbunden sein können – bis hin zu einem erhöhten Krebsrisiko.

## Infradiane Rhythmik

Der infradiane Rhythmus bezieht sich auf biologische Abläufe, die sich nach mehr als 24 Stunden wiederholen, wie zum Beispiel der weibliche Menstruationszyklus, der Schwangerschaftszyklus, der Jahreszyklus der Zugvögel und auch der Winterschlaf mancher Tiere. Sie werden durch interne biologische Mechanismen und externe Faktoren wie Licht, Temperatur und soziale Signale gesteuert.
Unsere Jahreszeiten unterliegen dem infradianen Rhythmus, den wir durch die Veränderung in der Natur wahrnehmen. Er beeinflusst unsere biologischen Prozesse und Verhaltungsweisen, kann Einfluss auf den Schlaf-Wach-Rhythmus nehmen und Auswirkungen auf unsere Stimmung haben. Das ist häufig die Ursache für die Frühjahrsmüdigkeit oder saisonal bedingte Störungen wie die sogenannte *Seasonal Affective Disorder* (SAD). Während sich die Jahreszeiten verschieben, treten auch diese Störungen vermehrt auf und wirken über längere Perioden auf uns ein. Auch

wenn die Lichtverhältnisse von Tagundnachtgleichen und Sonnenwenden im Jahreslauf gleich bleiben, haben sich die radikalen Temperaturumschwünge, früheres Erblühen der Natur oder späterer Kälteeinbruch verstärkt und irritieren den Körper und somit auch die restlichen Zyklen.

## Hormonelle Zyklen

### Menstruationszyklus & Ovarialzyklus

Die wichtigsten hormonellen Zyklen im weiblichen Körper sind der Menstruationszyklus und der Ovarialzyklus, die wir mit der hellen und dunklen Jahreszeit im Naturzyklus vergleichen können. Der ungefähr 28-tägige Menstruationszyklus wird durch das Zusammenspiel von Hormonen reguliert. Er führt zur Reifung und Freisetzung eines Eies aus den Eierstöcken. Wenn keine Befruchtung stattfindet, wird die Gebärmutterschleimhaut abgestoßen, und die Menstruationsblutung beginnt. Der Ovarialzyklus bezieht sich auf den Prozess der Eibildung. Im übertragenen Sinne zeigt sich im weiblichen Körper die dreifaltige Göttin als junges Mädchen vor ihrer Menarche, ihrer ersten Regelblutung. Sie wächst zur gebärfähigen reifen Frau heran, wie die Natur im Frühjahr und Sommer, und geht in der reifen Zeit des Herbstes in die Wechseljahre, ihre Menopause, über.

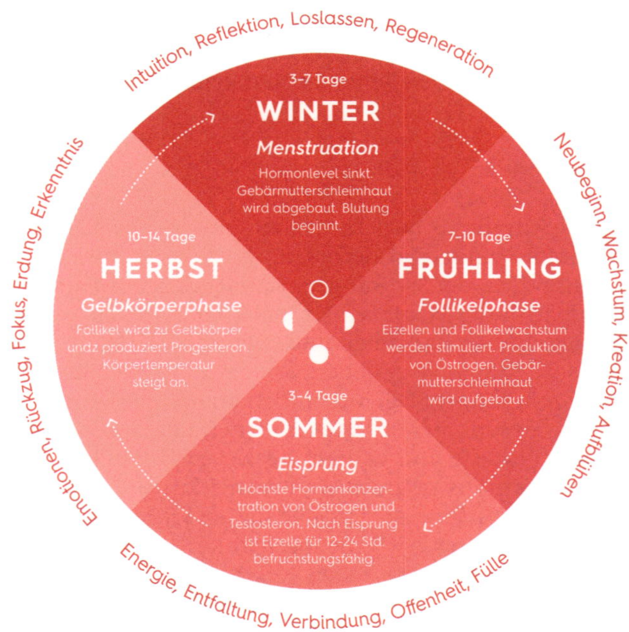

### Testosteronzyklus

Der Testosteronzyklus steuert die Produktion und Freisetzung des wichtigsten männlichen Hormons. Testosteron wird im Hoden produziert, und seine Freisetzung erfolgt relativ stabil und kontinuierlich, also weniger zyklisch als bei Frauen. Nichtsdestotrotz kann man sagen, dass auch das männliche Geschlecht einen Zyklus durchläuft und in der Pubertät die Hoden beginnen, das männliche Sexualhormon zu produzieren. Das führt zu verschiedenen körperlichen Veränderungen, wie dem verstärkten Haarwuchs im Gesicht oder am Körper und der Vertiefung der Stimme. Auch die Muskulatur beginnt sich stärker zu entwickeln. Im Erwachsenenalter unterliegt der Testosteronspiegel im Lauf des Tages nur leichten Schwankungen.

## Wo wir heute gegen den Naturzyklus leben

So real die Schwellen und Übergänge in neue jahreszeitliche Qualitäten im Außen sind, so deutlich spiegeln sie sich auch in unserem Innen wider. Nach dem hermetischen Prinzip »Wie oben, so unten, wie außen, so innen«, das auf Hermes Trismegistos zurückgeht, bestehen Zusammenhänge zwischen den Gesetzmäßigkeiten im Makrokosmos der Erde und dem Mikrokosmos in uns. Obwohl wir in Vorbereitung auf die Winterzeit heute vielleicht nicht mehr auf die Jagd gehen müssen, täten wir gut daran, diese Übergänge wieder bewusster wahrzunehmen.

Der vermutlich beste Vergleich ist das vierte Quartal im linearen Jahr. Vor Ende des Jahres soll noch mal ordentlich Umsatz gemacht werden, schließlich will das Jahr mit einem Hoch beendet werden. Vor Weihnachten hüpfen wir von einer Feier zur nächsten, und in den Urlaubstagen geht es entweder in den Skiurlaub oder ab in den Süden. Stille Zeit zu Hause gönnen wir uns kaum. Dafür ereilt uns dann zwei, drei Monate später die Frühjahrsmüdigkeit, die ein Widerspruch in sich ist. Wenn die Kräfte in der Natur explodieren, sollte sich das auch in unserer Energie und Stimmung widerspiegeln. Doch wenn wir uns im Winter zu wenig Rückzug und Auszeit gegönnt haben, holt uns nun die Erschöpfung ein. Tiere wissen es besser und ziehen sich im Winter zurück, um ihre Kräfte zu sammeln.

Die industrielle Landwirtschaft, Effizienzdruck und der Produktivitätswahn haben nicht nur zum Verlust von alten Traditionen, Riten, Wissen und Handwerk geführt, sondern auch zum Verlust unserer inneren Rhythmen. Auch wenn diese Entwicklung schon seit der Aufklärung stattfindet, sind die 1980er-Jahre mit ihrem Städteboom, einem massiv gesteigerten Konsumverhalten und dem damit einhergehenden Beginn

der Überproduktion doch als großer Wendepunkt zu betrachten.
Zu den Auswirkungen und Schäden zählen Stress, Überforderung, Burnout, chronische Erschöpfungssyndrome, Angstzustände, Depressionen und Süchte, wobei die Gründe für diese modernen Zivilisationserscheinungen natürlich mannigfaltig sind. Die Entfremdung von der Natur – der inneren wie der äußeren – ist einer von ihnen.

## Entstehung des Kalenders & unserer Zeitrechnung

Wenn wir die Jahreskreisfeste heute an festgelegten Tagen im Jahr feiern, ist das eigentlich nicht ganz korrekt. Man richtete sich bei den Festen ursprünglich schließlich eher nach Wetter, Ernte, Wendepunkten in den Jahreszeiten sowie nach Sonnenstand und Mond. So, wie wir unseren Kalender heute kennen, gab es ihn nicht immer. Für das globale Zusammenleben hat sich der gregorianische Kalender basierend auf dem julianischen Kalender durchgesetzt. Aus der immer fortlaufenden zyklischen Zeitbestimmung wurde eine lineare mit einem Anfang und Ende. Damit wurde das tropische Jahr abgelöst, das die Zeit zwischen zwei gleichen Zeitpunkten im Ablauf der Jahreszeiten misst, wie zum Beispiel von Sonnenwende zu Sonnenwende. Die Datierungen unseres heutigen Jahresanfangs und -endes sind willkürlich gewählt und reine »Buchhaltertermine«. Der julianische Kalender wurde von Kaiser Julius Caesar während seiner Kalenderreform 46 v. Chr. eingeführt. Damals löste er den 1. März als Jahresbeginn ab. Mit der gregorianischen Kalenderreform 1582 setzte sich der 1. Januar als Jahresanfang durch.

### Astrologisches Neujahr – 21. März

Das **astrologische Neujahr** findet am 21. März zur Frühlingstagundnachtgleiche statt und markiert den Beginn eines neuen Kreislaufs im Tierkreis. Einige Kulturen feiern diesen Tag auch heute als Neujahr.

Die meisten von uns empfinden Zeit als »linear«. Wir haken im Kalender einen Tag nach dem anderen ab und haben einen ganz klaren Anfang und ein Ende unseres Jahres. So bewegt sich unsere allgegenwärtige Auffassung von Zeit stetig vorwärts. Wir dürfen Zeit aber auch wieder unabhängig von einem Anfang und einem Ende als eine Spirale mit aufwärts kreisender Wiederholung erleben, so, wie die Natur es uns ganz offen spiegelt. Wir kehren nie an genau denselben Ort zurück, weil uns die Zeit weiter vorwärtsbewegt. Vielleicht tauchen ab und an alte Themen an einem bestimmten Termin wieder auf. Manchmal fühlen wir uns sogar so, als wären wir »wieder da, wo wir angefangen haben«, aber das ist niemals der Fall. Das Schöne an den Jahreskreisfesten ist: Man kann die Vertrautheit dieser Portale nutzen, um zu spüren und zu reflektieren, wie wir jeden Tag, jeden Monat, jedes Jahr anders sind. Und vielleicht sind wir beim nächsten Mal offener für neue Lektionen und Erfahrungen.

## Natur-, Kultur- & Traditionserhaltung

Es ist nicht notwendig, die Jahreskreisfeste auf Biegen und Brechen »authentisch« zu leben. Denn sie haben selbst heute in einer digitalisierten urbanen Welt noch Relevanz für unseren Alltag. Das Problem mit überlieferten Traditionen ist zum einen, dass wir nicht wissen, wie diese Feste im Original gefeiert wurden, und zum anderen, dass sie eine starre Erwartungshaltung an eine wahrheitsgetreue Nachahmung verursachen können. Letzteres würde den Sinn dieser Bräuche in ihrem Kern missverstehen. Selbst wenn wir ganz genau wüssten, wie sie gefeiert wurden, hätte es keinen Sinn, die Feste exakt zu übernehmen, da vieles gar nicht mehr unserem Zeitgeist entspricht. Wir sind der Meinung, dass diese Feste stattdessen für den modernen Menschen angepasst werden dürfen. Essenz des Ganzen ist es, wieder eine Verbindung zur Natur, den Elementen und Jahreszeiten herzustellen. Dafür braucht es keine starren Regeln, und wir dürfen einen gewissen Grad an Freiheit in unsere Rituale bringen.

Seit der Klimawandel immer stärker ins Scheinwerferlicht rückt und die Zerstörung natürlicher Lebensräume voranschreitet, gewinnt die Notwendigkeit an Kraft, neue Wege für unsere Verbindung mit der Natur zu finden. Das Aufleben alter Riten ist unser Weg dafür. Dazu braucht es keine gesetzlichen Feiertage oder anderen Strukturen, jede*r Einzelne kann über seine ganz persönlichen Rituale mit den Jahreskreisfesten zurück zur Natur finden.

## Unsere Vorfahr*innen & die Epigenetik

Die Auseinandersetzung mit den Jahreskreisfesten führt unweigerlich auch dazu, dass wir genauer nachforschen, woher wir kommen, was unsere Vorgenerationen erlebt haben und was neben Erzählungen auch in unserem Körper und Nervensystem gespeichert ist.

Wir können unseren Körper als verlängerten Arm der Natur betrachten. So, wie wir aus einem Baumstamm und seinen Jahresringen Informationen herauslesen können, ist auch vieles über unsere Ahn*innen in uns gespeichert. Zum einen ist es unsere Genetik, zum anderen aber auch die Epigenetik, die dafür verantwortlich sind, wie Gene ein- oder ausgeschaltet werden und unterschiedliche Zelltypen im Körper erzeugt werden. Epigenetische Veränderungen werden durch die Anpassung an Umweltbedingungen ausgelöst, wie zum Beispiel hohe oder niedrige Temperaturen, Feuchtigkeit oder Lichtintensität. Durch diese Modifikation sichert sich der Organismus sein Überleben und seine Fortpflanzung. Epigenetische Vererbung ist mittlerweile ein aktives Forschungsgebiet, welches auch emotionales Erbe, worunter beispielsweise Ängste, Depressionen und Posttraumatische Belastungsstörungen (PTBS) fallen, erkundet.

Um unsere Bewusstseinskultur für künftige Generationen zu verändern und so die fatalen Folgen unseres Wirkens auf die Welt abzumildern, ist es sehr wichtig, neben der Verbindung zur Natur auch die zu unseren Ahn*innen wiederherzustellen. Schließlich verdanken wir alles überlieferte Wissen ihnen.

Selbst wenn du nicht viel mit der Vorstellung anfangen kannst, können wir unsere Vorfahr*innen in unserem Körper, unseren Zellen spüren. Als essenziellen Teil der Jahreskreisfeste möchten wir dir deshalb deine eigene Ahnenarbeit ans Herz legen, um deine Verbundenheit mit dem großen Ganzen wiederzuentdecken. Somit stellt sich automatisch auch die Frage, was unser Erbe an zukünftige Nachkommen sein wird.

## Zeitqualität

Wir möchten dir zu den einzelnen Festen Inspirationen liefern, zeigen, wie du auf ganzheitliche Weise in den Rhythmus der Natur einsteigen und die gegebene Zeitqualität zelebrieren kannst. Wenn wir von Zeitqualität sprechen, dann meinen wir das Zusammenspiel von Natur, Jahreszeit, kosmischem Geschehen und, auch nicht außer Acht zu lassen, deinem eigenen Befinden sowie dem kollektiven Weltgeschehen. In einer so komplex vernetzten Welt wie heute fällt unter Zeitqualität wesentlich mehr als eine Tagundnachtgleiche, Sonnenwende oder die Jahreszeit. Wir können zu jedem Zeitpunkt Informationen aus aller Welt abrufen und sind starken und schnellen Bewegungen in der Gesellschaft ausgesetzt, die oft direkten Einfluss auf unsere Stimmung haben. Deshalb ist es wichtig, wann immer du in die Thematik eintauchst, auch einen objektiven Blick auf das Geschehen um dich herum und das, was dich bewegt, zu werfen und dich zu zentrieren. Unter zeitgerechter Etablierung der Jahreskreisfeste in einer urbanen Umgebung verstehen wir deshalb auch, die Zeitqualität einzubinden. Für uns bedeutet das, dass das Thema des Zustands unserer Erde unausweichlich ist. Wir können sehr viele Benefits für unsere eigene Resilienz aus diesem Bewusstsein ziehen und vor allem die Verbindung zu uns selbst stärken.

# Die Klimakrise

Die vielen Umzüge, Feierlichkeiten und Bräuche zu den Jahreskreisfesten unterstreichen die Verbundenheit der Menschen von damals mit der Natur. Der Mensch war und ist von der Erde abhängig. In der modernen Welt ist das Bewusstsein darüber aufgrund des technologischen Fortschritts weitgehend verloren gegangen, bis auf die Momente, in denen uns die Natur daran erinnert, wer immer noch das Sagen hat. Ob wir wollen oder nicht, es gibt übergeordnete Strukturen.
Ein (Wieder-)Einweben in die Rhythmen und Zyklen der Natur ist unausweichlich, wenn wir einen brauchbaren Nährboden für zukünftige Generationen hinterlassen wollen. Verbundenheit mit der Natur kann im Grunde überall entstehen, wenn wir uns mit den Elementen verbinden, doch gerade diese geraten immer mehr in Gefahr beziehungsweise werden zur Gefahr. Schon seit den ersten Erzählungen der Menschheitsgeschichte wissen wir über die Elemente Bescheid. In Kombination mit den Veränderungen auf dem Planeten haben sich die Elemente nun gegen uns gewandt und somit gegen sich selbst. Ihre zerstörerischen Kräfte zeigen uns in jeder Jahreszeit neue Intensität und Kraft.

So dramatisch es klingt, es gibt keine zweite Erde, die wir in absehbarer Zukunft besiedeln können. Es gibt auch niemanden, der die Probleme auf dem Planeten lösen wird, wenn nicht jede*r Einzelne einen Beitrag dazu leistet. Die Aussicht für zukünftige Generationen ist bitter und die Verzweiflung derer, die sich mit eiserner Ausdauer für einen Wandel einsetzen, absolut verständlich. Trotzdem ist das Bewusstsein für klimabedingte Probleme im wirtschaftlich hoch entwickelten Europa, den USA oder anderen Wohlstandsstaaten und Weltmächten noch nicht groß genug.

Wir möchten mit diesem Buch einen Einblick geben, wie wir auf kultureller Ebene sowie auch im Alltag eingreifen und unser Bewusstsein erweitern können, um wieder einen gemeinsamen Tanz mit den Naturzyklen zu finden. Für eine bewusste Wende ist eine ordentliche Portion emotionaler und mentaler Resilienz notwendig. Es geht schon lange nicht mehr darum, Weltverbesser*in zu spielen, sondern um die banale Akzeptanz von Ursache und Wirkung und die in diesem Zusammenhang notwendigen Schritte.

# Unabhängigkeiten von den Gesetzen der Natur

Mit der Entstehung des Ackerbaus setzte eine erste Loslösung von den Gesetzen der Natur ein. Vorher gab es keine sesshafte Lebensweise, die Menschen waren in der Regel Jäger*innen und Sammler*innen und auf die natürliche Umgebung angewiesen, um Nahrung und Ressourcen zu beschaffen.
Mit der Entwicklung der Landwirtschaft konnten die Menschen beginnen, die Natur aktiv zu verändern und zu gestalten, indem sie Felder anlegten und Kulturpflanzen anbauten. Dies führte zwar einerseits zu einer stärkeren Abhängigkeit von der Natur, da der Erfolg oder Misserfolg der Ernte direkt von den natürlichen Bedingungen wie Klima und Wetter abhing. Gleichzeitig führte es jedoch über mehrere Jahrhunderte hinweg zur Entfremdung von der Natur, da der Mensch die Fähigkeit gewann, sie zu manipulieren. Diese Entwicklung fand ihren Gipfel in der Erfindung der Städte: Industrialisierung und Urbanisierung entfernten uns noch weiter von der Natur. In dem Maße, wie sich die Beziehung der Menschen zu Landwirtschaft und der Zugang zu Nahrung veränderten, änderten sich auch ihre Einstellungen und Verbindung zur Natur. Wie auch umgekehrt ihre Erfahrungen mit der Natur ihre Einstellung zu Nahrungsproduktion und -ernte beeinflussten.
Wir leben heute radikal anders als unsere Vorfahr*innen vor 2000 Jahren. Die technischen Möglichkeiten machen uns scheinbar unabhängig von der Natur. Wir wissen kaum noch, was es bedeutet, im Nahrungsmangel zu leben. Gerade in Zeiten von Krankheiten oder Sinnkrisen verspüren wir jedoch gleichzeitig oft wieder das Bedürfnis, Zeit in der Natur zu verbringen. Wir spüren ihre heilenden Kräfte.
Die kollektive Sehnsucht nach Natur manifestiert sich in Instagram-Accounts von Städtern, die aufs Land flüchten, in Landglück-Magazinen und *Urban Gardening*. Mittlerweile zeigt auch die Wissenschaft, dass ein Aufenthalt im Grünen nachweislich unser Wohlbefinden verbessert. Alleine grüne Natur zu sehen verringert Stress, Angstzustände und Wutgefühle. Dafür gibt es mit Shinrin Yoku, auch bekannt als Waldbaden, mittlerweile einen eigenen Trend, der seinen Ursprung in Japan hat. Zeit im Wald zu verbringen und bewusst die Sinne zu nutzen, um die Natur zu erleben, hat durch die Phytonzide, die von den Bäumen abgegeben werden, eine entspannende und stressreduzierende Wirkung auf den Körper.

# Resilienz gegen Weltschmerz

Die Wichtigkeit von Resilienz ist spätestens während der Pandemie deutlich geworden. Der Mensch braucht ein neues Bewusstsein, neue Kraft und Ausdauer für die Zukunft. Wir wissen nun, dass Möglichkeiten im Hintergrund schlummern, die unsere gesamte Ordnung auf den Kopf stellen können. Wir können die mentale, emotionale und auch spirituelle Widerstandsfähigkeit als Resilienz verstehen, mit der ein Mensch auf unerwartete kollektive und persönliche Ereignisse reagiert. Sie wird für all jene besonders wichtig sein, die sich unermüdlich für positive Veränderung auf der Welt einsetzen und auf veraltete harte Fronten stoßen. Das öffentliche Bestrafen, Bloßstellen und Herabsetzen derer, die sich für eine lebbare Zukunft einsetzen und über den Zustand der Natur aufklären, hat als Instrument der Wohlstandsgesellschaft wieder zurück in unsere Mitte gefunden. Gut zu beobachten am Beispiel Greta Thunbergs, Bewegungen wie »Fridays for Future« oder den Klimaklebern und den negativ polarisierenden Reaktionen darauf. Wie der Psychologe Carl Gustav Jung schon ausführte, ist das, was uns aufregt, entrüstet oder emotional macht, häufig nur ein Spiegel dessen, was wir an uns selbst nicht angenommen oder integriert haben. Generell kann man sagen, dass die kommenden Generationen wie auch schon die Generation Z eine unglaublich große Verantwortung und ein ziemlich schweres Erbe tragen. Wir verzeichnen bereits vermehrt das Phänomen »Weltschmerz«, das ein tiefes Gefühl von Traurigkeit, Melancholie und Enttäuschung über die Welt und die menschliche Natur ausdrückt. Oft geht es einher mit Gefühlen der Frustration, Machtlosigkeit und Verzweiflung über menschliches Leid, Ungerechtigkeit, Korruption, Umweltzerstörung und andere globale Probleme. Resilienz unterstützt uns, dieses Gefühl von Weltschmerz, pendelnd zwischen Hilflosigkeit und Motivation, zur Veränderung zu balancieren.

**Tipps:**
Akzeptiere deine eigenen Gefühle von Überwältigung.
Setze den Fokus auf Dinge, die du tatsächlich beeinflussen kannst.
Pflege deine Beziehungen, baue dir ein unterstützendes Netz.
Entspannung, Selbstfürsorge und Selbstliebe.
Suche dir, wenn nötig, professionelle Unterstützung.
Reduziere deinen Nachrichten- und Social-Media-Konsum.

# Naturrhythmus & Regeneration

Eine regenerative Lebensweise und eine neue bewusste Verbundenheit mit der Natur sind gelebte Selbstverantwortung. Wie in der regenerativen Landwirtschaft oder Permakultur möchten auch wir unser Leben auf einem gesunden Boden im Einklang mit der Natur aufbauen.
Im Großen und Ganzen geht es darum, uns als Teil des Ökosystems zu betrachten und Methoden und Praktiken, wie sie in der Natur verwendet werden, für uns selbst zu nutzen. Moderne Technologien, urbane Entwicklung, die Errungenschaften von Wissenschaft, Forschung und auch Industrie stehen dem Zurückfinden in den Naturzyklus nicht im Weg, alles kann durchaus miteinander verbunden werden. So, wie sich die Welt entwickelt, und bei dem Tempo, in dem Technologien wie künstliche Intelligenz voranschreiten, ist es unabdingbar, diese Brücken zu schlagen.

Um uns am Rhythmus der Natur ausrichten zu können, ist es wichtig, wieder zu verinnerlichen, wann wir was wirklich brauchen und wann und wie es für uns verfügbar ist. Weder zu Ostern noch zu Weihnachten oder Silvester ging es ursprünglich um überschwängliche Geschenke, die Strecken quer über den Planeten zurücklegen. Der Onlinehandel verzeichnete seit Beginn der Pandemie 2020 einen Zuwachs von teilweise 40 Prozent. Auch für Paketdienste verdoppelte sich das Wachstumstempo fast. Firmen werben mit kostenlosen Rücksendungen und Rabatten, was den Konsum noch mehr anfeuert, Emissionen steigert und das Bewusstsein darüber, was man wirklich braucht, praktisch ausschaltet.
Um dich tatsächlich mehr nach dem Jahreszyklus zu richten, ist es notwendig, deine Mitmenschen und deine Umwelt mehr wahrzunehmen. Vielleicht gibt es das ein oder andere, was du brauchst, in deiner Nähe, oder du stellst bei näherer Betrachtung fest, dass du es gar nicht so dringend brauchst wie gedacht und ein tieferes Bedürfnis dahintersteckt. Allein mit unserer Ernährung können wir großen Einfluss auf den Umgang mit Ressourcen nehmen.

## Regionale & saisonale Nahrungsmittel

Unsere Vorfahr*innen, die im Einklang mit der Natur gelebt haben, studierten und beobachteten diese sehr genau. Heute haben wir auf Knopfdruck Zugang zu unglaublich großem Wissen und können uns jederzeit darüber informieren, was welche Jahreszeit mit sich bringt. Gerade bei Obst und Gemüse ist es wichtig, auf das Herkunftsland und die Saison zu achten. Abgesehen davon, dass es einfach nicht natürlich ist, alles zu jeder Zeit im Jahr zur Verfügung zu haben, wird sich erst etwas am Markt ändern können, wenn auch eine Veränderung im Konsumverhalten zu verzeichnen ist. Das liegt zu gleichen Teilen am Konsumenten und Produzenten. Trendfoods wie Avocados und Heidelbeeren oder immer neue Superfoods sind vielleicht gesund, aber eben auch gute Kassenschlager, welche oft enorme Schäden in der Natur und bei der Bevölkerung der Orte, an denen sie angebaut werden, verursachen. Im Allgemeinen kann man sagen, dass importierte Lebensmittel einen erheblichen Einfluss auf den Klimawandel haben. Auf regionale Produkte auszuweichen wird deshalb langfristig einen Vorteil für uns haben.

**Tipps:**
Öfter auf das Produktionsland achten.
Regionale Alternativen suchen.
Milch-, Fleisch- und Käseprodukte beim Tante-Emma-Laden oder auf dem Bauernmarkt kaufen oder ganz streichen.
Bei Angeboten von sonst eher teuren regionalen Produkten auf Vorrat kaufen, einkochen, einlegen. (In der Massenproduktion wird der Preis durch die Bestellmenge gedrückt. Das bedeutet vereinfacht: Damit du jetzt günstiger einkaufen kannst, entsteht ein größerer Schaden, für den wir später teurer bezahlen.)

## Obst- & Gemüsekalender

Wir dürfen uns die natürlichen Blüte- und Reifezeiten unserer Nahrung wieder ins Bewusstsein rufen. Saisonalität und Regionalität sind die Hauptaspekte, auf die man beim Konsumieren achten sollte. Das bedeutet nicht, dass man sich nie wieder eine Avocado gönnen darf, jedoch macht, wie so oft, die Menge das Gift. Und das im wahrsten Sinne des Wortes, denn das meiste Obst und Gemüse, das nicht bei uns heimisch ist, muss durch den Einsatz verschiedener Mittel oder durch die Optimierung des Saatguts für weite Transportwege und lange Lagerzeiten fit gemacht werden. Obwohl die EU strenge Regeln für den Einsatz von Pestiziden hat, gibt es immer noch Lücken in der Überwachung und Kontrolle. Außerdem sind zwar viele Pestizidwirkstoffe in der EU-Landwirtschaft verboten, können jedoch über Importe aus anderen Ländern sehr wohl in unseren Händen landen.[3]

**Tipps:**
Obst und Gemüse immer gut waschen, abbürsten oder schälen.
Beim Kauf auf das Herkunftsland achten (Supermärkte sind verpflichtet, die Importländer auszuweisen).
Beim Bauern direkt kaufen: Du kannst dich hierfür nach Bauernmärkten in deiner Nähe erkundigen.
Auf Zertifizierungen achten: Bio-Siegel der EU, Fairtrade-Siegel, GLOBALG.A.P., QS-Prüfzeichen, Rainforest Alliance Certified.

Ein am Obst- und Gemüsekalender orientierter Einkaufsplan kann dich dabei unterstützen, genauer darauf zu achten, saisonal und regional einzukaufen und Zeiten vorauszuplanen, die du fürs Einlagern beziehungsweise Einkochen nutzt und mit deinen Jahreskreis-Ritualen verbindest.

## Transportwege

Das meiste Obst und Gemüse aus Übersee, also Südamerika, Asien oder Afrika, kommt in der Regel zuerst in Häfen wie Rotterdam und Amsterdam, Antwerpen, Brüssel und Hamburg an und wird dann per Lkw oder Zug weiter in den ganzen europäischen Raum transportiert. Wir erkennen an dieser Stelle schon, wie sehr wir nur durch die permanente Verfügbarkeit aller Güter an $CO_2$-Emissionen beteiligt sind, auch ohne ein eigenes Auto zu besitzen. Die Globalisierung und Völkerwanderungen haben uns unglaubliche Vorteile und Entwicklungsschritte gebracht, sie haben aber auch ihren Preis. Überall Gerichte und Lebensmittel aus anderen Ländern konsumieren zu können ist Genusserlebnis und Dilemma zugleich. Ein Bewusstsein dafür zu entwickeln ist Teil davon, auf moderne Art mit den Rhythmen der Natur zu leben, individuelle, brauchbare und auch lebbare Lösungen für die Hürden unserer Zeit zu finden.

# 1 x 1 der modernen Spiritualität: Praktische Tools

Nachdem du jetzt viel über die Ursprünge der Jahreskreisfeste erfahren hast und darüber, wie sie unsere Verbindung zu uns selbst und zur Natur stärken können, sind wir im praktischen Teil angelangt. Hier kannst du beginnen, das Erfahrene in dein Leben und deinen Alltag zu integrieren. Zuerst möchten wir dir einige rituelle Hilfsmittel und Begriffe vorstellen, die dir als Impulse dienen können, deinen eigenen rituellen Raum oder Altar zu gestalten.

## Ganzheitliche Rituale für deinen Alltag

Unter ganzheitlichen Ritualen verstehen wir Praktiken, die einfach und natürlich in deinen Alltag zu integrieren sind, um dich mit dem Rhythmus der Natur und dem Zeitgeist zu verbinden. Als ganzheitlich kann das Zusammenspiel von alten Riten und Traditionen einerseits und modernen Einflüssen, Routinen und Praktiken andererseits gesehen werden, die auch das kosmische wie kollektive Geschehen mit einbinden. Eine gewisse Regelmäßigkeit in deinen Ritualen ist ähnlich unterstützend wie gesunde Routinen. Sie geben unserem Alltag eine Art Puls vor, der in unserem Körper gespeichert wird und ihm Orientierung in einer stressigen und fordernden Welt gibt. Nicht immer ist eine aufwendige, zeitintensive Zeremonie notwendig. Wichtig ist vor allem, den eigenen Rhythmus kennenzulernen und sich die nötige Zeit zu geben. In unserer hektischen Welt ist schon die Beobachtung deiner Bedürfnisse und Gewohnheiten ein Ritual für sich.

Rituale sind Handlungen, die sich regelmäßig wiederholen und eine symbolische Bedeutung haben, wie zum Beispiel eine tägliche Meditation oder das Schreiben in dein Tagebuch. Sie können auch kultureller oder religiöser Natur sein und haben häufig eine tiefere Bedeutung, die auch Veränderungen im Leben schaffen kann.

Zeremonien sind hingegen Feierlichkeiten um ein spezielles Ereignis herum, die ebenso kulturelle oder religiöse Rituale umfassen können. Sie sind im Vergleich zu Ritualen manchmal auch öffentlich zugänglich.

Solche gemeinsamen Bräuche haben früher den Zusammenhalt der Gruppe gefestigt und waren ein Mittel, Traditionen weiterzugeben. Du musst natürlich keine besonderen Fähigkeiten oder eine spezielle Ausbildung haben oder Schamane sein, um Rituale zu praktizieren oder Zeremonien durchzuführen. Die Reinheit deiner Intention ist das wichtigste Werkzeug.

**Starte jetzt!**
Du musst nicht bis zum keltischen Neujahr Samhain oder auf einen bestimmten Zeitpunkt im Jahreskreis warten, um dein Leben nach dem Jahreszyklus auszurichten. Starte dort, wo du dich gerade in der Zeit befindest.

› Wo befindest du dich gerade im Jahreskreis?
› Suche das dazugehörige Kapitel und lies nach, was jetzt ansteht.
› Wie ist die aktuelle Zeitqualität, und was beschäftigt dich?
Gehe in dich und schreibe alles auf.
› Wie kannst du jetzt in den Jahresrhythmus einsteigen?
Finde Inspirationen im jeweiligen Kapitel.

# Modern Mystic Tools

Oft haben wir ein aufwendiges Bild im Kopf, wie ein Altar oder ein spiritueller Ort aussehen muss, was uns vielleicht vor der eigentlichen Praxis von Ritualen abschreckt. Doch das muss nicht so sein. Alles, was sich für dich richtig anfühlt, ist erlaubt, und ein Altar darf etwas Individuelles sein, das in deinen natürlichen Wohnraum integriert ist. Zu einem solchen Ort können zum Beispiel Kerzen, Räucherwerk, Kräuter, Kristalle, Tarot und Orakelkarten, Bilder deiner Ahn*innen und dein Journal gehören. Und natürlich wollen wir auch die Elemente integrieren.

## Dein spiritueller Ort & dein Altar

Damit ist keine versteckte Ecke gemeint und auch nicht der prominenteste Ort deines Heims, sondern ein Platz, den du gerne mit deinen rituellen Utensilien bestückst, wo du dich wohlfühlst beim Praktizieren und die Dinge auch stehen lassen kannst, um sie visuell präsent zu haben. Das kann eine nette Kommode sein, ein Tischchen oder vielleicht auch nur eine Box. Schließe die Augen und visualisiere diesen Ort.

Du kannst dir für deine Reisen einen kleineren Reisealtar zusammenstellen, mit dem du deine wichtigsten Gegenstände wie eine Kerze, Räucherwerk oder deine Kristalle überall dabeihast.

## Utensilien für deinen Altar

- Auf einem Altar sind traditionellerweise alle Elemente und Ritualgegenstände vertreten. Stellvertretend für die Elemente kannst du auch Alternativen verwenden.
- **Feuer:** Kerzen, Kohle
- **Luft:** Räucherwerk, Federn zum Ausfächern
- **Erde:** Heilsteine, Kristalle, Salz zum Schutz, Pflanzen
- **Wasser:** eine Schale mit Wasser, Muscheln
- **Persönliche Gegenstände:** Bilder oder Erinnerungsstücke deiner Ahn*innen, deine spirituellen Begleiter wie Krafttiere ...
- **Sonstiges:** Klangschalen, Rasseln, Trommeln ...

## Journal

Durch Schreiben bringen wir unsere innere Welt auf Papier und somit in die Realität und können mit uns selbst in Kommunikation treten. Es lohnt sich also, in einem Journal oder Tagebuch festzuhalten, welche Gedanken, Gefühle und auch Impulse während deiner Rituale präsent sind. Oft reichen ein paar Stichwörter.

## Kerzen

Kerzen sind wohl das allererste Utensil, das uns einfällt, wenn es darum geht, Rituale durchzuführen oder einen eigenen Altar zu gestalten. Sie sind seit Jahrtausenden überall auf der Welt eine beliebte Licht- und Wärmequelle sowie mystisches Werkzeug.
Leider bestehen sie nicht nur aus natürlichem Wachs und einem Baumwolldocht. Die Industrialisierung hat auch hier in die Produktion eingegriffen und sie an die ausschweifende Nachfrage angepasst, und das nicht zu unseren gesundheitlichen Gunsten. Fast 90 Prozent der her-

kömmlichen Kerzen bestehen aus Paraffin, einem Nebenprodukt aus der Erdölindustrie. Paraffinwachs ist zwar eine kostengünstige Option, aber ein nicht erneuerbarer, umweltschädlicher Rohstoff und setzt beim Verbrennen der Kerze einige ungewollte Schadstoffe wie Alkane, Alkene, Benzol und Schwermetalle wie Blei oder Zink und manchmal sogar Schwefel frei.
Natürliche Alternativen sind Bienenwachs, Rapswachs oder Stearinwachs, das aus tierischem Fett gewonnen wird und eine Mischung aus Palm- oder Kokosöl und Rindertalg ist. Es gibt auch Kerzen aus Palmwachs und Sojawachs, die frei von Schadstoffen und Pestiziden sein sollten, aber aufgrund des ausbeuterischen Anbaus in Südostasien problematisch sind, für den große Flächen an Urwald und Naturschutzgebieten gerodet werden.
Als umweltfreundlichste (aber auch teuerste) Lösung gelten Bienenwachskerzen, die als Naturprodukt keine Zusatzstoffe enthalten dürfen.

## Kristalle

Kristalle haben in der spirituellen Welt eine lange Tradition. Es wird angenommen, dass Kristalle eine energetische Schwingung haben und in der Lage sind, Energie zu speichern, zu verstärken und zu übertragen. Aus diesem Grund werden sie oft zur Unterstützung von Meditationen, Heilpraktiken und zur Erhöhung des Bewusstseins verwendet. Manche glauben auch, dass bestimmte Kristalle den Chakren im Körper zugeordnet sind und verwendet werden können, um das Gleichgewicht und die Harmonie in diesen Energiezentren wiederherzustellen.
Für die Wirksamkeit von Kristallen gibt es zwar keine wissenschaftlichen Beweise, sie sind aber aufgrund ihrer besonderen Eigenschaften wie zum Beispiel die Fähigkeit, Licht zu brechen oder zu polarisieren, auch in Bereichen wie der Optik, Elektronik und Medizin zu finden. Siliziumkristalle werden in der Halbleiterindustrie verwendet, um Computerchips herzustellen. Sie leiten Energie und sind ganz nebenbei auch noch ästhetisch ansprechend.
Einige der beliebtesten Kristalle in der spirituellen Welt sind Amethyst, Rosenquarz, Bergkristall und Citrin, sie werden auch gerne als Schmucksteine getragen. Der Amethyst wird oft zur Förderung von innerer Ruhe und Klarheit verwendet, Rosenquarz zur Unterstützung von Liebe und Beziehungen, Bergkristalle für die Verstärkung von Energie und Fokus und Citrin für mehr Wohlstand und Selbstvertrauen.

## Tarot-, Engels- oder Orakelkarten

Tarot unterscheidet sich von Orakelkarten. Im ursprünglichen Tarot handelt es sich immer um 78 Karten mit derselben Abfolge. Das Tarot ist in die kleine und die große Arkana unterteilt. Arkana bedeutet so viel wie »Geheimnisse« oder »Mysterien«. Orakelkarten sind wiederum flexibler und freier. Es gibt Orakelkarten mit allen möglichen Abbildungen, von Tiermotiven über Engel bis hin zu Göttinnen. Aber unabhängig davon, um welche Karten es sich handelt, helfen sie uns vor allem, uns mit unserer Intuition zu verbinden. In der Hektik des Alltags checken wir nicht immer mit uns selbst ein: Was denke ich tatsächlich über eine bestimmte Situation, die sich mir gerade präsentiert? Tarot- und Orakelkarten schaffen einen Rahmen, in dem wir uns bewusst Zeit nehmen, um kurz mit unserer Innenwelt in Kontakt zu treten.

Keine Sorge: Man muss keine professionellen Kenntnisse für das Tarotlesen und -deuten haben. Die meisten Kartensets beinhalten heute bereits ein beigelegtes Deutungsbuch und auch wunderschön illustrierte Kartendecks, die sich ganz wunderbar zur Eigeninterpretation eignen.

## Götter, Feen, Spirit Guides & Krafttiere

Wir erwähnen einige Wesenheiten, die uns überliefert wurden, im Zusammenhang mit den einzelnen Festen. Es gibt jedoch weitaus mehr Gottheiten, Feen, Spirit Guides und Krafttiere, die uns begleiten können. Solltest du dich dafür interessieren, kannst du dich gerne in diese Materie einlesen oder dich während deiner Rituale von den Wesen selbst führen lassen. Grundsätzlich kann man das Spüren von ihnen leicht trainieren und darauf vertrauen, dass genau das zu uns kommt, was gerade notwendig ist. Vielleicht sind das Namen, Bilder, Tiere, tatsächliche physische Wesen – deiner Fantasie sind keine Grenzen gesetzt.

## Kräuter

Wildkräuter wachsen direkt vor unserer Haustür. Vieles, was wir heute als Unkraut bezeichnen, hat uns über Jahrtausende als Nahrung, Medizin, Schönmacher und Kleidung gedient. Die Hürden beim Kräutersammeln können anfangs groß sein, besonders weil wir mittlerweile darauf trainiert sind, dem gespritzten Salat aus dem Supermarkt mehr zu trauen als Wildkräutern draußen in der Natur.

**Tipp:**
Beschränke dich für den Anfang auf zwei bis drei Pflanzen wie beispielsweise die Klassiker Brennnessel, Löwenzahn und Gänseblümchen. Informiere dich im Detail über diese Pflanzen, bis du zu den nächsten übergehst. Regionaler und saisonaler kann man eigentlich kaum essen. So hat die gute alte Brennnessel drei- bis fünfmal mehr Vitamin C als die Zitrone. **Wichtig beim Sammeln in der Stadt:** Suche dir abgelegenere Orte, die etwas weiter entfernt von Straßen und Hundezonen sind.

### »Unkraut sagt man nicht.«

Der Begriff »Unkraut« ist von Menschen definiert worden. Bis vor 10.000 Jahren hat es ein Unkraut in diesem Sinne nicht gegeben. Erst als der

Mensch sesshaft geworden ist und mit der Landwirtschaft begonnen hat, ertragreichere Kulturpflanzen zu züchten, kam diese Bezeichnung auf. Bei Wildwuchs hatte man Angst, dass er den Ertrag der Kulturpflanzen mindert. Deshalb hat man ihn dann lange Zeit recht ökologisch entfernt, indem man ihn mit der Hand ausgerissen hat. Mit der Agrarrevolution sind dann aber chemisch-synthetische Pestizide aufgekommen. Natürlich sollte der Wildwuchs nicht überhandnehmen, aber es gibt mittlerweile Studien dazu, dass ein bestimmtes Maß an Beikräutern sich positiv auf das Bodenleben auswirkt, denn ein nackter Boden ist in der Natur nicht gut. Gerade Komplexität ist hier extrem wichtig. Monokulturen sind immer anfällig für Krankheiten und Schädlinge. Für die Erhaltung des Ökosystems spielen Wildkräuter eine riesige Rolle, da sie Nahrungsgrundlage für Wildtiere und Insekten sind. Wildkräuter sind auch wichtig für den Boden. Sie sorgen dafür, dass der Boden bedeckt ist, und bereiten ihn für nachfolgende Pflanzen vor.
Es gibt den Spruch »Ernten statt jäten«, der uns dazu auffordert, die Kräuter zu ernten und in der Küche zu verarbeiten, statt sie einfach nur auszureißen. Trotzdem verstehen heute viele Gärtner*innen jede Pflanze, die nicht dort wächst, wo sie sie haben wollen, als »Unkraut«.

**In früheren Zeiten waren alle Pflanzen Wildpflanzen:**

**Faserpflanzen:** Einige der Wildpflanzen, wie die Brennnessel, waren wichtige Faserpflanzen, aus denen Seile, Stricke und Netze gemacht werden konnten.

**Räucherpflanzen:** Räuchern spielte bei Heilritualen und im Schamanismus immer eine wichtige Rolle. Mit dem Rauch kann man die Stimmung beeinflussen, ungute Geister vertreiben und gute herbeirufen. Einige, die heute »Unkräuter« sind, wie etwa der Beifuß, waren seit der Eiszeit wichtige Räucherpflanzen.

**Essbare Wildpflanzen:** Wir kaufen unsere Nahrungsmittel heute meistens schön in Kunststoff verpackt im Supermarkt. Das Plastik sparte man sich früher, indem man einfach wild direkt aus der Natur aß. Wildkräuter haben eine sehr hohe Nährstoffdichte – im Vergleich zu den hochgezüchteten Kultursorten, die wir in den Regalen finden. Als Eiweißspender, Vitamin- und Mineralstoffbomben lassen sie Kulturgemüse weit hinter sich. Ihnen wurde nichts weggezüchtet, und sie wurden nicht manipuliert, um sie ackerbaukonform zu machen oder optisch zu verbessern. Diese Nährstoffbomben können wir uns auch heute wieder auf den Teller holen – ganz ohne auf exotische Superfoods zurückgreifen zu müssen.

## Kräuterkalender

| Kraut | Blütezeit | Sammelzeit | Sammelgut | Anwendung | Wirkung |
|---|---|---|---|---|---|
| Baldrian | Juni bis August | Herbst | Wurzel | Tee, Tinktur | beruhigend, schlaffördernd |
| Bärlauch | April bis Juni | März bis Mai, vor der Blüte | Blätter | Pesto, Öl | blutreinigend |
| Beifuß | Juli bis August | vor der Blüte oder Herbst | Blätter, Wurzel | Räuchern, Tee, Tinktur, Gewürz | appetitanregend, energetisch reinigend |
| Birke | April bis Mai | Frühling | Knospen, junge Blätter, Rinde, Saft | Tee, Salat, Saft | wassertreibend |
| Brennnessel | Juni bis September | Frühjahr bis Herbst | Blätter, Wurzel, Samen | Tee, Tinktur, Saft, Suppe | mineralisierend, harntreibend |
| Frauenmantel | Mai bis September | Frühjahr bis Herbst | Blätter, blühendes Kraut | Tee, Salbe | menstruationsregelnd |
| Gänseblümchen | April bis Herbst | April bis September | Blütenköpfe | Tee, Salat | schleimlösend |
| Giersch | Juni bis August | März bis September | Blätter | Tee, Gewürz, Salat | entgiftend |
| Goldrute | August bis Oktober | August bis Oktober | Blühende Teile | Tee, Tinktur | durchspülend, entzündungshemmend |
| Gundelrebe | April bis Juni | April bis Juni | Kraut | Tee, Saft | lungen- und magenwirksam |
| Hagebutte | Juni | Herbst | Blüten, Früchte | Tee, Tinktur, Marmelade | harn- und schweißtreibend |
| Holunder | Juni bis Juli | Frühjahr bis Herbst | Blüten, Blätter, Früchte, Wurzel | Tee, Tinktur, Saft, Marmelade | nieren- und blasenwirksam |
| Hopfen | Juli bis August | August bis September | weibliche Zapfen, Triebspitzen | Tinktur, Salbe, Tee, Salat | beruhigend, schlaffördernd |
| Johanniskraut | Juni bis August | Sommer | blühendes Kraut | Tee, Öl, Tinktur, Räuchern | schmerzstillend |
| Kapuzinerkresse | Juni bis September | Sommer | Blätter und Blüten | Saft, Salat, Tinktur | desinfizierend, wundheilend |
| Käsepappel | Juni bis Oktober | Juni bis September | blühendes Kraut | Tee, Bad, Kaltauszug | reizmildernd, wundheilend |
| Klette | Juli bis September | Herbst | Wurzel, Blätter, Samen | Tee, Tinktur, Gemüse | harntreibend, haut- |

| | | | | | |
|---|---|---|---|---|---|
| Königskerze | Juli bis September | Juli bis August | Blüten, Blätter | Tee, Tinktur | auswurffördernd, hustenstillend |
| Linde | Juni bis Juli | Juni | Blüte, Blätter, Rinde, Samen | Tee | reizmildernd, schlaf-fördernd |
| Löwenzahn | April bis Mai | Frühjahr, Herbst | Blätter, Blüten, Wurzel | Tee, Saft, Salat | gallebildend, anti-rheumatisch |
| Mädesüß | Juni bis September | Juni bis September | Blüten, Blätter, Wurzel | Tee | schmerzlindernd, blutstillend |
| Melisse | Juni bis August | Vor der Blüte | Blätter | Tee, Essenz, Salbe | schweißtreibend, belebend |
| Odermennig | Juni bis August | Anfang der Blütezeit | blühendes Kraut | Tee, Tinktur | leber- und galle-anregend |
| Pfefferminze | Juni bis August | Sommer | Blätter, Blüte | Tee, Tinktur, Likör | nervenstärkend, keimtötend |
| Ringelblume | Juni bis Oktober | Juni bis Oktober | Blüte | Tee, Salbe | wundheilend, antiseptisch |
| Salbei | Juni bis August | Juni bis August | Blätter | Tee, Gewürz, Räuchern | entzündungs-hemmend, durchfall-hemmend |
| Schafgarbe | Juni bis Oktober | Juni bis Juli | Blüte, Blätter | Tee, Saft | entzündungs-hemmend, menstruations-regulierend |
| Scharbockskraut | April, Mai | März, April | Blätter vor der Blüte | Salat, Saft | vitaminspendend |
| Spitzwegerich | Mai bis September | Mai bis September | Junge Blätter | Tee, Sirup, Gemüse | hustenlindernd, blut-reinigend |
| Veilchen | März bis April | März bis April | Blätter, Blüten | Tee, Sirup, Tinktur, Öl | blutdrucksenkend, schleimlösend |
| Wacholder | April bis Mai | Frühjahr, Herbst | Früchte, Nadeln, Rinde | Tee, Tinktur, Gewürz, Räuchern | nierenanregend, au-genstärkend |
| Waldmeister | April bis Mai | April bis Mai | blühendes Kraut | Tee, Likör, Gewürz | herzstärkend, schlaf-fördernd |
| Weide | März bis April | Frühjahr | Rinde | Tee, Tinktur | schmerzstillend, zu-sammenziehend |
| Weißdorn | Mai bis Juni | Herbst | Blüten, Beeren | Tee, Tinktur, Saft | herzstärkend, blutdrucksenkend |

## Wildkräuter sammeln

Von Vogelmiere, Gundermann, Giersch und Brennnessel über Löwenzahn, Gänseblümchen und Beifuß – die meisten heimischen Wildkräuter sind ab dem späten Frühling bereit zum Sammeln. Sie haben heilkräftige Wirkungen. Nicht ohne Grund wurden bei unseren Vorfahr*innen viele Kräuterrezepte von einer Generation zur nächsten weitergegeben. Es wird Zeit, dass auch wir uns wieder an wilde Orte wagen. Eigene Kräuter zu sammeln lehrt uns, welcher Reichtum um uns herum selbst in der Stadt wächst. Es erfüllt außerdem mit Stolz, nach einem sonnigen Vormittag mit einem vollen Sammelkorb nach Hause zurückzukehren. In der freien Wildbahn sollte man sich an ein paar Sammelregeln halten. Es ist nicht verkehrt, vorher an einer Kräuterwanderung mit einem Kräuterpädagogen oder einer Kräuterpädagogin teilgenommen zu haben, um die Kräuter schon mal in der Natur gesehen zu haben. Wenn du weißt, welche Standorte sich für das Kräutersammeln eignen, kannst du aber auch schon loslegen:

Fang am besten mit bekannten Kräutern wie Gänseblümchen, Brennnessel und Löwenzahn an. Brennnessel kannst du entweder mit Handschuhen oder ganz vorsichtig so pflücken, dass du ihre »Zähne« nicht berührst.

Zur Bestimmung kannst du unterstützend Apps wie Flora Incognita oder PlantNet nützen. Du solltest dich zwar nicht nur auf die Apps verlassen, aber sie sind definitiv hilfreich.

Sammle wirklich nur das, was du mit hundertprozentiger Sicherheit erkennen kannst, und nur eine Handvoll. Hinterlasse etwas für Bienen, Insekten und Co. Man nennt das auch die Handstrauß-Regel: Nur so viel zu sammeln, wie du auch verarbeiten kannst.

Sammle nicht neben einer Straße oder konventioneller Landwirtschaft. Die Wahrscheinlichkeit, dass die Kräuter dort mit Hundeurin, Abgasen und Pestiziden verseucht sind, ist recht hoch.

Geeignete Orte sind der eigene Garten sowie abgelegene wilde Wiesen, Weiden und Wälder.

# Räucherwerkzeug & Räucherwerk

## Entstehung des Räucherns

Wer selbst einmal an einem lauen Sommerabend am Lagerfeuer mit anderen zusammengesessen hat, kann die Entstehung des Räucherns gut nachvollziehen. Nach erfolgreicher Jagd saß man am Feuer, als Brennholz dienten Sträucher und Äste aus der Umgebung. So fand man heraus, dass sich der Duft des Rauchs einer feinen Lärche von dem eines würzigen Wacholders unterschied. Schnell entdeckten die Menschen dabei auch die Heilkräfte der Pflanzen als Hustenlöser oder zur Bewusstseinserweiterung. Beim Räuchern können alle Pflanzenteile in getrocknetem Zustand verwendet werden: Blätter, Blüten, Rinden und Harze.

## Warum räuchern wir?

Räuchern ist eines dieser Rituale, das in unserer heutigen Zeit vielleicht veraltet wirken könnte, schließlich erfüllt es für den modernen Menschen keinen logischen Zweck und löst höchstens den Feuermelder aus. Wir nutzen mittlerweile Raumdiffusoren mit synthetischen Duftmischungen, damit es rein und sauber riecht. Doch das Räuchern mit Kräutern duftet nicht nur herrlich, sondern erfüllt gleich mehrere Funktionen. Wissenschaftliche Untersuchungen belegen, dass bestimmte Pflanzenstoffe nachweislich die Luft von Viren reinigen. Was die Wissenschaft uns heute bestätigt, haben die Menschen früher rein intuitiv gewusst. In der Pestzeit brannten riesige Wacholderfeuer, um die Luft zu reinigen, und die Pestärzte schützten sich mit Kräutern in ihren Schnabel-Masken. Die Bauern auf dem Land räucherten in den Rauhnächten ihr Vieh aus, um es vor Krankheiten zu schützen und sich selbst vor den bösen Geistern und Dämonen. Früher glaubte man nämlich noch, in dieser Zeit zögen Krankheitsdämonen umher, die während der Rauhnächte ihr Unwesen trieben. Schamanen nutzen schon seit Ewigkeiten bewusstseinserweiternde Pflanzen wegen ihrer psychedelischen Wirkung. Sie sind bewährte Mittel, um Visionen zu empfangen, Verbindung mit der Ahnen- und Anderswelt herzustellen sowie für Trance- und Traumreisen.
Das Räuchern kehrt zurück und wird bei der Unterstützung unserer spirituellen Rituale immer beliebter – auch ohne die psychedelische Wirkung. Rauch wurde früher als Speise der Götter verstanden, unsere Vorfahr*innen räucherten deshalb auch als Opfergabe. Beim Räuchern gelangen Duftmoleküle der Pflanzen über die Nase direkt in das limbische System, was alte Erinnerungen und Emotionen weckt. Kräuter

wie Holunder und Schafgarbe wirken erdend sowie entschleunigend und können so helfen, aus der Hektik des Alltags zurück in den Moment zu kommen. Man hat immer schon dort geräuchert, wo viele Menschen zusammenkamen – wie in Tempeln und Kirchen –, um »dicke Luft« und somit gespeicherte Energien und Schwingungen zu bereinigen. Auch das können wir heute wieder für unseren Alltag übernehmen.

**Was du zum Räuchern brauchst:**
Variante 1: Räucherbündel – die einfachste All-in-one-Option und mittlerweile online oder in einschlägigen Geschäften zu finden
Variante 2: Räucherstövchen mit Teelichtern
Variante 3: Feuerfeste Schale mit Räuchersand, Kohle und Kohlezange (für Harze wie Weihrauch die angenehmere Variante, da die Reste schwer aus dem Stövchen zu entfernen sind)

**Wichtig:**
Immer in dem Raum, wo geräuchert wird, ein Fenster leicht öffnen, damit der Rauch und auch die bereinigten Energien mit ihm entweichen können. Außerdem wollen wir vermeiden, dass der Rauchmelder angeht, und darauf achten, dass du ausreichend Luft zum Atmen hast.

### Unkompliziert räuchern mit einem Räucherbündel

Bei einem Räucherbündel werden Pflanzenteile wie beispielsweise Salbei- und Beifußblätter in einer Art Zigarrenform mit einem Naturgarn zusammengebunden. Für das Räuchern braucht man dann keine weiteren Utensilien – keine Kohle, Stövchen oder sonstiges –, nur das Bündel selbst. Du kannst dir ein fertiges Räucherbündel kaufen oder dir auch ganz einfach selbst eines binden.

## Ritual: Räucherbündel binden

Ein eigenes Räucherbündel lässt sich ganz einfach herstellen.

### Für dieses Ritual benötigst du:

- Verschiedene Kräuter und/oder Getreide (Beifuß, Salbei, Schafgarbe, Gänseblümchen, Rainfarn, Königskerze, Baldrian, Eisenkraut, Johanniskraut, Gerste, Weizen ...)
- Naturschnur (Bast, Kokosfaser ...)

### So kannst du vorgehen:

- Arrangiere die Kräuter in einem Bündel.
- Umwickle das untere Ende (die Stiele) einige Male mit der Schnur. Mache einen Knoten, damit sich nicht alles auflöst, wenn die Schnur abbrennt, und lass am Ende ein Stück Faden lose hängen.
- Wickle nun weiter nach oben, sodass sich ein Zickzackmuster um das ganze Bündel ergibt.
- Oben angekommen, mach deinen Weg im Zickzack zurück zum Ausgangspunkt. Ziehe unten alles fest, damit sich beim Trocknen nichts lockert, und mache einen Knoten.
- Hänge das Bündel zum Trocknen für einige Tage auf, bis es »raschelt«. Vermeide dabei direktes Sonnenlicht.

Gehe eine Räucherung immer bewusst an.
Nimm dir zu Beginn einen ruhigen Moment, um eine Intention zu setzen wie: »Ich möchte, dass der Rauch alle gestauten Energien bereinigt und davonträgt.« Oder: »Ich möchte im Hier und Jetzt ankommen.«
Zünde eine Kerze an (Streichholz oder Feuerzeug geht auch) und halte die Spitze des Räucherbündels in die Flamme hinein. Lass die Flamme kurz aufflackern und puste sie sanft ab, damit sich eine rauchende Glut bilden kann.
Beginne bei deiner Wohnungstür und gehe dann von Raum zu Raum.

Gehe alle Ecken ab und bewege das Bündel langsam hin und her. Mit vorsichtigem Pusten kannst du die Glut weiter anfachen.
Lege das Bündel zum Ausglühen auf einen Teller oder eine brandfeste Ablagefläche.
Lüfte den Raum zum Abschluss gut durch, damit mit dem Rauch ziehen kann, was ziehen soll. Frischem Wind und Energie darf Eintritt gewährt werden.

### Räuchern mit Räucherstövchen

Das Räucherstövchen sieht aus wie eine Aromalampe und funktioniert ähnlich. Anstelle ätherischer Öle arbeiten wir jedoch mit einem feinmaschigen Sieb aus Edelstahl, auf dem wir lose Kräuter platzieren können. Ein brennendes Teelicht im Stövchen sorgt dafür, dass der Pflanzengeist von der Materie getrennt wird und so Rauch entsteht.

Beim Räuchern mit Stövchen zünden wir das Teelicht an und stellen es in die Mitte. Dann setzen wir das Sieb auf.
Zum Start streuen wir die ausgewählten Kräuter auf den äußeren Rand des Siebs. So kann sich die heilsame Wirkung der Kräuter ganz langsam und schonend ausbreiten.
Ist mehr Rauch erwünscht, kannst du das Räucherwerk in die Mitte direkt über die Flamme schieben. Da kann es dann einige Zeit vor sich hin glimmen, jedoch solltest du das Räucherstövchen immer im Auge haben.
Du kannst auf einem Stövchen auch Harz verräuchern. Da es schmilzt, wirst du das Sieb jedoch im Anschluss mit einer Drahtbürste reinigen müssen. Alternativ kannst du es in eine Alufolie geben und diese auf das Sieb legen oder mit Räucherkohle und Räuchersand räuchern.

### Räuchern mit Kohle

Hierfür brauchst du eine feuerfeste Schale, eine hitzebeständige Zange, Räuchersand und Kohle, am besten runde Kohlestücke mit einer Vertiefung auf einer Seite, wie sie auch im Tabakwarengeschäft zu bekommen sind.

Fülle die feuerfeste Schale mit Räuchersand. Halte die Kohle zum Entzünden mit einer Zange über die Kerzenflamme.
Die glühende Kohle legst du mit der Vertiefung nach oben auf den Sand.
Warte dann ein paar Minuten, bis die schwarze Kohle durchgebrannt ist und weißlich aussieht.
Nun kannst du ein Harz, zum Beispiel Weihrauch oder Fichtenharz, auf die Kohle legen, damit es sich wie eine schützende Schicht über diese

legt und die Kräuter im nächsten Schritt nicht sofort verglühen oder verkohlen und somit länger brennen.
Danach kannst du Blüten und Kräuter auf die Kohle legen und diese räuchern lassen.
Wenn du eine feuerfeste Schale hast, solltest du nun die Räume in deinem Zuhause abgehen und so alles ausräuchern. Zur Unterstützung kannst du eine Feder nutzen, um den Rauch und den Duft besser zu verteilen.
Verglühte Kräuterreste kannst du einfach mit einem Löffel zur Seite streifen und neue Kräuter nachlegen. Diesen Vorgang kannst du wiederholen, bis die Kohle ganz verglüht ist.
Im Normalfall zerfällt die verbrannte Kohle zu Asche. Alternativ kannst du sie mit Wasser löschen und kompostieren.

### Heimische Alternativen zu Palo Santo

Das Räuchern mit dem heiligen Holz »Palo Santo« ist in den letzten Jahren in der spirituellen und New-Age-Szene immer beliebter geworden, doch im Grunde haben wir mehr als genügend heimische Pflanzen, die sich gut zum Räuchern eignen. Palo Santo ist ein Holz, das aus Südamerika stammt und traditionell von indigenen Völkern für Rituale und Heilpraktiken verwendet wird. Ein problematischer Aspekt ist dabei, dass viele Menschen aus Gründen der Ästhetik und wegen des Trends mit diesem Holz räuchern und die kulturelle Bedeutung für die indigenen Völker nicht verstehen beziehungsweise nicht angemessen respektieren. Ein weiteres Problem ist, dass die Nachfrage nach diesem Holz dadurch in den letzten Jahren stark gestiegen ist, weshalb es oft in unkontrollierten Mengen geerntet wird, was wiederum zu einer Dezimierung der Bäume und einer Beeinträchtigung des Ökosystems führt.

Mit heimischen Alternativen können wir gut auf Palo Santo verzichten:

- **Salbei** verwendet man, um negative Energien zu vertreiben und positive Schwingungen zu fördern. Er ist das klassische heimische Räucherkraut.
- **Lavendel** hat eine beruhigende Wirkung und kann helfen, Schlaflosigkeit und Angstzustände zu reduzieren. Er wird oft verwendet, um für Entspannung zu sorgen.
- **Rosmarin** hat eine erfrischende Wirkung und kann helfen, die Konzentration und das Gedächtnis zu verbessern. Er wird oft verwendet, um eine stimulierende Atmosphäre zu erzeugen.

- **Beifuß** wird gern zum Räuchern verwendet, da er eine reinigende Wirkung hat und helfen kann, negative Energien zu vertreiben. Er fördert geistige Klarheit und öffnet die Sinne. Er ist das klassische Schamanenkraut.
- **Fichtenholz & -harz** haben eine klärende Wirkung und können helfen, negative Energien zu vertreiben. Das Räuchern mit Fichtenharz soll auch dazu beitragen, die Atemwege zu öffnen und die Konzentration zu verbessern.
- **Wacholderholz** hat eine reinigende und schützende Wirkung, tötet Keime und Viren ab und fördert Heilung. Es unterstützt den Ahnenkontakt und eignet sich für Übergangsriten in die Anderswelt.

## Dein Mindset

Die Art und Weise, wie wir denken, und was unsere Denkmuster und Überzeugungen sind, beeinflussen unsere Haltung und Verhaltensweise. Unser Mindset entscheidet, wie wir Erfahrungen interpretieren und somit auch, wie wir Ziele und Herausforderungen angehen. Gerne wird behauptet, dass ein »positives Mindset« ausreicht, um unser Wohlbefinden zu verbessern. Das stimmt jedoch nur zum Teil, denn auf Dauer funktioniert es nur in Kombination mit unserer Intuition und wenn wir das positive Mindset auch in unserem Nervensystem und Körper verankern. Es ist ein Zusammenspiel aus Körper, Geist und Seele, das uns spirituelle, mentale und körperliche Stabilität im Leben gibt. Denn somit können auch viele Symptomatiken des eigenen Daseins verstanden werden, und negativen Zuständen lässt sich vorbeugen.

### Intuition & dein Unterbewusstsein

Die alten Riten und Bräuche verlangen von uns, dass wir uns nicht nur mit dem Naturzyklus, sondern auch wieder mit uns selbst verbinden. Wir haben viel Wissen und Weisheit in uns gespeichert und sind ermutigt, unsere Intuition zu trainieren. Du weißt schon so viel mehr, als du in diesem Moment glaubst. Als Intuition verstehen wir ein tiefes inneres Wissen, das manchmal schwer zu begreifen ist und dazu führt, dass wir Entscheidungen treffen oder Handlungen ausführen können, ohne über die genauen Gründe nachzudenken. Oft ist es ein unerklärliches Wissen, ähnlich einem Instinkt oder dem mystischen »sechsten Sinn«. Du kannst deine Intuition vor allem durch Innenschau und Mediation stärken, aber auch, indem du vor Entscheidungen oder Handlungen innehältst und beobachtest, was du wirklich fühlst.

## Manifestieren

Eines der wohl lukrativsten Schlagwörter auf dem spirituellen Markt der letzten Jahre ist die Technik der Manifestation, die als solche gar keine Technik ist, sondern wie das positive Mindset eher eine Lebenseinstellung. Auf der Manifestationsebene ist es jedoch ausschlaggebend, nicht nur positiv zu denken und positive Affirmationen gebetsartig zu wiederholen, sondern auch, sie mit deinem Körper, Nervensystem und Unterbewusstsein, aber auch deinem Handeln zu verbinden. Das bedeutet, dass du dir vermutlich wenig erfolgreich einen in deinem Rahmen gesunden und schönen Körper manifestieren kannst, wenn du und dein Körper nicht in jeder Zelle fühlen und glauben, dass das für dich möglich ist, und du auch keine Schritte tust, um dieser Manifestation näher zu kommen.
Unsere Träume, Wünsche und Bedürfnisse fallen nicht einfach vom Himmel, wenn wir nicht entsprechend energetischen Raum und Kapazitäten dafür schaffen. Deshalb ist es wichtig, eine regelmäßige Routine oder Ritualpraxis zu etablieren, die Kernwunden von Mangel-Mindset heilen und somit Fülle möglich machen. Das Leben mit den Jahreskreisfesten hilft uns dabei, die Zeitqualität dafür zu nutzen.

## Energie

Im spirituellen Sinne ist alles Energie. Du, ich, wir zusammen, alles, was wir fühlen, denken, glauben, und die physische Welt wie auch die feinstoffliche, nicht greifbare Welt.
Energien können ausgetauscht, gesendet und empfangen sowie transformiert werden. Sie können aber auch stecken bleiben oder blockiert sein. Glaubst du, dass du deine Manifestation eines gesunden, schönen Körpers nicht haben oder erreichen kannst, ist deine Energie zu diesem Ziel blockiert. Indem du dich auf die Suche nach den Gründen für diesen limitierenden Glaubenssatz begibst, löst du die energetische Blockade auf und machst den Weg frei dafür, in deine Handlungsfähigkeit zu kommen und auch dein Denken diesbezüglich neu zu gestalten. Energie ist also eines der wichtigsten und auch günstigsten Werkzeuge, die wir zur Verfügung haben. Die energetische Vorstellungskraft ist fantastisch für all

deine Rituale, Manifestationen und Zeremonien. Bedenke, dass auch jede zwischenmenschliche Verbindung eine eigene Energie trägt und sie Einfluss auf unsere Manifestation nehmen kann. Um das Beispiel des Körpers noch mal aufzugreifen: Wenn du dich in einem energetischen Umfeld befindest, das dir die Möglichkeiten oder Fähigkeiten deiner Bedürfnisse abspricht, und du deine eigene Energie mehr für Selbstschutz und Abwehr investieren musst als in deine tatsächlichen Ziele, dann hast du es mit Energiesaugern zu tun. Indem du deine Energie von diesem Feld abziehst und auf deine wahren Bedürfnisse richtest, leitest du sie um und transformierst sie in etwas Nützliches. Die energetische Zeitqualität der Naturzyklen unterstützt uns dabei und bringt uns in einen gemeinsamen Flow.

## Universum & Äther

Oft hören wir von magischen Kräften aus dem Universum oder dass wir »etwas in den Äther schicken«, damit es verschwindet oder neutralisiert wird. Damit ist eigentlich auch nur Energie gemeint, die von einem für uns nicht definierbaren oder erklärbaren Ort kommt und geht.
Der Äther wurde einst als eine hypothetische Substanz betrachtet, die den Raum zwischen Himmelskörpern ausfüllt und als Medium für elektromagnetische Wellen dient. Im 19. Jahrhundert wurde diese Theorie durch wissenschaftliche Experimente widerlegt, und heute wird sie nur mehr im spirituellen Kontext verwendet, hat also nichts mehr mit Physik zu tun. Bei dem Begriff »Universum« beziehen wir uns auf alles, was existiert, einschließlich aller Materie, Energie, Raum und Zeit, alles, was wir kennen, und auch alles, was wir noch nicht entdeckt haben. Auf spiritueller Ebene wird das Universum als etwas Göttliches oder ein spirituelles Konzept betrachtet, das mit der Schöpfung und dem größeren Ganzen verbunden ist.

# Die 8 Jahresfeste & Rauhnächte

# Die 8 Jahreskreisfeste & Rauhnächte

Im Folgenden gehen wir ganz genau auf die Jahreskreisfeste ein. Um dir einen Überblick zu verschaffen, wann welches Fest stattfindet, wie es genannt wird und welcher Symbolik es unterliegt, schaue in die vordere Buchklappe.

Im Zyklus des Jahres spiegelt sich auch der Lebenszyklus: vom Samensetzen über das Keimen, die Geburt und das Erblühen bis zum Wachsen, Sprießen, Fruchten, Ernten und schließlich Sterben.

› **Samhain** (Halloween/Keltisches Neujahr) – 1. November: Zum Totenfest verbinden wir uns mit unseren Ahn*innen. Wir können Generationen alte Wunden heilen und vergeben. Diese Zeit steht für Tod und Transformation. Wir dürfen lernen, dass der Tod kein Ende bedeutet.

› **Yule** (Wintersonnenwende) – 21. Dezember: In der dunkelsten Nacht des Jahres wird das Sonnenkind (wieder)geboren. Heute nennen wir die Zeit um Yule Weihnachten. Dieses Fest läutet die kommenden Rauhnächte ein.

› **Rauhnächte** – 25. Dezember bis 5. Januar: Die zwölf Nächte nach Weihnachten sind eine übersinnliche Zeit, die uns zur Reflexion und Manifestation einlädt. Jede Rauhnacht steht mit einem Monat des folgenden Jahres in Verbindung und wird als Omen verstanden – die erste Rauhnacht für den Januar, die zweite für den Februar usw. Was man jetzt erlebt, träumt, orakelt, gibt Hinweise auf das, was im nächsten Jahr geschehen wird. Man sagt, diese magischen Nächte liegen außerhalb von Raum und Zeit.

› **Imbolc** (Mariä Lichtmess) – 1. Februar: Wenn die Tage Anfang Februar wieder länger werden, muss der Schmutz der finsteren Zeit weggewaschen werden. Es ist ein großes Fest des Neubeginns. In einem Reinigungsräucherungsritual können wir neue Impulse und »frischen Wind« herbeirufen.

› **Ostara** (Ostern) – 21. März: Die Frühlingskräfte haben gewonnen, und alles fängt wieder an zu sprießen. Der Hase, das Tier der Frühlingsgöttin Ostara, wird jetzt wegen seiner immensen Fruchtbarkeit verehrt.

- **Beltane** (Walpurgisnacht, Maifest) – 1. Mai: Am 1. Mai werden in ländlichen Regionen heute noch Maibäume aufgestellt – ein mächtiges Phallussymbol, das für Fruchtbarkeit stehen soll. Neben der physischen Vermehrung und Fülle steht die Zeitqualität für deine tiefsten und sehnlichsten Bedürfnisse und Wünsche, die sich ausdrücken möchten. Beim »Maibaumkraxeln« stellen junge, ledige Männer ihre Potenz zur Schau und hoffen auf die Gunst der jungen Frauen. Beim »Bandltanz« um den Maibaum verbandeln (verbinden) sich Frauen und Männer wortwörtlich.

- **Litha** (Mittsommer, Johanni, Sommersonnenwende) – 21. Juni: Der längste Tag im Jahr, wenn die Sonne ihren Höhepunkt erreicht. Allerorts werden bis heute Sonnwendfeuer entzündet, die sinnbildlich für die Feuerkraft der Sonne stehen. Die Natur zeigt sich in ihrer vollen Pracht, und auch wir gelangen an unseren energetischen Höhepunkt.

- **Lughnasadh** – 1. August: Das Schnittfest steht für die erste Kornernte des Jahres. Auch die Kraft der Sonne wird im August immer mehr beschnitten, der Sonnenbogen wird bereits fühlbar kürzer.

- **Mabon** (Herbsttagundnachtgleiche) – 21. September: Zum Erntedankfest beschäftigen wir uns mit der Frage: Was sind die Früchte meiner Ernte dieses Jahr? Langsam gehen wir wieder in die dunklere Zeit des Jahres über und bereiten uns auf den innerlichen und äußerlichen Rückzug vor. Das Oktoberfest hat seine Wurzeln in den großen Erntedankfesten früherer Zeiten.

## Himmel & Erde

**Tageszeit:**
Abend

**Name des Vollmonds:**
Jägermond, Weinmond

**Himmelsrichtung:**
Nordwesten

**Element:**
Wasser

## Tradition & Religion

**Christlich:**
Allerheiligen (1. November),
Allerseelen (2. November)

**Andere Namen:**
Reformationstag,
Halloween, *Dìa de los Muertos*,
keltisches Neujahr

**Aussprache:**
Sau-wenn, Samm-hein

## Natur

**Kräuter & Pflanzen:**
Beifuß, Baldrian, Salbei,
Wacholder, Holunder,
Engelwurz

**Phänologische Jahreszeit:**
Voll- und Spätherbst, Laubfall

## Zeitqualität

Sterben und Tod,
Loslassen,
Transformation,
Neubeginn,
Ahnenverehrung,
Wahrsagerei,
Trauer

## Modern Mystic Facts

**Sternzeichen:**
Skorpion

**Tarotkarte:**
Der Tod

**Göttinnen:**
Morrigan, Serket

**Kristalle:**
dunkler Jaspis, Onyx,
Sodalith, Rauchquarz,
Obsidian

**Altardekoration:**
Granatäpfel, Äpfel,
Kürbisse, Haselnüsse,
Fotos von Ahn*innen

**Farben:**
Orange, Schwarz

# Samhain

Halloween, Totentag
31. Oktober – 1. November

## Ursprung & Bedeutung: Ein neuer Zyklus beginnt

Mit Samhain beginnt der offizielle Eintritt in die dunkle Jahreshälfte. Diesen Übergang des Lichts feierten die Kelten als ihr Neujahr. Während wir heute Silvester als Jahresanfang für das lineare Jahr sehen, begann für alte europäische Naturvölker ein neuer Zyklus. Damit etwas Neues beginnen kann, muss etwas Altes sterben. Samhain ist ein Kreuzvierteltag zwischen der Herbsttagundnachtgleiche und der Wintersonnenwende. Es liegt im Jahreskreis dem Fest Beltane gegenüber. Während Beltane, auch bekannt als Walpurgisnacht, den Beginn des Sommers einläutet, markiert Samhain den Anfang des Winters. Die Tage werden kürzer und dunkler, das Wetter verändert sich deutlich, und die feuchte, kalte Jahreszeit bricht an.
Wenn wir im Oktober die Regale in den Buchläden voller Hexenbücher, Kräuterratgeber und Zauberbücher sehen, denken wir möglicherweise gleich an Okkultes oder gar Satanismus. Damit hat das ursprüngliche Fest von Samhain nur periphere Schnittpunkte.
Samhain markiert das Ende eines Naturzyklus und läutet die Schwellenzeit zwischen Tod und Wiedergeburt des Lichts ein. Die Bräuche und Festlichkeiten um Samhain erstrecken sich über einen längeren Zeitraum und werden auch »Geisternächte« genannt. Sie beginnen einige Tage vor dem 31. Oktober und ziehen sich bis Mitte November (Karnevalsbeginn am 11. November) hin.

Viele der überlieferten Feste tragen für uns sonderbar klingende Namen, so auch Samhain. Aus dem Irisch-Keltischen übersetzt bedeutet es »Sommerende«. Die Wortforschung kennt mittlerweile noch andere Interpretationen des Namens: »Verbindung«, »Vereinigung« oder »Versammlung«. Damit wird auf die Verbindung mit der »Zwischenwelt« verwiesen, der in dieser Zeit große Bedeutung beigemessen wird. Die Schleier zur sogenannten Anderswelt werden immer durchlässiger und erlauben es uns, mit der Welt der Toten und unseren Ahn*innen in Verbindung zu treten.

Die großen Themen, die zu Samhain allgegenwärtig sind, sind der Tod, die Vergänglichkeit und die Wiedergeburt auf allen Ebenen. Dazwischen geht es vor allem um das Überleben in der dunklen Jahreszeit, die Verbindung mit unseren Ahn*innen sowie Opfer- beziehungsweise Dankesgaben an ebendiese. Die meisten Völker auf der Welt haben ihre individuellen Bräuche, wenn es um ihre Ahn*innen und die Beisetzung ihrer Toten geht. Vielerorts wird ihrer noch heute jährlich mit großen Festen und Riten gedacht. Sobald es draußen finster wird und die Herbststürme übers Land ziehen, ziehen auch die Seelen der Toten umher.

## Anderswelt

Viele Mythen und Geschichten ranken sich um die sogenannte Anderswelt. Sie soll der Ort sein, wo Seelen hinziehen, nachdem sie den physischen Körper verlassen haben, wo sich verschiedenste Gestalten frei bewegen und ihren Geschäften in den Zwischenwelten nachgehen.
Folgt man den Sagen, dann sind die Schleier zur Anderswelt zurzeit von Samhain besonders dünn und erlauben uns, Kontakt mit unseren Ahn*innen und anderen Wesen der »Unterwelt« aufzunehmen.
Am Abend des *All Hallow's Eve* schwärmen die Geister aus, und die Toten mischen sich unter die Lebenden.
Neben der bewussten Kontaktaufnahme mit ihnen gibt es auch die unfreiwilligere Variante vom Heimgesuchtwerden, die sehr erfolgreich für das lukrative Geschäft mit Halloween genutzt wird. Horrorfilme und Spukgeschichten haben Hochkonjunktur. Sobald der Novembernebel unsere Sicht verschleiert, scheinen die gewöhnlichen Gesetze des Alltags plötzlich aufgehoben zu sein, und die Welt verwandelt sich in einen düsteren, angsteinflößenden Ort.
Da die Geisterwelt zu Samhain so leicht zugänglich ist, waren früher auch Wahrsagerei und Zauberei beliebte Aktivitäten zu dieser Jahreszeit und gewinnen heute wieder mehr an Beliebtheit. Man praktizierte verschiedene zeremonielle Riten, die oft innerhalb der Familie weitergegeben wurden, um Informationen über zukünftige Ehen oder Todesfälle zu erhalten, und beschwor die Toten für Rat und Hilfe. Zum Dank erbrachte man Opfergaben, meistens in Form von Speis und Trank, Blumen und Gegenständen.

## Tod & Wiedergeburt

Wie sonst zu keiner anderen Zeit nehmen wir zu Samhain den Leben-Tod-Wiedergeburt-Zyklus in der Natur wahr. Der Tod mag in der breiteren Gesellschaft eine eher negative Konnotation haben, doch er bedeutet immer auch einen Neubeginn. Hier entfaltet das Wissen um den

Jahreskreis nun all seine Geschenke. Denn während in der Natur alles stirbt, können wir uns in Sicherheit wiegen: Sie wird im Frühjahr wieder erblühen. Das Licht wird zur Wintersonnenwende wieder zurückkehren. Diese Gewissheit schenkt uns die Betrachtungsweise des Jahres als Rad und zyklische Wiederholung.
In uns Menschen spiegelt sich dieser Wandel wider. So, wie der Fötus im Mutterleib in der Dunkelheit heranreift, reift nun auch die Natur im Untergrund verborgen, bis im Frühling die ersten Samen zu sprießen beginnen. Während wir im Außen nicht viel sehen, geht der Prozess des Lebens unter der Erde weiter.

Die Tarotkarte »Der Tod« kann mit diesem Fest assoziiert werden. Sie wird jedoch oft missverstanden und ausschließlich düster interpretiert. Viele glauben, sie prophezeie tatsächlich den Tod. Das stimmt auch, doch in Form von Erlösung und Veränderung. So ist der Tod hier ein Neubeginn, ein starker, einschneidender Wandel. Die Karte signalisiert eine Art von Ende, doch geht damit auch immer ein neues Kapitel einher.

## Von Totenfesten & der Endlichkeit

Etwas Altes loszulassen und Neues anzuziehen sind zwei Seiten derselben Medaille und unzertrennlich wie das Leben und der Tod selbst. Diese simple Weisheit erfassten schon unsere Vorfahr*innen auf der ganzen Welt. Es ist, was uns gleich macht und verbindet: Leben und Tod sind allgegenwärtig.
Von Schaman*innen über Häuptlinge bis zu Kaiser*innen und Päpsten– Riten um den Tod, die Bestattung und Kommunikation mit Verstorbenen ziehen sich durch alle Kulturen und Religionen. Irgendwo tief in uns gibt es diesen Samen des Glaubens, dass es noch etwas mehr geben muss als nur das Leben und die Endgültigkeit des Todes, und damit den Wunsch, Kontakt zu diesem »Mehr« aufzunehmen oder Zugang zu bekommen.
Es sei dahingestellt, auf welche Art und Weise dies geschehen mag, offensichtlich ist, zu Samhain trifft sich die Mystik in allen Glaubensrichtungen am gleichen Punkt: Der Tod und unsere Ahn*innen sollen gefeiert werden.

## Wintervorsorge

Neben der ganzen Ahnenarbeit bedeutete in früheren Zeiten der Rückzug ins Heim auch, dass für das Wohlergehen gesorgt werden musste. Außerdem gab es noch andere Arbeitsschritte abseits der Feldarbeit zu erledigen. Neben dem Einkochen und Einlagern der Ernte war es auch

Zeit für die Instandhaltung von Maschinen und Arbeiten in den warmen Innenräumen. Die Alten lehrten die Jungen das Handwerk des Lebens und des Überlebens: Stricken, Flicken oder Reparieren.
Auch wenn das schon lange nicht mehr in diesem Ausmaß praktiziert wird, verspüren wir Lust auf schwerere Mahlzeiten und deftige Kost und vielleicht sogar das Bedürfnis, kreativ tätig zu werden und Schals, Mützen oder Decken selbst zu stricken.

### Jagd- & Schlachtzeit

Für unsere Vorfahr*innen war nun auch die Zeit der Jagd und des Schlachtens gekommen. Wer eine Landwirtschaft hatte, eruierte nun, welche und wie viele Tiere man durch den Winter bringen konnte und welche als Nahrung dienen sollten.
So war der November bei den Germanen nicht ohne Grund als Opfermonat bekannt. Man brachte Trank-, Speise- und Tieropfer aus Dankbarkeit für die Ernte dar. Auch bei den Algonkin, einem Stamm der amerikanischen Ureinwohner, ist der Oktober-Vollmond als *Hunter's Moon* bekannt. So wurde Beute im Vollmondschein aufgespürt und erlegt, um Nahrung für den kommenden Winter einzulagern.[4] Das Wort Samhain ist aus gutem Grunde mit dem Wort »sammeln« verwandt.[5]

## Tradition & Religion: Feste damals & heute

### Halloween & Reformationstag

Wir kennen Halloween als ein nordamerikanisches Fest, das mittlerweile auch fester Bestandteil des modernen Europas geworden ist. Tatsächlich geht das Brauchtum sogar auf einen europäischen Ursprung zurück, welcher mit irischen Siedlern in die »neue Welt« kam und um 1980 in veränderter Form wieder nach Europa zurückkehrte.

In den sogenannten Geisternächten, ohne Straßenbeleuchtung und mit zahlreichen vermeintlich lauernden, unsichtbaren Gefahren, verließ man früher das Haus nicht mehr, wenn die Finsternis hereinbrach. Wenn man es doch tat, schaute man keinesfalls über die Schulter oder ging sogar selbst als Geist verkleidet hinaus, damit die Toten nicht auf die Idee kommen würden, einen mitzunehmen. Der Brauch, sich zu

dieser Zeit zu verkleiden, um böse Geister zu verjagen, ist tatsächlich keine neumodische nordamerikanische Erfindung, sondern seit jeher in heimischen Traditionen verwurzelt.
Bevor der Kürbis die Bühne einnahm und Hauptakteur zu Halloween wurde, hatte noch die ausgehöhlte und mit Grimassen verzierte Kohlrübe (Steckrübe) Vorrang. Um den geliebten Verstorbenen den Weg in die Anderswelt zu weisen, fungierten sie als Laternen, gleichzeitig sollten die Grimassen böse Geister fernhalten.
In dieser dunklen, stürmischen Zeit, in der allerlei Wesen ihren Unfug trieben, glaubte man auch, dass schelmische Feen Streiche spielten. Darauf gehen heute Bräuche wie das amerikanische Trick-or-Treating (»Süßes oder Saures«) zurück, bei dem Kinder ihren Nachbar*innen Streiche spielen, wenn sie nichts Süßes bekommen. Obwohl die Kirche ihr Bestes versucht hat, die Ursprünge dieses Festes unkenntlich zu machen, wird bis heute die Zeit um Samhain als Hexenzeit angesehen. Im Mainstream-Film und -Fernsehen ist Hexensymbolik allgegenwärtig und mittlerweile in so gut wie jeder Branche durch das ein oder andere Produkt präsent.

Dank dem *Dìa de los Muertos*, dem mexikanischen Totenfest, kamen auch Totenköpfe (*calavera*) als unmissverständliches Symbol dazu. Meist findet man an deren Stirn den Namen der verstorbenen Person wieder. Es handelt sich bei diesem Tag jedoch keineswegs um eine Trauerveranstaltung wie Allerheiligen oder Allerseelen. Ganz im Gegenteil: In Südamerika wird ein farbenprächtiges Volksfest gefeiert, zu dem sich die Toten aus dem Jenseits gesellen. Skelette und Schädel aus Brot, Zucker, Schokolade oder Marzipan finden sich in Mexiko zu dieser Zeit in jeder Bäckerei. Es zeigt den selbstverständlichen Umgang der Mexikaner*innen mit dem Tod. Sie empfinden den Tod als so allgegenwärtig, wie er nun mal ist, schlicht als Teil des Lebens.

## Allerheiligen & Allerseelen

**Allerheiligen am 1. November** ist ein christliches Fest, an dem aller Heiligen gedacht wird, also nicht unserer Ahn*innen, sondern der durch die Kirche heiliggesprochenen Menschen. Trotzdem hat es sich durchgesetzt, zu dieser Zeit Friedhöfe zu besuchen, die Gräber der verstorbenen Angehörigen zu reinigen und mit Blumen und Kerzen zu schmücken sowie die Erinnerung zu pflegen.
Zu Allerseelen am 2. November wird in der römisch-katholischen Kirche der verstorbenen Gläubigen gedacht. Auch hier wird nicht allen Ahn*innen, sondern explizit nur den Gläubigen gedacht.
Zu Samhain am 31. Oktober jedoch ging es um alle Ahn*innen, Vorfahr*innen und Verstorbenen.

## Sankt Martin

Das Martinsfest ist uns vor allem bekannt als Laternenfest, das heute noch gerne im November in Kindergärten gefeiert wird, für die Erwachsenen gibt es Martinsgänse und süße Brezeln als traditionelles Essen an diesem Tag. Das Laternenfest ist eine wichtige Tradition in Deutschland, Österreich, der Schweiz und anderen europäischen Ländern. Der heilige Martin von Tours lebte im 4. Jahrhundert und war ein römischer Soldat und später Bischof. Er ist bekannt für seine Nächstenliebe und seinen Einsatz für die Armen. Das Martinsfest wird am 11. November gefeiert und erinnert an die Legende, dass Martin seinen Mantel mit einem Bettler geteilt hat. Zu seinem Namenstag veranstaltet man seit dem Mittelalter eine Prozession, aus der sich das Laternenfest entwickelte, was symbolisch für das Licht und die Wärme steht, die der heilige Martin den Menschen in dunklen Zeiten geschenkt haben soll.

# Mythologie

## Samhain: Gott der Unterwelt

Die Thematik von Tod und Transformation zieht sich durch alles, was mit diesem Jahreskreisfest verbunden ist. Mythologisch gesehen ist Samhain der Tod des Jahreskreiskönigs. Vom sogenannten Grünen Mann, was eine Anspielung auf die Vegetation ist, verwandelt er sich nun in den schwarzen Gott der Unterwelt. Seine Gestalt spiegelt die kahle Landschaft wider.
Der Gott, den die Kelten Samhain nannten und der gleichsam Jäger und Schlächter ist, tritt nun also seine Herrschaft an. Der Jäger erlegt den Sonnenhirsch und verschleppt dessen Frau, die Vegetationsgöttin, in die Unterwelt. Er vermählt sich mit der Erdgöttin, die das satte Grün, die Lebenskraft der Pflanzen sowie das Licht der Sonne mit in die Tiefen nimmt. Dabei wird sie zur schwarzen Göttin Morrigan. Zur Wintersonnenwende am 21. Dezember wird die schwarze Göttin schließlich zur roten, indem sie das Licht, oder auch das Sonnenkind, gebiert. Während die Christen die Geburt Jesu feiern, feierten unsere Vorfahr*innen am Zenit der Dunkelheit die Rückkehr der Sonne. Mehr dazu liest du im Kapitel zu Yule.

## Der Jahreskreiskönig & König Artus

Laut mancher Quellen ist der Jahreskreis und dessen Zyklus auch in die Geschichte von König Artus eingewoben. So soll Artus von seiner Schwester und der Hexe Morgana mit der Totenbahre nach Avalon gebracht worden sein, nachdem er in einer Schlacht tödlich verwundet worden war. Avalon war einst das Zentrum weiser Druiden, Rückzugsort von König Artus nach seiner Verwundung und Versteck des Heiligen Grals. Dort stirbt Artus und wird zur Wintersonnenwende wiedergeboren. Deshalb wird Artus im Roman von T. H. White auch *The Once and Future King* genannt – der einstmalige und zukünftige König. Denn Artus wird von Avalon zurückkehren und wieder regieren, so der Glaube.
Wir können hier Ähnlichkeiten mit den Mythen rund um den Jahreskreis erkennen. Artus steht repräsentativ für den Jahreskreiskönig – anstelle der Sonne wird er wiedergeboren. So wurden das ganze Jahr und der Glaube an die Wiederauferstehung in die große Artussaga eingebunden.

## Astrologie

In den neblig-trüben Novembertagen, in denen alles in der Natur vollends abstirbt, steht die Sonne im Sternzeichen **Skorpion**, der vom Planeten Pluto regiert wird und uns in die Untiefen des Bewusstseins eintauchen lässt. Es ist Zeit, alles Überflüssige loszulassen und damit Raum für etwas Neues zu schaffen. Der Skorpion repräsentiert den Tod und die damit einhergehende Transformation. In der Mythologie des alten Mesopotamiens finden sich in den Erzählungen Beschreibungen von Toren in die Unterwelt, die von Skorpionen bewacht werden. Auch die Ägypter haben dem Spinnentier besondere Kräfte zugeschrieben und es zum Begleiter vieler Gottheiten gemacht. Die wohl bekannteste unter ihnen ist die Skorpiongöttin selbst: Selket oder auch Serqet. Sie wird entweder als stehende Frauengestalt mit einem Skorpion auf dem Haupt dargestellt oder sogar in einem Skorpionkörper mit Frauenhaupt. Neben ihrer Funktion als Göttin der Heilkundigen war ihre weitere Aufgabe, gemeinsam mit Isis, Neith und Nephthys als Schutzgöttin der Horussöhne zu dienen.
Das Sternzeichen Skorpion lädt uns ein, in die Tiefen unserer Psyche einzutauchen. Denn es ist dem Element Wasser zugeordnet und als solches mit unseren Emotionen verbunden. Skorpion-Geborene sind meist Menschen, die selbst auf einer feuchtfröhlichen Party nicht an der Oberfläche bleiben, sondern tief gehen mit ihrem Gegenüber. Mitunter eines der herausforderndsten und erbarmungslosesten Sternzeichen, wenn es um Tiefgang und Schattenarbeit geht.

### Für dein Journal:

› *Was darf in deinem Leben sterben und zu Grabe getragen werden? Welche Gewohnheiten und Routinen möchtest du ablegen?*
› *Was »sticht« dich momentan in deinem Leben? Wo darf etwas angepasst werden?*
› *Wofür möchtest du Raum schaffen?*
› *Hast du in deinem Leben bereits eine emotionale Unterweltreise durchgemacht? Wenn ja, was durftest du daraus lernen und mitnehmen?*

## Zeitqualität heute: Rituale & Routinen

Von Königen der Unterwelt ist heute weniger die Rede, doch wir spüren sehr wohl die Präsenz einer düsteren Kraft, die uns nach innen zieht und in dieser anfänglichen Winterzeit träge und müde macht. Eine konstante Melancholie und Schwere legt sich über die Novembertage und ist oft für emotionale Orientierungslosigkeit verantwortlich. Der Blues zu dieser Zeit ist sehr real, da vielen von uns das Licht und somit Serotonin fehlt, um überhaupt Glückshormone zu produzieren. Die Sonne geht bereits zwischen 16 und 17 Uhr unter und schenkt uns somit nur maximal 10 Stunden Tageslicht. So abgegrenzt wir heute auch von der Natur leben, spiegeln sich ihre Veränderungen doch in unserem Inneren wider.

### Der Winter kommt

Im Gegensatz zur sommerlichen Farbenpracht gibt es jetzt immer wenig Ablenkung im Außen. Unser Organismus stellt sich auf die dunkle Jahreszeit ein und fährt herunter. Die natürliche Ablehnung, die der Dunkelheit gegenüber in uns aufflammt, rührt daher, dass der Mensch schlicht und einfach Angst vor dem Ungewissen hat. In der Finsternis zu sehen ist schwierig, weshalb wir unsere anderen Sinne vermehrt beanspruchen dürfen. Es ist die Jahreszeit des Spürens und Hinhörens.
Wenn draußen alles Grau in Grau erscheint, sind unsere mentalen Rezeptoren empfänglicher für Informationen aus der Um- und Zwischenwelt. Umso wichtiger ist es, eine regelmäßige spirituelle Praxis für diese Zeit zu entwickeln, die die Intuition und unsere medialen Fähigkeiten trainiert und wachsen lässt. Meditation, Traumtagebuch oder Journaling – es darf tief gehen. Dafür möchten wir uns zuerst mit unseren Ahn*innen verbinden.

### Ahn*innen, epigenetisches Erbe & Ahnenrituale

Als Ahn*innen werden alle uns blutsverwandten Vorfahr*innen, von denen wir abstammen, bezeichnet. Ein einzelner Mensch hätte rein rechnerisch, wenn man für zehn Generationen nur die Elternpaare zurückzählt, ungefähr tausend Vorfahr*innen in 300 Jahren. Eine ganz schöne Menge an Genmaterial und epigenetischem Gepäck, das uns da vererbt wird.
Als Epigenetik bezeichnet man eine Fachrichtung der Biologie, die sich damit beschäftigt, welche Faktoren die Aktivität eines Gens und die Ent-

wicklung der Zelle festlegen. Das bedeutet, dass unsere Vorfahr*innen anhand von Informationen im Erbgut auch Emotionen, persönliche Erfahrungen oder sogar Warnungen mitgeschickt haben.[6] Erlebnisse früherer Generationen können so an die späteren weitergegeben werden. In Tierversuchen mit Mäusen konnte gezeigt werden, dass angstvolle Erfahrungen die Gene veränderten und so der nächsten Generation weitergegeben wurden. Die Mäuse wurden kleinen Elektroschocks ausgesetzt, während die Wissenschaftler*innen gleichzeitig den Duft von Kirschblüten versprühten. So lernten die Mäuse, diesen Duft mit schlechten Erfahrungen zu assoziieren. Als die Mäuse sich danach fortpflanzten, zeigte sich, dass die erste wie auch zweite nachkommende Generation Angst vor Kirschblütenduft hatte, ohne jemals Elektroschocks ausgesetzt worden zu sein. Die Studie konnte also belegen, dass bestimmte Ängste epigenetisch vererbt werden können.
Bedenken wir, dass wir als Eizelle schon in unserer Großmutter existiert haben, können wir uns ungefähr ausmalen, welche Erfahrungen in unserem Erbgut eingebettet sind. Dies macht es für unsere Zeit noch wichtiger und unserer Meinung nach unumgänglich, sich mit der eigenen Ahnenvergangenheit zu beschäftigen. Wir sind die Ahn*innen der Zukunft und können jetzt aktiv mitgestalten, was wir der Nachwelt weitergeben.

Die Verbindung zu den Ahn*innen war früher eine große Kraftquelle. Unsere Vorfahr*innen erlebten sich im Gegensatz zu uns heute nicht als getrennt von ihrer Ahnenlinie, sondern spürten deren allgegenwärtige Präsenz in ihrem Leben.
Um den Überblick zu behalten, welche Tante mit welchem Onkel verheiratet war oder welche Ururgroßmutter den Kinderrekord aufgestellt hatte, fertigte man Ahnentafeln an. In den meisten Fällen, in denen wir von einem Stammbaum sprechen, meinen wir eigentlich eine Ahnentafel. Der Stammbaum konzentriert sich in der Genealogie nur auf die männlichen, erstgeborenen Nachfahren der Vaterlinie über mehrere Generationen. Die Ahnentafel umschließt jedoch alle Nachfahren eines Paares beziehungsweise einer Person.

In unseren heutigen urbanen Räumen mag es befremdlich wirken, Ahnenfeste zu praktizieren, es benötigt jedoch gar nicht viel, um dein ganz persönliches Ritual mit nachhaltiger Wirkung für dein Leben zu gestalten.
Für viele Menschen ist die Beschäftigung mit der eigenen Familie nicht gerade die Lieblingsfreizeitaktivität, und sie versuchen, diesem Thema so gut es geht auszuweichen. Tatsache ist, dass sich der Ursprung vieler Blockaden und Probleme im eigenen Leben in der Familiengeschichte befindet. Alte Völker wussten darüber Bescheid und hatten dementsprechend Familienaltäre und führten eine Ahnentafel.

## Erstelle deine Ahnentafel

Beginne erst mal bei dir selbst und den Informationen, die du hast. Notiere dir zu allen Personen Namen, Daten, Verbindungen. Beschäftige dich dann weiter mit deinen Vorfahr*innen und versuche, Näheres über deine Familiengeschichte herauszufinden. Ergänze die neuen Informationen. Arbeite dich Stück für Stück in die Vergangenheit. Diese Aufgabe darf Zeit in Anspruch nehmen und ist oft ein längerer Prozess. Kontaktiere wenn nötig Verwandte und bitte sie, Erinnerungen von lebenden und auch verstorbenen Familienmitgliedern zu teilen. Nutze Familientreffen, um Fragen zu stellen oder einfach nur zu beobachten.

Selbst wenn du nur sehr wenige Verwandte kennst oder gar keinen Kontakt hast, ist es möglich, so eine Tafel für dich zu erstellen:

**Szenario:** Du kennst niemanden aus deiner Familie (Eltern verstorben, Verwandte ausgewandert/umgezogen …).

› Schreibe auf, was du weißt, und beziehe alle wichtigen Personen aus deinem bisherigen Leben (Pflegefamilien, Erzieher*innen, Wahlfamilien, Freund*innen …) mit ein.

**Szenario:** Du bist nicht bei deinen Blutsverwandten aufgewachsen (Adoption, Pflegschaft …).

› Deine »Ersatzfamilie« gilt ebenso als Familie und darf auf deiner Ahnentafel ihren Platz einnehmen.

Auch eine Kombination aus den Szenarien ist möglich.

## Gestalte einen Ahnenaltar:

› Sammle Fotos, Erbstücke und andere Erinnerungsstücke von lebenden oder verstorbenen Familienmitgliedern, Freund*innen und Gefährt*innen. Alles, was sich gut und richtig anfühlt, ist erlaubt.

› Ordne sie zusammen mit Kerzen auf einem Tisch oder einer Kommode in deinem Zuhause an. Wähle hierfür einen Ort, den du nicht ständig benötigst und wo sich der Altar angenehm in dein Zuhause integriert. Es sollte nicht so sein, dass du bei jedem Besuch von deinen Freund*innen erst noch alles wegräumen musst.

› Führe ab und an ein kleines Ritual für deine Ahn*innen durch, zünde zum Beispiel Kerzen für sie an, während du an sie denkst oder sie um Hilfe bei einer Entscheidung bittest. Danke ihnen, dass sie ein Teil deines Lebens sind. Gehe in dich und achte darauf, welche Gefühle, Erinnerungen und Bilder hochkommen.

- Vielleicht senden dir deine Ahn*innen auch Zeichen in deinem Alltag durch bestimmte Symbole, Gegenstände, Wörter oder Musik. Du kannst mit ihnen eure gemeinsame »Zeichensprache« vereinbaren.[7]
- Schreibe bestimmten Familienmitgliedern, mit denen du dich besonders beschäftigst oder Themen hast, einen Brief. Was möchtest du ihnen anvertrauen? Was möchtest du mit ihnen klären? Lege die Briefe auf deinen Altar oder verbrenne sie, wenn du die Worte in die Anderswelt entsenden willst.

## Ritual: Heilung & Befreiung für dich und deine Ahn*innen

Oft hängen alte Versprechen, Gelübde und Ahnenverträge[8] über Generationen in Familienstrukturen fest und erschweren unser Dasein im Jetzt. Wenn du das Gefühl hast, da könnten noch »alte Zöpfe« aus der Vergangenheit an dir hängen, für die du nicht mehr »büßen« solltest, ist es Zeit für ein Heilungs- und Befreiungsritual.
Über folgende Meditationsreise können wir mit unseren Ahn*innen in Verbindung treten.

### Für dieses Ritual benötigst du

(immer nach eigenem Ermessen und Bedarf – es soll sich für dich stimmig anfühlen):

- 1 Schüssel Salz (Kristallsalz oder größere Salzkristalle, zur Not auch gewöhnliches Salz aus der Küche) – Salz dient zum Schutz vor eindringenden und unerwünschten Energien während der Ahnenarbeit
- 1 Kerze (oder mehrere)
- Räucherwerk: Salbei (lose oder im Bündel), Beifuß, Mariengras
- Räucherharz: Weihrauch, Myrrhe
- Deine Ahnentafel
- Eventuell Fotos von deinen Vorfahr*innen und Familienmitgliedern

### So kannst du vorgehen:

- Setze dich bequem hin und achte darauf, dass alle Gegenstände, die du benötigst, in greifbarer Nähe sind.
- Tauche in dich ein und versetze dich gedanklich an einen Ort, den du als deine persönliche Ahnenwiese bezeichnen könntest. Dieser Ort darf dir bekannt sein oder nur in deiner Vorstellung existieren.
- Lass, wenn du bereit bist, deine Ahn*innen und Vorfahr*innen Generation für Generation an dich herantreten. Beginne mit deinen Eltern oder den nächsten Menschen zu dir und arbeite dich immer weiter in die Vergangenheit.

› Tausche dich mit ihnen aus und beobachte, in welcher Erscheinungsform sie zu dir kommen, was sie sagen oder mitbringen.
› Lass es irgendwann Nacht werden auf deiner Ahnenwiese, einen Vollmond als Lichtquelle erscheinen und, wenn du Lust hast, entzünde auch ein gemeinsames Feuer und lass deine Vorfahr*innen einen Kreis um dich bilden.
› Spreche eine Klärung und Freisprechung für euch alle. Diese kannst du selbst schreiben oder du verwendest die folgenden Worte und passt sie für dich an:

*»Ich bitte nun alle spirituellen Begleiter*innen, die mich bei der Auflösung meiner Gelübde, Versprechen, Schwüre und dergleichen begleiten, mich führen und mir schützend zur Seite stehen, zu mir zu kommen.*
*Ich bin bereit.*
*Wir kennen einander schon lange und haben einander gedient, um Erfahrungen zu sammeln. Ich danke euch, dass ich durch euch lernen durfte. Ich erlöse euch alle und dadurch auch mich selbst in alle Richtungen der Zeit, von allen Versprechen, Verträgen und Gelübden in der Liebe, Heirat oder Verlobung, von Keuschheitsgelübden, ewiger Gebundenheit, von Armutsgelübden und auch negativen Glaubenssätzen und Dynamiken. Ich gebe euch und auch mich frei in alle Richtungen der Zeit für die Zukunft und zukünftige Generationen, für Licht und Liebe.«*

Erlaube euch, gemeinsam in ein reinigendes, klärendes und heilendes Licht zu treten.
Komme erst von deiner Ahnenwiese zurück, wenn du dich bereit fühlst.
Du kannst jederzeit hierher zurückkommen, um dich mit deinen Vorfahr*innen zu verbinden.

## Persönlicher Tod & Wiedergeburt: In deine eigene Unterwelt abtauchen

Die Zeit um Samhain ruft uns auf, uns wieder mehr mit unserem Seelenleben zu beschäftigen, und bietet sich wunderbar für unsere ganz persönliche Unterweltreise an. Wir werden an unsere eigene Vergänglichkeit erinnert, sowohl im Physischen als auch in unserer Persönlichkeit. Es ist eine Einladung, uns mit der Thematik des persönlichen Todes und der eigenen Transformation auseinanderzusetzen. Das bedeutet, dass wir uns den unangenehmen Themen und Gefühlen, die sich zu dieser Zeit zeigen, stellen und in die sogenannte Schattenarbeit gehen sollen. Was möchte ans Licht kommen?
Bevor sich Unterdrücktes verselbstständigt und sich tatsächlich in unserem Leben materialisiert, können wir bereits vorbeugen und proaktiv werden. Indem wir uns potenziellen Auslösern stellen und ihnen bewusst Aufmerksamkeit schenken, können wir unseren eigenen Prozess der Wiedergeburt steuern.

Bedenke, dass dir immer die Option offensteht, Unterstützung bei Therapeut*innen oder Coach*innen zu holen, wenn du bei gewissen Themen allein nicht mehr weiterkommst. Auch das Gespräch mit einer Person, der du vertraust oder die mit ähnlichen Themen konfrontiert war, könnte Erleichterung bringen.
Achte darauf, dass nicht alle Gesprächspartner*innen für alle Themen geeignet sind.

## 4. Quartal: Wirtschaftliches Elefantenquartal vs. Festlichkeiten & üppige Gemütlichkeit

Ende Oktober stellen wir die Uhren von Sommer- auf Winterzeit um. Damit geht auch ein größeres Bedürfnis nach Ruhe einher. Morgens ist es länger dunkel, und man möchte am liebsten gar nicht aus dem Bett. Auf der Suche nach Geborgenheit ziehen wir uns bei dem tristen Wetter und den kalten Temperaturen immer mehr ins warme Haus zurück. Doch so einfach ist es für die meisten von uns nicht. Vor Weihnachten gibt es noch so viele Besorgungen und Dinge, die erledigt werden wollen. Könnten wir unseren wahren Bedürfnissen wie den Naturzyklen folgen, wären nun Rückzug, Innenkehr und Selbstreflexion angesagt.
Für viele moderne Menschen ist langsamer zu machen zu dieser Zeit jedoch kontraintuitiv. Schließlich steht das umsatzstärkste Quartal vor der Tür. Bis Ende des Jahres müssen Budgets noch ausgegeben und Umsatzziele erreicht werden. Außerdem steht das Weihnachtsgeschäft an, weshalb wir uns in der Arbeit jetzt noch mal ordentlich ins Zeug legen.

Es gilt zu verkaufen, verkaufen, verkaufen und Geld einzutreiben.
Dass dieser Rhythmus komplett gegen unsere zyklische Natur läuft, ist ein perfektes Beispiel dafür, wie ent-rhythmisiert und getrennt von der Natur wir modernen Menschen mittlerweile sind.
Doch wir dürfen uns wieder mehr als Teil der Natur begreifen – wenn draußen in der Natur alles stirbt, ist jetzt nicht die Zeit, unsere Höchstleistungen zu aktivieren. Im Frühling, zu Beginn des Sommers und im Herbst zur Erntezeit können wir unserem Körper einiges abverlangen. Nicht aber, wenn wir in den Winter übergehen und alle Tiere sich in ihre Höhlen zurückziehen. Auch wir sind am Ende des Tages nichts mehr als hoch entwickelte Tiere und spüren die Energie der Natur und Zeitqualität in uns. Dennoch verlangt die moderne Gesellschaft von uns, auch jetzt wie gewohnt zu funktionieren. So viel Esprit und Motivation zu versprühen wie zur restlichen Jahreszeit, obwohl es vielleicht noch dunkel ist, wenn wir uns auf den Weg zur Arbeit machen, und bereits wieder dunkel, wenn wir am Ende eines langen Arbeitstages nach Hause zurückkehren.
Für viele von uns ist es natürlich nicht realistisch, sich zu dieser Zeit komplett zurückzuziehen. Aber auch wenn es gegen die konsumgetriebene Vernunft der umsatzstärksten Jahreszeit spricht: Gönne dir Zeit und alles, was Körper, Geist und Seele nährt, denn dann wird auch alles Weitere geschmeidig laufen. Es geht jetzt um mehr als nur Leistung. Der Körper fordert Regeneration nach der Erntezeit, auch für die Licht- und Temperaturumstellung. Bedürfnisse nach Verbindung, Zusammenkommen und Gemeinschaft werden lauter und möchten gestillt werden. Nimm die Einladungen an, die hereinkommen und dir Wärme schenken. Du brauchst sie, damit sich über die kommenden Monate alles regenerieren kann. Und gleichzeitig: Wäge vorsichtig ab, zu welchen Verpflichtungen du Ja sagst. Werde dir im Klaren darüber, was Priorität hat und für welche Selfcare-Aktivitäten du dir nun wieder vermehrt Zeit nehmen möchtest. Selbst kleine Alltagsrituale können uns helfen, die Energie dieser Zeit zu ehren und uns so wieder mehr in den natürlichen Zyklus des Jahres einzugliedern.

# Samhain & die Natur

## Pflanzen & Kräuter der Saison

Alle notwendigen Kräuter – zu Koch- und Heilzwecken – sollten bis zu diesem Zeitpunkt bereits eingebracht worden sein und idealerweise schon zum Trocknen hängen. Da sich alle Lebenskräfte nun unterirdisch sammeln, wird ab jetzt kein Kraut mehr zu Heilzwecken gesammelt. Auch in den Gärten wird nun alles winterfest gemacht. Die Bäume sind kahl, nur die immergrünen Zweige von Mistel, Stechpalme, Efeu und Tannen zeugen noch von Leben oben auf der Erde. Die Natur hat sich zurückgezogen und schläft, bis zu Imbolc im Februar alles wieder zu blühen beginnt.

Tees aus Pflanzen wie Hafer oder Melisse helfen dir, zu dieser Zeit einen Gang runterzuschalten. Denn nach einer intensiven Erntezeit dürfen wir jetzt zur Ruhe kommen und unsere Kräfte für den Frühling sammeln.
Solltest du zu Herbst- und Winterdepressionen neigen, kannst du das stimmungsaufhellende Johanniskraut in Form von Tee oder Dragees zu dir nehmen. Seine Wirkung entfaltet sich jedoch erst nach der regelmäßigen Einnahme über mehrere Tage oder Wochen.
In dieser Zeit wird unterstützend viel mit Harzen und Kräutern geräuchert, um den Schleier zur Anderswelt zu lüften und den Kontakt zwischen den Toten und Lebenden zu erleichtern.
<u>Achtung</u>: Johanniskraut nicht zusammen mit anderen Medikamenten einnehmen. Mehr dazu im Kapitel *Litha*.

## Früchte der Saison

### Schwarze Holunderbeeren für das Immunsystem

Natürlich sind die meisten Früchte Ende Oktober schon längst abgeerntet, doch ein paar Nachzügler gibt es, so wie die Hagebutten, Quitten, Brombeeren und die dunklen Holunderbeeren. Wir können daraus immunstärkende Elixiere zubereiten, um uns auf die kalte Jahreszeit vorzubereiten.

## Rezept: Immunstärkender Holunderbeerensirup

Der Holunder wird mit Frau Holle und somit auch mit der Zeit um Samhain in Verbindung gebracht. Frau Holle ist die große Göttin des Lebens und des Todes. Man sagt auch, die Verstorbenen würden von ihr in der Anderswelt empfangen.
Holunder gilt in der Volksheilkunde seit Jahrhunderten als Heilmittel bei Erkältungen und Fieber. Im Frühling können wir die weißen Blüten für Tee und von August bis September die reifen schwarzvioletten Beeren für Sirup sammeln. Dank der Anthocyane liefern die Holunderbeeren wertvolle Antioxidantien und sind sehr vitamin- und mineralstoffreich, weshalb sich ein Holunderbeerensirup besonders für die kalte Jahreszeit anbietet.

**Was du brauchst:**
1 kg Holunderbeeren
1 Biozitrone
750 g Zucker
Saubere Glasflaschen

**Zubereitung:**
- Gib die Beeren in einen Topf und fülle so viel Wasser hinein, dass sie bedeckt sind.
- Erhitze alles auf mindestens 36° C. Danach sind die Beeren nicht mehr giftig.
- Nimm eine Schüssel zur Hand und lege ein Sieb hinein.
- Gieße die gekochten Beeren durch das Sieb ab und fange den entstandenen Saft in der Schüssel auf.
- Presse die Beeren mit einem Löffel durch das Sieb, bis du den gesamten Saft herausgedrückt hast.
- Leere den Saft zurück in den Topf und füge den Zucker hinzu.
- Lass die Zucker-Saft-Mischung für 10 Minuten köcheln.
- Am Ende gibst du noch den Zitronensaft dazu.
- Fülle den Sirup noch heiß in Glasflaschen ab und verschließe sie.

**Tipps:**
Pflücke am besten immer gleich die ganze Dolde und nicht die einzelnen Beeren.
Reife Beeren erkennst du daran, dass sie tiefschwarz sind.
**Achtung:** Holunderbeeren nie roh verzehren, da sie in diesem Zustand giftig sind. Vor dem Verzehr mindestens auf 36° C erhitzen.

Das Haltbarmachen von Obst und Gemüse war eine essenzielle Methode für das Überleben und die Vorsorge unserer Vorfahr*innen im Winter. Es gibt verschiedene Methoden, darunter das Einkochen in Essig, das Einlegen in Salzlake und das Fermentieren. Das Fermentieren ist eine besonders beliebte Methode, da es nicht nur das Gemüse haltbar macht, sondern auch viele gesundheitliche Vorteile bietet. Durch den Fermentationsprozess wird das Gemüse mit nützlichen probiotischen Bakterien angereichert, die die Verdauung anregen und das Immunsystem stärken können. Eine einfache Variante ist zum Beispiel die Herstellung von Sauerkraut.

## Rezept: Sauerkraut

**Was du brauchst:**

Weißkohl
Salz
Optional: Kümmel
Saubere, luftdicht verschließbare Gläser

**Zubereitung:**

- Schneide den Weißkohl in feine Streifen und vermische ihn mit einer Prise Salz. Verfeinere nach Belieben mit Kümmel.
- Fülle den Kohl anschließend in eine Schüssel und knete ihn so lange, bis er von seiner eigenen Flüssigkeit bedeckt ist. Das kann sehr anstrengend werden, ist aber auch eine Art meditative Praxis.
- Dann kannst du das Sauerkraut in die Gläser portionieren, fest runterdrücken und eventuell mit Gewichten beschweren, damit er immer von seiner Flüssigkeit bedeckt ist.
- Verschließe die Gläser und bewahre sie an einem kühlen Ort auf.
- Nach einigen Tagen beginnt der Fermentationsprozess, und das Sauerkraut wird allmählich saurer und probiotischer. Je länger das Sauerkraut fermentiert, desto intensiver wird der Geschmack und desto größer sind die gesundheitlichen Vorteile.

- Heizungen trocknen uns in dieser Zeit schnell aus. Trinke zum Befeuchten und Durchspülen Kräutertees wie Brennnessel, Ringelblume und Ackerschachtelhalm.

- Nimm zur Kräftigung deines Immunsystems Vitamin-C-reiche Nahrung zu dir. Besonders gut eignen sich: Rotkohl, Sauerkraut, Rote Bete, Karotten, Rüben, Kürbis, Kartoffeln, Äpfel und Walnüsse.

- Mache es dir mit Horrorfilmklassikern oder deinen liebsten Hexenfilmen gemütlich.

- Mache einen Herbstspaziergang, um die wenigen Sonnenstrahlen zu tanken, die uns zu dieser Jahreszeit zur Verfügung stehen, um dich so bei Laune zu halten.

- Setze dich mit den Themen deiner Familie, deinen Ahn*innen, dem Tod und der Vergänglichkeit auseinander. Besuche die Gräber und Gedenkstätten deiner Vorfahren.

- Praktiziere Schattenarbeit und lass Gefühle wie Trauer, Angst, Scham, Wut und Schuld hochkommen, zum Beispiel während deiner Herbstspaziergänge.

- Nimm dir bewusst Zeit zu weinen und zu trauern. Oft tragen wir noch angestaute Energien von Themen, die wir nicht ordentlich verarbeitet haben, mit uns. Weinen kann sehr befreiend sein.

- Praktiziere Stille in deinen Gehmeditationen und sehe auch die Schönheit in der Vergänglichkeit der Natur.

## Himmel & Erde

**Tageszeit:**
Nacht

**Name des Vollmonds:**
Kalter Mond, Frostmond, Julmond, Christmond

**Himmelsrichtung:**
Norden

**Element:**
Erde

## Natur

**Kräuter & Pflanzen:**
Hagebutten, Weihrauch, Myrrhe, Mistel, Rosmarin, Tanne, Esche

**Phänologische Jahreszeit:**
Winter und Vegetationsruhe

## Zeitqualität

Rückzug, Besinnung, Nachdenken, Innenschau, Entschleunigung, Regeneration, Wiedergeburt

## Tradition & Religion

**Christlich:**
Weihnachten

**Andere Namen:**
Julfest, Mittwinter, Mutternächte, Alban Arthuan

**Aussprache:**
Juul, Jule, Jöl

## Modern Mystic Facts

**Sternzeichen:**
Schütze

**Tarotkarte:**
Mäßigkeit

**Götter:**
Jesus, Baldur, Horus, Apollo

**Kristalle:**
Amethyst, Smaragd, Jade, Rubin, Granat, Quarz

**Altardekoration:**
Immergrüne Zweige, Mistel, Tannenzapfen, Strohsterne, Zimtstangen, Nelken, getrocknete Orangen

**Farben:**
Grün, Rot, Gold, Silber

Wintersonnenwende
21. Dezember
Yule

## Ursprung & Bedeutung: Die Wiedergeburt der Sonne

Mit der Wintersonnenwende kündigt sich der dunkelste Tag des Jahres an. Wenn die Sonne in unseren Breitengraden schon um 16 Uhr untergeht, haben wir lediglich 7,5 Stunden Tageslicht von den insgesamt 24 Stunden eines Tages. Nun hat die Sonne ihren Tiefststand erreicht. Auch wenn zu dieser Zeit der Lichtmangel durchaus auf das Gemüt schlagen kann, bedeutet es gleichzeitig, dass die Tage danach langsam wieder länger werden. Denn am Zenit der Dunkelheit feiern wir die »Wiedergeburt« der Sonne. Dieses Fest ist der Gegenpol zur Sommersonnenwende, dem längsten Tag und der kürzesten Nacht. Ab der Sommersonnenwende »Litha« nimmt die Dunkelheit wieder mehr Zeit für sich ein. Der Spieß dreht sich um, und die Sonne wechselt die Richtung. Es handelt sich bei Yule um einen Wendepunkt. Die Nächte werden wieder kürzer, auch wenn wir zu diesem Zeitpunkt noch nicht viel davon mitbekommen.

Im Englischen sprechen wir von der *winter solstice* (Wintersonnenwende) und der *summer solstice* (Sommersonnenwende). Das Wort *solstice* kommt von lateinisch *solstetit,* was wörtlich bedeutet »die Sonne steht still«. Es beschreibt die Illusion, die durch den Sonnenstand am Horizont verursacht wird. Sechs Tage lang um die Zeit vor und nach der Sonnenwende scheint die Sonne am selben Ort auf- und unterzugehen. Diese Zeit nennt sich auch Mittwinter. Während wir Dezember heute als Winteranfang sehen, befanden unsere Vorfahr*innen diese Zeit als Mitte des Winters. Der Winter ging für sie vom Jahreskreisfest »Samhain« Ende Oktober bis »Imbolc« Anfang Februar. Die Adventszeit, die der Wintersonnenwende vorausgeht, ist ein Vorbote für die Rückkehr der Sonne. Das Wort Advent bedeutet so viel wie »Erscheinung« und »Ankunft«, womit im christlichen Kontext die Ankunft des Lichts und des Herrn beziehungsweise Jesu Christi gemeint ist.

Die Wintersonnenwende war lange Zeit ein sehr großes Ereignis. Nicht nur nordeuropäische Völker orientierten sich nach der Sonne und ihrem Wandel im Jahreszyklus, sondern Völker auf der gesamten Welt. Schließlich haben wir alle die gleiche Sonne. Allein in Europa gab es zahlreiche Riten und Bräuche um die Wintersonnenwende, die von unseren Vorfahr*innen gepflegt wurden. Sie läutete einst das »echte« neue Jahr ein. Gehen wir bis 12.000 v. Chr. zurück, finden sich weltweit Gedenkstätten, rituelle Orte und Gesteinsgebilde, die auf den Zentimeter genau auf den Lichteinfall bei Winter- und Sommersonnenwende ausgerichtet sind. Heute können Astronom*innen, Archäolog*innen sowie Geolog*innen bestätigen, wie hoch entwickelte Kulturen auf Basis des Lichtwandels der Sonne gebaut und gelebt haben. Da erscheint es fast lächerlich, in welches Konsumfest sich das christliche Weihnachten heute verwandelt hat und wie fern es von der eigentlichen Relevanz der Rückkehr des Sonnenlichts für Mensch und Natur ist.

Für uns mag der Winter heute seinen lebensbedrohlichen Charakter verloren haben, doch für unsere Vorfahr*innen versprach die Wintersonnenwende die Rückkehr besserer Zeiten. Wir wissen heutzutage kaum noch, was es bedeutet, Wochen und Monate in einer alles einhüllenden Dunkelheit zu leben. Unsere Städte sind lichtüberflutet – egal zu welcher Tages- oder Jahreszeit. Der natürliche Tag-und-Nacht-Rhythmus ist abhandengekommen. Ebenso wenig, wie wir uns nach dem Wissen ausrichten, dass der Tag für stetiges Treiben und Tun und die Nacht für Ruhe da ist, beachten wir den ganz ähnlichen Sommer-Winter-Rhythmus. Der Sommer steht für das Leben im Außen, Wachstum und Ernte und der Winter für Innenkehr und Rast. Doch das haben wir heute kaum noch verinnerlicht. Mit dem bewussten Wahrnehmen der Wiedergeburt des Lichts können wir wieder enger mit dem natürlichen Zyklus in Kontakt treten.

## Tradition & Religion: Feste damals & heute

Das Wissen rund um den Tod-Wiedergeburt-Leben-Zyklus ist das große Geschenk, das uns der Jahreskreis mitgibt. Wir können uns in Sicherheit wiegen, dass alles, was stirbt, wiedergeboren wird. Zum Zeitpunkt der Wintersonnenwende sind wir am Punkt der Wiedergeburt angelangt, auch wenn nichts draußen in der Natur darauf hindeutet. Der Mensch fand über die Jahrtausende seine eigenen Erklärungen für diesen zyklischen Wandel der Natur. Die Ursprünge finden sich heute nur noch bruchstückhaft wieder. Der Jahreskreiskönig, der zum Jahreskreisfest Samhain (31. Oktober) – heute bekannt als Halloween – gestorben ist, wird nun zur Wintersonnenwende von der großen Erdgöttin als Licht- oder Sonnenkind wiedergeboren.

## Die Geburt von Jesus & dem Sonnenkind

Im christlichen Glauben wird die Geburt von Jesus von Nazareth mit der Ankunft des Lichts gleichgesetzt. Dieses neugeborene Kind war nicht nur irgendein Kind. Wie die Sonne war auch das Jesuskind ein Hoffnungsträger und das Sinnbild für Erlösung. Damit war die Erlösung aus der Dunkelheit und dem Leiden der Menschen gemeint. Man darf dabei nicht vergessen, mit welcher Existenzialität diese Wiedergeburt der Sonne für Menschen früher verbunden war. Ohne Licht kein oder nur bedingtes Leben.
Es lag also nahe, den schon bestehenden Sonnenkult verschiedener Urvölker mit Christi Geburt zu verbinden: Christus der Retter, der »Lichtbringer«. Das war auch ein guter Grund für Festlichkeiten. Was früher die Rückkehr der Sonne war, ist in diesem Zusammenhang heute die Rückkehr des göttlichen Sohnes.

### Adam, Eva & der verhängnisvolle Baum

Das wohl bekannteste Paar im Zusammenhang mit Religion und Schöpfungsmythen sind Adam und Eva. Sie gelten als die ultimativen Sündenböcke, weshalb die Erlösungsgeschichte für sie besonders essenziell ist. Eine mögliche Interpretation des Sündenfalls – auch die Ursünde genannt – ist symbolisch durch den Verzehr der verbotenen Frucht des Baums der Erkenntnis durch Adam und Eva dargestellt. Ihre Strafe war die Menschwerdung. Weil nun Maria mit Eva sowie Jesus mit Adam in Verbindung steht, wird er durch sie wiedergeboren und kommt als Erlöser wieder zurück, um die Menschen von ihrer Sünde zu befreien. Der Baum des Lebens wird auch als Paradies- oder Adamsbaum bezeichnet und gilt tatsächlich als Vorreiter des heutigen Christbaums. Im Mittelalter ging dem Krippenspiel nämlich häufig das Paradiesspiel voraus.

Der mit seinen Äpfeln (= Sünden) behangene Baum blieb beim Szenenwechsel stehen und wurde übernommen. Also gar nicht so weit hergeholt, dass wir den Weihnachtsbaum bis heute üppig schmücken. Früher waren die Süßigkeiten und das Festtagsgebäck, die am Baum hingen, oft noch in Silber- und Goldpapier eingewickelt. Somit war auch die Idee zu Christbaumkugeln geboren.
Man kann sagen, dass das Weihnachtsfest und seine Verbreitung sich seit dem Mittelalter exponentiellen Wachstums erfreuen und wir heute wohl am absoluten Höhepunkt seiner Beliebtheit angelangt sind. Gleichzeitig hat es sich Kritiker*innen zufolge mittlerweile in ein reines Konsumfest verwandelt und ist damit wahrscheinlich auch am weitesten von seinen Ursprüngen und der wahren Bedeutung entfernt.

## Die Adventzeit & ihre Wurzeln

Der Advent (vom lat. *Adventus* = Ankunft) hat sich erst seit dem 5. Jahrhundert als Vorbereitungszeit auf das Fest der Wiedergeburt und »Menschwerdung« etabliert. Der vierwöchigen (mancherorts auch sechswöchigen) Adventszeit geht ähnlich wie der österlichen Fastenzeit eine weniger bekannte eigene Weihnachtsfastenzeit voran. Die vier Adventskerzen, die Sonntag für Sonntag entzündet werden, sollen uns immer mehr Licht geben und dann im Licht des Weihnachtsfestes ihren Höhepunkt erreichen. Ursprünglich waren es sogar 24 Kerzen, doch das findet sich heute nur noch selten. Der Adventskalender hatte eine ähnliche Funktion und zählt auch heute noch in den meisten Kinderzimmern die Tage bis Weihnachten runter.

## Heiliger Nikolaus & Knecht Ruprecht

In die Adventszeit fallen auch die Gedenktage einiger christlicher Heiliger. Der absolute Superstar unter ihnen ist wohl der heilige Nikolaus, den wir am 6. Dezember unter verschiedenen Namen und in unterschiedlichen Kostümen lebendig werden lassen. Sei es der Besuch des »Nikolos« im Kindergarten, der verkleidete Onkel mit rotem Gewand und weißem Rauschebart oder Santa Claus mit seiner imposanten Szenendekoration, Nikolaus ist fester Bestandteil der Weihnachtszeit geworden. Meist wird er begleitet von Knecht Ruprecht. Dieser gehörnte Kumpane gilt als das personifizierte Böse und wird teilweise gar mit dem Teufel gleichgesetzt. Das ungleiche Paar symbolisiert die Herrschaft des Guten in Form des heiligen Nikolaus über das Böse – die, die nicht gehorchen, werden bestraft.
Diese heutigen Darstellungen des Nikolaus sind gar nicht weit von den traditionellen Erzählungen. Tatsächlich besuchte der heilige Nikolaus

auch bei unseren Vorfahr*innen, die das Yule-Fest begingen, mit seinem Begleiter in der Vorweihnachtszeit Kinder zu Hause.

## Die Perchten & ihr Treiben

Knecht Ruprecht ist unter vielen Namen bekannt, auch sein Aussehen variiert stark. Von Hans Muff bis Krampus und den angsteinflößenden Perchten, deren Verkörperung heute vielerorts etwas zu ernst genommen wird. Als Brauch haben sich die Perchtenläufe mit ihren dämonischen Gestalten deutlich von anderen, harmloseren Darstellungen abgespalten. Im ursprünglichen Volksglauben sollten diese Gestalten mit ihrem Furcht einflößenden Aussehen das Böse und Dämonen »ausfegen«. Mit großem Gepolter, Peitschen, Glocken und Rasseln treten sie häufig sogar in eigenen Veranstaltungen und Feuershows auf. Sie inszenieren eine teuflische Verfolgung, die nicht immer gut ausgeht und oft sogar mit Verletzungen endet. Immer wieder wird dieses Brauchtum infrage gestellt, und es wird regelmäßig diskutiert, ob es in dieser Form noch seine Berechtigung hat.
Auch wenn diese Tradition in der heutigen Welt immer überholter wirkt, wussten schon Freud und Jung um den pädagogischen Wert der Darstellung von Gut und Böse und waren überzeugt von ihrer Notwendigkeit. Die Haltung, dass der heilige Nikolaus nicht ohne Knecht Ruprecht aka Krampus dargestellt werden sollte, da diese einseitige Inszenierung ein falsches Menschenbild vermitteln würde, hält sich hartnäckig und vielleicht nicht zu Unrecht: Ob böse oder dunkle Gestalten in Märchen und Geschichten oder eben der lumpige Begleiter des Nikolaus – der Mensch braucht Gegenspieler, um zwischen den beiden Polen unterscheiden zu lernen. Trotzdem steht der Nikolaus natürlich im Scheinwerferlicht, er ist der leuchtende Hauptdarsteller in der dunklen Jahreszeit. Denn der Mensch braucht ein Lichtlein in der Dunkelheit, Hoffnung und Besänftigung gegen die Angst vor der Finsternis.

## Heilige Lucia

Es gibt auch die weibliche Darstellung einer lichtbringenden Figur – Lucia, die Lichtvolle, basierend auf der in Syrakus auf Sizilien geborenen Märtyrerin aus dem 3. Jahrhundert. Das Luciafest fällt heute auf den 13. Dezember, wäre aber vor der gregorianischen Kalenderreform auf den 25. Dezember gefallen,[9] also genau in die Zeit der längsten Nächte im Jahr. Lucia verkörpert zwei Pole in einer Person. Zum einen wird sie als die in weiße Gewänder gekleidete und mit einem Lichterkranz geschmückte Gabenbringerin dargestellt, zum anderen ist sie vor allem im Alpenraum als die grausige Lucia bekannt, die eine ähnlich strafen-

de Rolle wie der Krampus übernimmt. Das Verbot, in dieser finsteren Zeit zu arbeiten, taucht immer wieder in verschiedenen Erzählungen auf, beginnend mit der Luziennacht und später besonders während der Rauhnächte.
In vielen nordischen Ländern ist es noch heute vorweihnachtliches Brauchtum, vorwiegend in Kindergärten und Schulen, weiße Gewänder anzuziehen und Kerzenkränze auf den Köpfen zu entzünden. Ob das die Inspiration für die Darstellungen des Christkinds war?

## Weihnachten

So weit wir auch zurückgehen, um die Ursprünge des heutigen Weihnachtsfestes aufzudecken, es wird wenig am aktuellen Stellenwert ändern, denn Weihnachten hat den Mittelpunkt des Jahres als wichtigstes, weltweites Ereignis eingenommen.
Ab dem 18. Jahrhundert wurde Weihnachten immer mehr zu einem Familienfest ausgebaut, und die religiösen Bezüge verlieren sich immer mehr. Nichtsdestotrotz halten sich einige Brauchtümer eisern, natürlich auch dank perfektionierter Vermarktung. Spätestens Ende November, wenn die Weihnachtsmärkte eröffnen, beginnt sowohl in ländlichen als auch in städtischen Gebieten der große Konsummarathon: Adventkränze richten, Weihnachtskekse backen, Geschenke besorgen, Weihnachtspost aussenden, Playlists voller Weihnachtsklassiker er- und Weihnachtsbaum aufstellen, Wohnräume schmücken und vor allem: Essen. Das einst »Mettenmahl« genannte Weihnachtsessen war schon früher ein zentrales Ereignis. Vor allem Bauern im Alpenraum, die noch lange an ihren Wurzeln festhielten, pflegten die Bräuche der einstigen Naturvölker. Sie deckten nicht nur ein zusätzliches Gedeck für ihre Ahn*innen, sondern hoben auch häufig Brot auf, das sie dann im Frühjahr mit der Saat in den Boden legten, oder gossen die restlichen Getränke in die Sträucher und an die Bäume. Der Grundglaube dabei war, die Natur, die sie später im Jahr nähren wird und ihnen Ernte schenken wird, zu »weihen«. Nach der Mette war es Tradition, die Stämme ihrer Fruchtbäume abzuklopfen, um sie »aufzuwecken«, schließlich war Wintersonnenwende und bald Zeit, sich auf einen neuen fruchtbaren Zyklus vorzubereiten.

## Woher es wirklich »weih-nachtet«

Etymologisch geht das Wort »Weihnachten« auf *ze den wîhen nahten* zurück, was so viel wie »in den heiligen Nächten« bedeutet. Hier wird der Zusammenhang von Weihnachten mit der Wintersonnenwende oder auch den heiligen Mittwinternächten deutlich. Diese Nächte galten schon für die Menschen der vorchristlichen Zeit als heilig, weil die

Wiederkehr des Lichts und der Sonne für die Geburt neuen Lebens auf der Erde stand.
Kaum eine kultische Gedenkstätte diente nicht auch dazu, diesem jahreszeitlichen Ereignis entgegenzufiebern, das gilt schon für die Jungsteinzeit (10.000 v. Chr. – 2000 v. Chr.). Oft prägte es sogar deren Architektur: Viele Megalith-Komplexe weltweit sind auf Hügeln mit freiem Blick in alle Himmelsrichtungen und den Sternenhimmel gebaut. Perfekt, um den Sonnenaufgang zu beobachten und gleichzeitig Sommer- und Wintersonnenwende, abgeglichen mit den parallelen Sternenkonstellationen, genau bestimmen zu können. Göbekli Tepe in Ostanatolien (ca. 10.000 v. Chr.), die Megalith-Tempel Ggantija auf Gozo (ca. 5600 v. Chr.) und Mnajdra (3800 v. Chr.) auf Malta oder Stonehenge (ca. 3100 v. Chr.) in England – weder die Menschen in der Antike (700 v. Chr. bis 500 n. Chr.) noch wir Menschen der Neuzeit waren die Ersten, denen das zyklische Verhalten der Natur und des Lichts aufgefallen ist.

## Yule, Jule, Yul, Jul, Júl, Jööl …

Die Ursprünge des Wortes »Yule« sind bestenfalls spekulativ zu ergründen, möglich ist eine Verbindung zum altenglischen Wort für Rad *hweol*. Das Rad der Wintersonnenwende könnte sich sowohl auf das Jahresrad als auch auf das Sonnenrad beziehen.
Unzählige Varianten finden sich im gesamten nordeuropäischen Raum wieder, wenn es um das Fest Yule zur Wintersonnenwende geht. Je nach Gebiet und religiöser Zugehörigkeit sowie Kalenderrechnung fällt es zwischen die Sonnenwende am 21. Dezember und Imbolc Anfang Februar. Zu vorchristlicher Zeit wird es auf die Mittwinternacht datiert. So, wie es viele Versionen der Benennung und Datierung gibt, scheiden sich die Geister auch an den Ursprüngen. Aber vorchristliche Wurzeln oder nicht, wir können auf jeden Fall festhalten, dass spätestens ab dem 6. Jahrhundert Belege für die ersten Kultfeiern vorhanden sind. Aus dieser Zeit stammen Bräuche wie das Jultrinken oder auch der Julklotz, der bis heute erhalten blieb. Auch die Rauhnächte waren da schon bekannt sowie die germanische Vorstellung über Wotans Wilde Jagd oder Frau Holle.
In der Übergangszeit von heidnischen zu christlichen Bräuchen pflegte man einige alte Feste weiter. Um vor allem das Volk zu besänftigen, blieb das zeremonielle Biertrinken zu den zwei Sonnenwenden und Tagundnachtgleichen erhalten.
Wie auch Weihnachten verselbstständigte sich der Kult um das Fest in verschiedene Richtungen.

## Das germanische Julfest & der Julklotz

Besonders im nordisch-germanischen Neuheidentum hat sich das Julfest gehalten. Gefeiert wird immer die Wiederkehr der Sonne und das Längerwerden der Tage als überlebensnotwendige Ereignisse für die kommende Saat und Ernte.

Das Julfest war für die Germanen ein bedeutendes Fest, das Sonnen-, Toten- und Fruchtbarkeitsriten vereinte. Bestimmte Handlungen sollten die Reaktivierung irdischer und menschlicher Kräfte symbolisieren. Die germanischen Völker glaubten, dass die Sonne ein großes Feuerrad sei, das auf die Erde zu und dann von ihr weg rollte. Zur Zeit der Wintersonnenwende sollten demnach alle Räder (Mühlräder, Spinnräder, Wagenräder) stillstehen, und es durfte nicht gearbeitet werden, da sich auch die Sonne an diesen Tagen vermeintlich kaum von ihrem täglichen Höchststand bewegt, bis die Tage wieder länger werden. Als religiöses Symbol wurde für die Darstellung des Sonnenlaufs das Radkreuz etabliert. In der Vorstellung der Germanen wurde erst am Ende der zwölf heiligen Tage (der Rauhnächte) das Jahresrad vom goldborstigen Eber, dem Tier des germanischen Gottes der Fruchtbarkeit, Freyr, wieder angestoßen. Man sagt, die Germanen schlachteten zu dieser Zeit ein Wildschwein zu seinen Ehren. Heute findet man noch Überreste dieser Tradition in Weihnachtsschinken und Glücksschweinen aus Marzipan zu Silvester.

Die Wintersonnenwende ist eines der vier solaren Feste und wird als solches mit Feuer zelebriert. So löschten die Germanen die Feuer am heimischen Herd, um sich dann vom gemeinsam entzündeten Ritualfeuer, dem Julklotz, einen neuen glühenden Holzscheit ins Haus zu holen. Der Julklotz ist die symbolische Darstellung des Gottes der Natur und der Vegetation. Traditionell wurde ein großes Stück Eichenholz mit Tannenzapfen, Stechpalmen und immergrünen Zweigen geschmückt und mit Cidre oder Bier übergossen, bevor es zu Beginn der Feierlichkeiten angezündet wurde. Die Glut des Julklotzes sollte die Dunkelheit des Winters vertreiben, seine Asche wurde verwendet, um die Erde damit zu düngen, denn man schrieb ihr heilsame Kräfte zu. Es sollte Segen bringen, ihn für zwölf Nächte brennen zu lassen. Außerdem hob man ein Stück für das Feuer im nächsten Jahr auf, um Kontinuität zu symbolisieren. Im christlichen Kontext kennt man ihn auch als Christklotz, Weihnachtsscheit, Christblock oder Christbrand. Der geweihte Holzklotz wird an Heiligabend in den Kamin gelegt. In Frankreich ist der *Bûche de Noël* in Form eines Baumstamms bis heute ein traditionelles Weihnachtsgebäck aus Schokolade, das als Dessert beim Weihnachtsessen serviert wird.

Bei unseren Vorfahr*innen wurde die Wintersonnenwende nicht nur in einer Nacht gefeiert, sondern über zwölf Nächte. Wir kennen diese Nächte als Rauhnächte.

# Mythologie

## Von goldenen Söhnen & Sonnengöttern

Versionen von Sonnengöttern finden wir in fast allen Kulturen und Religionen wieder. Bei den Ägyptern war es Horus, das göttliche Kind von Isis und Osiris. Bei den Griechen und Römern war es Apollo und bei den Kelten Baldur.
So, wie sich die dreifaltige Göttin in ihrer weißen, roten und schwarzen Gestalt als junges Mädchen, Mutter und alte Weise präsentiert, erschien unseren Vorfahr*innen der Jahreskreiskönig entweder als lichter Sonnengott, Grüner Mann der Fruchtbarkeit oder schwarzer Unterweltsgott. Bei den nördlichen Waldvölkern treffen wir außerdem immer wieder auf die Allegorie des Hirschkönigs, denn der Hirsch und sein Geweih leben im Einklang mit dem solaren Jahresrhythmus. Wenn die Frühlingsgöttin sich im Frühjahr erneuert, wirft auch der Hirsch sein Geweih ab, damit ein neues wachsen kann. Zur Wintersonnenwende erscheint der Sonnenhirsch also mit einem majestätischen Geweih, das er kurz darauf abwirft.

## Rot steht für Fruchtbarkeit

Das satte Rot, das diese Zeit symbolisiert, können wir auch als Menstruationsblut deuten. So, wie Rot für die weibliche Fruchtbarkeit steht, wird auch Grün mit Fortpflanzung und Leben in Verbindung gebracht. Seit Anbeginn der Zeit sind die beiden Farben eng verwoben mit zahlreichen Schöpfungsmythen. Die immergrüne Tanne ist deshalb bis heute der Baum dieser Zeit. Die große Erdgöttin, die zur Herbsttagundnachtgleiche herab in die Unterwelt gestiegen ist, gebiert nun in der tiefsten Dunkelheit das Licht: das Sonnenkind. So wird sie zu unser aller Muttergöttin. Die Nächte zwischen dem 21. und 25. Dezember werden deshalb auch als Mütternächte bezeichnet. Während wir heutzutage das Jesuskind ehren und ihm gedenken, galten diese Nächte früher eigentlich allen Frauen und Mutter Erde.

## Der Weihnachtsmann als Schamane

Der alte Wintergott zeigt sich uns heute in vielen Erscheinungsformen. Wir kennen ihn als den erwähnten heiligen Nikolaus, als Weihnachtsmann und Santa Claus. In früheren Zeiten traten um die Wintersonnenwende maskierte Hirschtänzer auf, ähnlich wie die Perchten

und der Krampus. Sie trommelten und stampften, um die Erdgöttin und den Hirschgott Cernunnos wieder zum Leben zu erwecken. Heute stellen wir den Weihnachtsmann mit seinem von Hirschen oder Rentieren gezogenen Schlitten dar, was an diesen uralten Mittwinterkult erinnert. Einige Kulturforscher vertreten die Meinung, dass das heutige Erscheinungsbild des rotbäckigen Santa Claus mit seinem rot-weißen Mantel auf Schamanen früherer Zeit zurückgeht. Geschichten besagen, dass in Nordeuropa Schamanen mit ihren Rentierschlitten reisten und durch Schornsteine kletterten, da die Leute eingeschneit waren, und als »Weihnachtsgeschenk« halluzinogenen Pilz-Tee brachten.
Fliegenpilze wachsen tatsächlich unter Tannenbäumen, wie bunte Überraschungsgeschenke schießen sie dort aus dem Boden. So brachten die Schamanen um diese Zeit den weiß gepunkteten, karminroten Pilz, der es möglich machte, bei bewusstseinserweiternden Reisen noch tiefer in die »Anderswelt« zu reisen. Bis heute kennen wir die Symbolik kleiner Fliegenpilze aus Marzipan als Glücksbringer zu Neujahrsfestlichkeiten.[10]

## Astrologie

Astrologisch gesehen befinden wir uns zurzeit der Wintersonnenwende im Zeichen des **Schützen** – einem Feuerzeichen. Auch hier geht es darum, einen neuen Funken zu entzünden. Der Schütze steht für Optimismus und den Glauben an das Leben, selbst in tiefster Finsternis. Seine Themen sind Lernen, Reisen, Wahrheit, Weisheit und somit auch Selbsterforschung und Selbstentfaltung.
Der Schütze regt zur Reise nach innen an. Wir möchten in dieser Phase des Zyklus vor allem an die eigene Wahrheit appellieren und reflektieren, was wir im vergangenen Jahr gelernt haben und welches Fazit wir für das kommende ziehen. Am Tag nach der Wintersonnenwende gehen wir in das Tierkreiszeichen Steinbock über.

### Für dein Journal:

- *Was hast du dieses Jahr gelernt und erreicht?*
- *Was möchtest du hinter dir lassen und nicht mit ins neue Jahr nehmen?*

## Zeitqualität heute: Rituale & Routinen

Wenn im Radio ein Weihnachtsklassiker den nächsten jagt und die Läden vor Dekoration und Kitsch in sattem Rot, Tannengrün, Gold und Silber nur so überquellen, wissen wir: Weihnachten steht vor der Tür. Wir bekommen Lust, unser Heim mit Tannenzapfen, Stechpalmen, Misteln und anderen immergrünen Zweigen zu dekorieren. Auch diese moderne Form des Brauchtums hat ihren Ursprung in Naturfesten, die bereits lange vor ihrer Verchristlichung gefeiert wurden. Die kräftig grünen Zweige erinnern uns daran, dass weiterhin Leben besteht, obwohl die Natur im Dezember eher kahl und farblos erscheint. Sie hat sich lediglich zurückgezogen, um sich für den Frühling zu erneuern.

### Ausklang des Jahres zwischen Hektik & Innenschau

Die Dualität dieser Zeit äußert sich darin, dass wir uns einerseits mehr mit uns selbst beschäftigen möchten und andererseits die Nähe anderer suchen. Das Weihnachtsfest und die darauffolgende ruhige, besinnliche Zeit stillen beide dieser Sehnsüchte. Zuerst feiern wir die Rückkehr des Lichts oder des Jesuskindes in Gesellschaft, um uns danach zurückzuziehen. In unserer heutigen schnelllebigen Zeit ist es die einzige Phase im Jahr, in der die Zeit regelrecht stillzustehen scheint. Die Sonne tut es schließlich auch.

Wir hetzen im Vorweihnachtsstress gerne von einem Geschäft zum nächsten, um noch alle Geschenke für den großen Abend zu besorgen. Unser Terminkalender platzt vor lauter Weihnachtsfeiern in der Firma, in Vereinen, mit der Familie und mit Freunden fast aus allen Nähten. Man könnte meinen, das Leben geht zu Ende und nicht nur ein Zyklus. Es ist viel zu viel im Außen los, um das Bedürfnis nach Ruhe überhaupt greifen zu können. Trotzdem gibt es dieses tiefe Verlangen des Körpers nach Rückzug und Regeneration. Wir sind eingeladen, zur Wintersonnenwende endlich zur Ruhe zu kommen, um das vergangene Jahr langsam ausklingen zu lassen. Unsere Batterien wollen aufgeladen werden. Ein widersprüchliches Bild, wenn man normalerweise von Feier zu Feier eilt, doch solange die Natur im Winterschlaf ist, dürfen auch wir langsamer machen, für uns selbst sorgen und uns regenerieren. Der Winter ist eine Aufforderung, innezuhalten. Außerdem nähern wir uns mit großen Schritten den Rauhnächten, die auch als Zeit zwischen den Jahren bekannt sind.

## Das vergangene Jahr zur Wintersonnenwende reflektieren

Mit Yule wollen wir das vergangene Jahr hinter uns lassen. Langsamer zu machen ist aber für viele von uns leichter gesagt als getan. Wir modernen Menschen wissen heute kaum noch, was wahre Entschleunigung bedeutet. Zu viele Projekte gibt es, die wir vorantreiben möchten, zu viele nicht zu Ende gedachte Ideen, die wir mit aller Gewalt manifestieren wollen, ohne ihnen – wie auch uns – genügend Zeit zum Reifen zu geben. Geduld und Ausdauer sind faktisch Fremdwörter geworden. Doch Ruhe und Innenschau bergen viele Geschenke, wenn wir lernen, sie wertzuschätzen und nicht als unproduktiv wahrzunehmen. In einer Leistungsgesellschaft wie der unseren ist es ein wahrer Akt der Rebellion, die Kunst des Nichtstuns zu praktizieren und wieder für sich zu erobern. Der Jahreskreis zeigt uns, dass Ruhe und Regeneration ein selbstverständlicher Teil des Lebens sind, nicht etwas, für das man sich unproduktiv oder faul fühlen muss.

Der Winter bedeutet heute zwar keine Hungersnot mehr für uns, geht aber dennoch nicht spurlos an uns vorüber. Viele Menschen leiden an Depressionen oder Melancholie, fühlen sich einsam, schwer und traurig. Obwohl wir diese Emotionen gerne als negativ bewerten, dürfen und müssen auch sie Platz in unserem Leben haben. Gesetz der Polarität: ohne Nacht kein Tag.
Jetzt wollen alle Gefühle gefühlt werden, damit sie nicht irgendwann vor lauter Unterdrückung unkontrolliert aus uns herausbrechen oder gar Schlimmeres anrichten. Vielleicht spüren wir Energielosigkeit, Erschöpfung, Schwere und Stillstand, doch tief in uns, im Verborgenen, regt sich bereits etwas Neues, und wir sind voller Hoffnung und Vorfreude, was das kommende Jahr bringen wird. Schließlich stehen wir kurz vor Ende des Kalenderjahres und sind kollektiv auf Neustart ausgerichtet, auch wenn er im Naturzyklus noch einige Wochen auf sich warten lassen wird. »Nur keine Eile« ist die Devise. Zuerst darf noch zurückgeblickt werden.

## Ritual: Einfache Meditationsreise durch dein letztes Jahr

Bevor die Rauhnächte starten, befinden wir uns in den dunkelsten Wochen des linearen Jahres und können die Adventszeit zur Reflexion nutzen. Mit dem Adventskranz können wir Woche für Woche ein Stück weit tiefer eintauchen und uns dem eigenen Kern annähern. Mit jeder weiteren Kerze, die wir entzünden, gehen wir bewusst durch das vergangene Jahr und würdigen ein vorangegangenes Quartal. Diese Rückschau in vier Teile aufzuteilen wird dir Zeit geben, deine Reflexionen setzen zu lassen, sodass sich vielleicht sogar neue Erkenntnisse daraus erschließen.

### Für dieses Ritual benötigst du:

› 4 Kerzen (z.B. auf einem Adventskranz)
› Stift und Papier (zum Bespiel dein Journal)

### So kannst du vorgehen:

› Stimme dich vor dem Anzünden jeder Kerze ein, wie du das am liebsten tust, und lege dir Schreibzeug bereit. Für den Jahresrückblick eignet sich Salbei zum Räuchern als reinigendes Kraut.
› Beginne deine Reise, indem du zum Zeitpunkt genau vor einem Jahr zurückkehrst, und arbeite dich dann durch die folgenden Monate, Quartal für Quartal:

1. Advent – 1. Quartal: Januar, Februar, März

2. Advent – 2. Quartal: April, Mai, Juni

3. Advent – 3. Quartal: Juli, August, September

4. Advent – 4. Quartal: Oktober, November, Dezember

Betrachte und beobachte dich während deiner Reise wert- und urteilsfrei. Stelle dir immer wieder diese Fragen:
› *Wo war ich?*
› *Was habe ich gemacht?*
› *Wie habe ich mich gefühlt?*
› *Was nehme ich mit, und was lasse ich zurück?*
› *Was gibt mir Energie, und was nimmt mir Energie?*
Du darfst jederzeit aus der Meditation aussteigen, um dir Notizen zu machen.
Der so gewonnene Überblick soll dich an die Fülle deines Jahres erinnern, die wir oft übersehen, wenn alles so schnelllebig an uns vorüberzieht.

## Klarheit in den Schatten finden

Es ist notwendig, sich während dieser finsteren Zeit immer vor Augen zu halten, dass in wenigen Wochen die Tage wieder mehr Sonnenstunden hergeben und neuer Raum sowie frische Visionen uns die ersehnte Wiedergeburt bescheren werden. Die Schwere der Dunkelheit mag aufs Gemüt drücken, doch eigentlich will sie uns nur erden, uns mit uns selbst in Verbindungen bringen, mit den tiefsten Gefühlen und Emotionen, die sich hier versteckt haben. Es ist eine Chance auf Klärung und Bereinigung. Ähnlich wie der Keller oder Dachboden, den man sich vorgenommen hat auszumisten und es nicht getan hat, verhält es sich mit unserem Inneren. Wir flüchten gerne vor unseren Schatten, doch in dieser Zeit erscheint es häufig fast unmöglich.

Zu Yule treffen wir gegen Ende des Jahres auf Themen wie Loslassen, Abschluss und Abschied, denen wir die Monate zuvor aus dem Weg gegangen sind. Mit Samhain wurde das keltische Neujahr gefeiert und der Beginn eines neuen Naturzyklus. Man ehrte Ahn*innen und Vorfahr*innen, konfrontierte sich mit dem Tod und der Anderswelt. Auch im Außen, wenn wir die Natur nach dem Fest Yule betrachten, hat es auf den ersten Blick wenig mit Geburt zu tun, eher mit dem Gegenteil. Es ist eine Phase des Sterbens, des sich Zurückgebens an die Erde. Auch wenn wir als Menschen nicht jährlich »sterben«, begegnen wir dem Tod auf verschiedenen Ebenen. Wenn die Bäume ihr Blätterkleid endgültig verlieren und nackt aus der Landschaft ragen, weht die kalte Winterluft Klarheit zwischen den Ästen hindurch, auch in unser Leben. Es ist die Hochsaison der Schattenzeit und -arbeit. Das »Schälen« von Altem ist ein bewusster Prozess und erfordert natürlich Kraftaufwand und manchmal auch Mut, doch wir kennen alle das Gefühl danach, wenn man hindurchgetaucht ist und sich wieder lebendiger fühlt denn je.

# Yule & die Natur

Die Wintersonnenwende war einst nicht nur wegen der nun zu erwartenden längeren Tage ein Grund zu feiern. Es war auch die Zeit, in der ein Großteil der Arbeit des Jahres vollbracht worden war. Arbeit am Feld gab es in den kalten Monaten wenig. Außerdem zeigte die Wintersonnenwende an, dass es nun Zeit war, Fleisch zu essen. Zwar war im Sommer frisches Gemüse vorhanden, aber die langen, kalten Winternächte ermöglichten es, dass das Fleisch geschlachteter Tiere ohne Pökeln lange haltbar war. So war die Wintersonnenwende vor allem durch Muße und Schlemmen geprägt. Von der in der Herbsternte eingebrachten Nahrung zehrten unsere Vorfahr*innen bis in den Frühling hinein. Kartoffeln, Rüben und anderes Wintergemüse wurden in Eintöpfen verarbeitet. Eingemachtes Sauerkraut und Kompott sowie Fermentiertes machten Obst und Gemüse auch im Winter verfügbar. Man hatte seine Kammern ordentlich gefüllt, um über den Winter zu kommen.

## Pflanzen & Kräuter der Saison

Die Natur ruht. Die Tiere halten Winterschlaf, die Bäume sind kahl, und alle Pflanzen sind mit einer Schneedecke überzogen. Die meisten Blumen sind mit dem ersten Frost bereits erfroren. Nur die ausdauerndsten Pflanzen und immergrünen Bäume haben noch eine Chance zu überleben. Lediglich die Christrosen blühen jetzt mitten im Schnee. Wenn es keinen Schnee gibt, lehrt uns die Natur, den Anblick des Todes zu akzeptieren und ihm wahrhaftig ins Auge zu blicken. Vielleicht ist die Natur braun und trocken, oder sie ist nass und regnerisch. So, wie Kinder im dunkeln Schoß ihrer Mutter heranreifen, werden auch die Pflanzen aus dem Dunkel der Erde geboren. Erst nachdem der Keim im Untergrund vor sich hin getrieben hat, erblickt die daraus hervorgehende Pflanze das Licht der Welt. Zu dieser Zeit sammeln sich alle Pflanzenkräfte unter der Erde, um für den Frühling zu Kräften zu kommen.

Da bei Schnee die Transportwege versperrt waren, legten unsere Vorfahr*innen ihre eigenen Hausapotheken gegen kleine Wehwehchen wie auch typische Winterkrankheiten an. Salben, Tees, Tinkturen und Elixiere wurden das ganze Jahr über angerührt und angesetzt, um nun zum Einsatz zu kommen. Es ist kein Zufall, dass wärmende Gewürze wie Zimt und Nelken um diese Zeit herum sehr beliebt sind. Sie helfen uns, das Immunsystem zu stärken und die Grippe und Erkältungen abzuwehren.

## Mistelzweige

Der Glaube, dass Paare, die sich unter dem Mistelzweig küssen, Glück im kommenden Jahr haben, geht auf die Kelten zurück. Sie hängten Mistelzweige über Türschwellen. Denn die Mistel ist ein »Zwischenwesen«, für das die normalen Gesetze und Konventionen keine Gültigkeit haben. Als parasitäres Gewächs nistet sich diese Pflanze auf anderen Bäumen wie Kiefern und Tannen ein und nutzt sie als Wirt für Wasser und Nährstoffe.
Die Glück bringende Wirkung der Mistel geht aber vor allem auf den Mythos der Freya, der nordischen Göttin der Liebe, und des Mordes an ihrem Sohn Baldur, dem Licht- und Sonnengott, zurück. In der nordischen Mythologie wurde Baldur, der Gott des Lichts, von Loki, dem Gott des Chaos, getötet. Loki hatte einen Pfeil aus einem Mistelzweig geschnitzt, der das Einzige war, was Baldur verletzen konnte, da er sonst unverwundbar war. Loki überredete den blinden Gott Hödur, den Pfeil auf Baldur zu schießen, und dieser starb an seinen Verletzungen. Als Baldur wieder zum Leben erweckt wurde, segnete Freya den Mistelzweig, indem sie jedem, der darunter vorbeiging, einen Kuss gab.

## Weltenbaum

Was wir heute als Weihnachtsbaum kennen, wurde auch als Welten- oder Lebensbaum bezeichnet. So behängen wir den Baum mit goldenen Äpfeln des ewigen Lebens – heute meist ersetzt durch Christbaumkugeln – wie auch lichtspendenden Kerzen. Geschmückt wird der Baum mit einem achtstrahligen Stern an der Spitze, der die acht Speichen des Jahreskreises widerspiegeln soll und als Lichtsymbol gilt. Auch Strohsterne sind Symbole von kleinen Sonnenrädern. Jegliche Weihnachtsdekoration ist also nicht einfach nur Schmuck, sondern hat eine tiefere Bedeutung und ehrt das Leben im Zyklus der Natur. Das Schmücken des Baums war früher ein schamanisches Ritual. Die drei Baumarten Tanne, Fichte und Eibe, die als Weihnachtsbaum verwendet werden, galten früher auch als schamanische Weltenbäume. Mit dem Hereinholen des Baums ehrte man den Waldschutzgeist. Die Tanne galt ohnehin als Wohnsitz der Götter. Der Weltenbaum, der nach oben ragt, verbindet Kosmos und Erde und verbindet uns mit anderen Welten. Der immergrüne Tannenbaum erinnert uns an den fortwährenden Zyklus von Werden und Vergehen. Auch wenn in der Natur alles tot sein mag, verspricht das Grün das Fortbestehen und die Wiederkehr des Lebens.
Der Christbaum ist eine Anlehnung an den Weltenbaum, der wiederum seinen Ursprung im Paradiesbaum hat, und das führt uns zurück zu Adam und Eva, deshalb auch »Adamsbaum« genannt.

## Rezept: Nadelöl als Badezusatz zum Durchatmen

Neben den heilkräftigen Inhaltsstoffen stecken die Nadeln voller würziger, waldiger Aromen. Damit zaubern wir uns ein Badeöl, dessen harziger Duft uns in Sekunden in den Wald transportiert und erdet. Nadelöl hilft uns, tief zu entspannen und den Geist zu beruhigen. Die ätherischen Öle der Nadeln helfen außerdem bei Husten und Atemwegserkrankungen, denn die Natur liefert uns immer das, was wir in der jeweiligen Zeit am meisten benötigen.

**Was du brauchst:**
Kiefern-, Fichten-, Lärchen- oder Tannennadeln
Olivenöl
1 verschließbare Flasche (sauber und trocken)

**Zubereitung:**
› Nimm eine Flasche und zerkleinere die Nadeln so, dass sie hineinpassen.
› Fülle die Flasche mit Olivenöl auf.
› Lass das Ganze für ungefähr 8 Monate ziehen, bevor du es abseihst, sodass eine reine Flüssigkeit ohne Nadelstücke übrig bleibt.
› Schüttle die Flüssigkeit immer wieder zwischendurch.
› Dein Badezusatz ist dann für den kommenden Winter einsatzbereit.

**Tipp:**
Wenn du dir zu Weihnachten einen ungespritzten Weihnachtsbaum ins Haus holst, kannst du die Nadeln auf vielfältige Art und Weise verwerten – zum Beispiel in einem Nadelöl.
Mancherorts lässt sich mittlerweile als nachhaltige Alternative sogar ein Weihnachtsbaum im Topf mieten.

## Früchte der Saison

### Hagebutte

In Kindertagen vielleicht noch hinterlistig als natürliches Juckpulver genutzt, dürfen wir im Erwachsenenalter die wahre Magie der Hagebutte für den Körper erkennen. Die Hagebutte ist eine Scheinfrucht verschiedener Wildrosenarten, die bei uns zur Genüge wachsen. Ihre Frucht, die man einfach so vom Wegesrand naschen kann, ist eine wahre Vitaminpille. Sie wird deshalb auch die Zitrone des Nordens genannt. Denn die heimische Hagebutte zählt zu den Vitamin-C-reichsten Pflanzen der Welt. Wir sprechen bei Hagebutten von einem Vitamin-C-Gehalt von 400–1.500 mg auf 100 g. Zitronen dagegen kommen lediglich auf 53 mg. Die roten Früchtchen der Hagebutte lassen sich ganz wunderbar zu Marmelade, Tee und einem stärkenden Oxymel verarbeiten. Da Vitamin C jedoch sehr hitzeempfindlich ist, empfehlen wir, Hagebutten zu Pulver, Mus oder Oxymel zu verarbeiten. Omas Marmelade ist zwar wahnsinnig lecker, aber das Vitamin C überlebt den Kochvorgang meist nicht. Die Ernte ist zwischen September und Dezember möglich und lässt sich gut mit einem Winterspaziergang verbinden. Während sie vor dem ersten Frost meist noch relativ hart sind, was nicht verkehrt ist für die Weiterverarbeitung, sind sie danach meist weicher. Weiche Hagebutten lassen sich direkt vom Strauch naschen. Achte dabei einfach darauf, dass du das Mus oben so rausdrückst, dass du keine Kerne erwischt, denn diese können im Rachen jucken.

## Rezept: Hagebutten-Oxymel – Vitamin-C-Power für die kalte Jahreszeit

Sauerhonig – auch Oxymel genannt – ist eine der ältesten überlieferten Arzneien der Menschen. Honig und Apfelessig sind gut geeignete Auszugsmittel, die hier zur Anwendung kommen.

**Was du brauchst:**
1 Teil naturbelassener Apfelessig
3 Teile Honig
1 Teil Hagebutten
1 verschließbares Glas (sauber und trocken)
1 dunkle Flasche

**Zubereitung:**

› Sammle eine gute Handvoll Hagebutten, zerkleinere sie und vermische sie im Glas mit Apfelessig und Honig.
› Verschließe das Glas ordentlich und schüttle die Mischung gut durch.
› Lass das Glas verschlossen bei Raumtemperatur an einem dunklen Ort stehen und schüttle es bei Gelegenheit immer wieder durch, damit die Inhaltsstoffe in den Sauerhonig übergehen.
› Nach 4 Wochen kannst du das Ganze durch einen Kaffeefilter abseihen. So gelangen die feinen Härchen nicht in das fertige Oxymel.
› Fülle das Gemisch in eine dunkle Flasche um und beschrifte sie eindeutig.

Das Oxymel kannst du löffelweise pur einnehmen oder mit Wasser wie eine Art Sirup verdünnen. Durch den hohen Gehalt an Vitamin C unterstützt es dein Immunsystem und wirkt außerdem entzündungshemmend und antioxidativ. Du kannst das Oxymel vorbeugend in der kalten Jahreszeit oder auch bei einer akuten Erkrankung einnehmen.

- Versuche, Lichtquellen mit Blaulicht mindestens 30 Minuten vor dem Schlafengehen zu meiden.

- Nimm vor dem Schlafengehen ein heißes Bad. Mach ein luxuriöses Spa-Erlebnis daraus, indem du Badezusätze wie Epsomsalz und Kiefernnadelöl dazugibst.

- Nutze Aromatherapie wie ein Lavendelspray vor dem Zubettgehen.

- Hänge Mistelzweige über Türschwellen, bastle dir einen Adventskranz und hole immergrüne Zweige in dein Haus, um diese Symbole des fortwährenden Lebens selbst im tristen Winter präsent zu haben.

- Finde das Licht in dir: Welche kleinen und großen Dinge schenken dir Energie, welche entziehen sie dir?

- Nütze als Stimmungs- und Energiestabilisatoren ausreichend Vitamin D, Johanniskraut, unternehme Eisbäder und Spaziergänge bei Tageslicht.

## Himmel & Erde

**Tageszeit:**
Nacht

**Name des Vollmonds:**
Wolfsmond, Hartmond, Eismond

**Himmelsrichtung:**
Norden

**Element:**
Erde

## Tradition & Religion

**Christlich:**
Heilige Drei Könige

**Andere Namen:**
Glöckelnächte, Zwölften

## Natur

**Kräuter & Pflanzen:**
Salbei, Beifuß, Weihrauch, Myrrhe

**Phänologische Jahreszeit:**
Winter und Vegetationsruhe

## Zeitqualität

Innenkehr, Orakelzeit, Wünsche für das kommende Jahr vorbereiten, Traumdeutung, Visionen & Vorahnungen, Ruhen & Regenerieren

## Modern Mystic Facts

**Sternzeichen:**
Steinbock

**Tarotkarte:**
Der Teufel

**Gottheiten:**
Frau Holle, Wotan

**Kristalle:**
Amethyst, Rosenquarz, Opal, Citrin, Türkis, Opal

**Altardekoration:**
Räucherwerk, 13 Wünsche, Tarot- oder Orakelkarten, Vision Board

**Farben:**
Grau, Weiß, Blau

Raunächte
25. Dezember
– 6. Jänner

## Ursprung & Bedeutung: Die Zeit zwischen den Jahren

Die Rauhnächte – wo überhaupt beginnen? In den letzten Jahren haben sie wieder stark an Aufmerksamkeit gewonnen. Während die Pandemie viel genommen hat, war eines ihrer Geschenke, dass sie uns wieder mit der ursprünglichen Qualität und Energie dieser Zeit »zwischen den Jahren« vertrauter gemacht hat. Wenn man schon das Haus nicht verlassen konnte, hat man die Zeit wenigstens dafür genutzt, sich mit sich selbst zu beschäftigen. Viele von uns haben sich zum ersten Mal seit Jahren eine Auszeit gegönnt beziehungsweise hatten keine Wahl, als sie anzunehmen. Statt von Fest zu Fest zu hetzen und Geschenke umzutauschen, hatten wir plötzlich Freizeit.

Die Rauhnächte, das sind die sagenumwobenen Tage zwischen Weihnachten und dem Dreikönigstag. Genau genommen handelt es sich dabei um zwölf Nächte und dreizehn Tage, während derer die Zeit stillzustehen scheint. In diesen Nächten wurde schon früher möglichst nicht gearbeitet, sondern gefeiert, »die Zeichen gedeutet« und Zeit mit der Familie verbracht. Vor allem im alpenländischen Raum war es üblich, mit allerlei Räucherwerk und Weihrauch Haus und Hof auszuräuchern. Man hatte Sorge, dass sonst in dieser finsteren Zeit böse Dämonen sie einnehmen könnten, die in der sogenannten Wilden Jagd durch die Lüfte ziehen und die Menschen heimsuchen.

Je schnelllebiger die Zeit wird, umso stärker wird das Verlangen nach Ruhe und Rückzug. So umtriebig die Tage um Weihnachten auch sind, bieten die Tage danach dennoch für viele von uns eine Auszeit vom Alltag. Die Feiertage, in manchen Fällen auch ein Betriebsurlaub, ermöglichen Zeit für sich selbst, in der das System endlich mal herunterfahren kann. Es ist eine Zeit, um gedankenverlorene Spaziergänge in einer winterlichen Landschaft zu machen, zu meditieren und den Lärm der Welt auszublenden.

## Die Zeit zwischen den Jahren: Warum zwölf Rauhnächte?

Die zwölf Rauhnächte werden auch »die Zeit zwischen den Jahren« oder Niemandszeit genannt. Das ergibt sich aus der Differenz zwischen dem lunaren und dem solaren Kalender. Ein Mondzyklus – von Neumond zu Neumond – dauert durchschnittlich 29,5 Tage. Ein Mondjahr besteht somit aus lediglich 354 Tagen, wohingegen die Sonne länger braucht, um wieder am selben Punkt am Himmel zu stehen. Ein Sonnenjahr dauert 365 Tage ohne Schalttag (29. Februar, alle vier Jahre). So kommen wir auf die Differenz von elf Tagen und zwölf Nächten.
Während die Sonne eine aktivierende, leistende Qualität hat, steht der Mond für unsere intuitive, empfangende Seite. Diese Zwischentage gelten auch als »fünfte Jahreszeit« oder »geschenkte Zeit«. Da die Rauhnächte weder den Gesetzen der Sonne noch des Mondes unterworfen sind, handelt es sich um eine Art stille und »tote« Zeit, in der die normalen Gesetzmäßigkeiten außer Kraft treten. Die Schleier zur Anderswelt sind vermeintlich dünner und die Welt der Geister und Ahn*innen zugänglicher. Wir haben eine Chance auf übersinnliche Erfahrungen und können sogar einen Blick in die Zukunft, genauer gesagt auf das kommende Jahr, erhaschen. Das Losritual und Orakelbräuche waren dafür stets besonders beliebt. Diese heiligen Nächte galten schon lange vor dem Christentum als etwas sehr Spezielles, und es ranken sich wilde Geschichten um sie. Wasser könne sich in dieser Nacht in Wein verwandeln, Tiere würden in ihrem Stall zu sprechen beginnen, und alle Nahrung, die über Nacht draußen bliebe, würde zum »Mettenheu« werden, einer Art gesegnetem Lebensmittel. Als gefährlichste Nächte galten die vom 24. auf 25. Dezember, 31. Dezember auf 1. Januar und die vom 5. auf 6. Januar, da die Geister und Dämonen hier am umtriebigsten gewesen sein sollen.

Da wir uns mit den Rauhnächten dem Ende eines Jahreszyklus nähern, ist es nur angemessen, dass wir, wenn auch nur kurz, zwischen einem Jahr und dem nächsten in einer Art Leere verweilen. Bevor wir einen neuen Zyklus begrüßen, dürfen wir uns Zeit nehmen, den alten zu verdauen.

## Wann genau sind die Rauhnächte?

Meist werden die Rauhnächte auf die Zeit vom 24. Dezember um Mitternacht bis zum 6. Januar, zum Dreikönigstag, datiert. Einige Brauchtumsforscher sind der Ansicht, dass das Julfest, das wir heute auf die Wintersonnenwende am 21. Dezember legen, nicht ein einzelnes Fest war, sondern über mehrere Tage und Nächte – nämlich zwölf Nächte – gefeiert wurde. Deshalb beginnen in manchen Regionen und Traditionen die Rauhnächte bereits zu Yule, zur Geburt des Sonnenkindes. In dieser Tradition enden die Rauhnächte dann zu Neujahr. Es gibt weitere Varianten, in denen es dreizehn Rauhnächte sind, da man annehmen kann, dass die Kelten nach dem Mond lebten und sich somit nach den dreizehn Mondmonaten richteten. Wir persönlich, wie auch die meisten modernen Menschen, die heute noch die Rauhnächte zelebrieren, nutzen folgende Variante:

Start der Rauhnächte: 24. Dezember um Mitternacht (der 25. Dezember ist also der erste Rauhtag)
Ende der Rauhnächte: 5. Januar um Mitternacht (der 6. Januar ist bereits der Eintritt in eine neue Zeit)

## Herkunft der Bezeichnung »Rauhnächte«

Wie so oft lässt sich die Herkunft des Begriffs »Rauhnächte« nicht eindeutig bestimmen. Er könnte einerseits schlicht auf die »rauen«, kalten Nächte hinweisen – man schreibt Raunächte manchmal auch ohne h. Eine andere Erklärung ist, dass vor allem das Räuchern in dieser Zeit für den Namen verantwortlich ist. Man spricht deshalb auch manchmal von den Rauchnächten mit c. Am ehesten geht der Name aber vermutlich auf das mittelhochdeutsche *rûch* zurück, was so viel wie »verrucht, wild, haarig, pelzig« bedeutet. So hängen die Rauhnächte unweigerlich mit den Perchtenläufen aus der Zeit vor Yule zusammen, bei denen wilde, fellige Gestalten durch die Straßen ziehen. Es gibt noch viele weitere Erläuterungen wie auch Namen, beispielsweise die »Zwölften«. Durchgesetzt hat sich aber die Bezeichnung »Rauhnächte«.
Als Nächte werden sie deshalb bezeichnet, weil wir uns nach dem Jahreskreis in der dunklen Jahreshälfte und somit der Nacht des Jahres befinden.

## Die Zeit, in der die Arbeit ruht

In einer Zeit ohne Zentralheizung, elektrisches Licht, Fernseher oder Computer fanden sich in den Tagen um die Rauhnächte Jung und Alt in den warmen Stuben zusammen. Schließlich gab es auf dem Hof wenig Arbeit, während die Felder ruhten und der Winter über das Land zog. So wurde diese Zeit in Gemeinschaft verbracht, die geheimnisvolle Geschichte von Frau Holle erzählt, musiziert, gebetet und geräuchert. Die Rauhnächte waren immer schon eine Zeit, die besonders behutsam und bedacht begangen wurde.

Ein weiterer Grund, warum es galt, bereits in den Tagen vor den Rauhnächten für Ordnung im Haus zu sorgen, war das Arbeitsverbot. Jegliche Arbeiten sollten während dieser Tage ruhen. Es durfte nicht einmal gebacken werden. Alles musste schon vor den Rauhnächten erledigt und vorbereitet sein. Man sollte in dieser Zeit auch keine Wäsche waschen, um Frau Holle nicht beim Wetterbrauen zu stören. Erst recht sollte man die Wäsche nicht draußen aufhängen, denn es könnten sich umherziehende Dämonen darin verfangen.
Diese Bräuche sind heute natürlich nicht mehr zeitgemäß und werden sich in einem modernen Haushalt nur schwer umsetzen lassen. All die Rituale und Bräuche, die wir hier in diesem Buch präsentieren, sollen und müssen nie wörtlich genommen werden. Sie dürfen als Inspiration dienen, sich in dieser Zeit wieder mehr dem Rückzug, dem Familienleben oder seinen engsten Vertrauten und Lieben zu widmen. Die bösen Geister, vor denen wir uns heute schützen dürfen, sind eher Stress, Schlafmangel und Energieräuber. Auch das permanente Erreichbarsein für die Welt und insbesondere im Job darf reduziert werden, genauso wie der Leistungsdruck.

## Die Bedeutung der einzelnen Rauhnächte

Durch die stetig wachsende Beliebtheit der Rauhnächte und Jahreskreisfeste im Allgemeinen lebt nicht nur das alte Wissen um die Bräuche wieder auf. Während wir vielleicht glauben, dass sie einfach nur über die Jahre verloren gegangen sind und nun wiederentdeckt wurden, haben sich einige Glaubenskreise in der Zwischenzeit Adaptierungen und Ergänzungen erlaubt. Im Internet und in anderen Büchern werden jeder Rauhnacht spezifische Thematiken zugeordnet.
Die Theorie, dass jeder Rauhnacht eine eigene Thematik zugrunde liegt, basiert auf der Zuordnung der einzelnen Tage zu den jeweiligen Monaten. Durch den Tierkreis und den Naturzyklus ergibt sich jeweils eine spezifische Zeitqualität und Energie für jeden Monat im Jahr. Somit würde zum Beispiel der 27. Dezember für den Monat März stehen und die damit verbundene Frühlingszeit und das Aufblühen der Natur.
Es gibt jedoch keine Belege dafür, dass alte Völker jede Nacht einem bestimmten Themenkreis zugeordnet haben.

An dieser Stelle ein wichtiger Reminder: Nimm dir aus allen Informationen nur, was sich für dich richtig und stimmig anfühlt.

# Tradition & Religion: Feste damals & heute

## Silvesterbräuche

### Heiliger Silvester

So, wie der Heiligenschein des Papstes Silvester eine Täuschung war, war auch der 31. Dezember nicht immer das Jahresende. Im Gedenken an diesen Papst, der an jenem Tag verstarb, etablierte sich dieses Datum dennoch als Ende des Jahres.
Viele Umbrüche, wie die epochale Veränderung von einem christenfeindlichen römischen Staat hin zur Vormachtstellung der christlichen Kirche, fielen in seine Amtszeit. Auch der Grundstein für die wohl bekannteste römische Basilika, den Petersdom im Vatikan, wurde während seiner Regierungszeit gesetzt. Durch die Konstantinische Schenkung erlangte Silvester den Heiligenstatus und das gesamte Papsttum Recht auf unzählige materielle Besitztümer.
Im 15. Jahrhundert wurde die Fälschung der Urkunde, die es überhaupt ermöglicht hatte, dass Päpste und Kirche so eine umfassende Führungsstellung im Christentum erlangen konnten, aufgedeckt. Die Legende besagt, Kaiser Konstantin hätte freiwillig seinen Kaiserstatus an die Päpste abgegeben. Schließlich war er der Erste, der sich Gott am nächsten sah, bis das Amt des Papstes diese Position übernahm.

Im alpenländischen Raum mutete die Darstellung von Silvester weniger heilig an. Es war üblich, dass sich ein junger Mann als »altes Jahr« verkleidete und während des bunten Treibens in der Stube beim Ofen saß. Sobald ein Mädchen in seine Nähe kam, durfte er aufspringen und es küssen. Bevor die Uhr Mitternacht schlug und das neue Jahr anbrach, verteilte der Hausherr grüne Zweige an seine Gäste, mit denen dann alle gemeinsam den alten Silvester hinaustrieben. Das Silvester mit etwas »Altem« und »zu Ende Gehendem« assoziiert wird, liegt vermutlich nicht nur am Todestag von Papst Silvester, sondern auch an den Umbrüchen und Veränderungen seiner Amtszeit.

### Laute Begrüßung: Höllenlärm, Böllern & Neujahrsfeuerwerk

Die Weiterentwicklung des Hinaustreibens vom alten Jahr hat heute, ähnlich wie die Perchtenläufe, ein neues Ausmaß angenommen.
Das Feuerwerk an Silvester wird aktuell zu Recht verpönt. Abseits des Umweltfaktors passieren jedes Jahr aufs Neue grobe Unfälle, und es jagt

den Haus- und Wildtieren einen großen Schrecken ein. Doch selbst hinter dem Böllern steckt eine uralte Tradition. Bei dem Krach, der um Silvester herum veranstaltet wird, ging es darum, die bösen Mächte, Geister und Dämonen zu verjagen. Rhythmisch oder chaotisch – bei Lärmumzügen war alles willkommen: Klopfen, Trommeln, Peitschen, Knallen, Schießen, Musik und Glockenschellen. Gleichzeitig sollte der Krach dazu dienen, die schlummernde Erde zum Leben zu erwecken. So heißt es: »Das Korn wächst im kommenden Sommer nur so hoch, wie die Perchten springen können.«

Heute fällt dieser Brauch weniger rituell aus und geht dafür immer mehr zulasten der Umwelt. Laut einem Bericht des deutschen Umweltamtes wird allein durch das Abbrennen von Feuerwerkskörpern eine Feinstaubbelastung von 2050 Tonnen im Jahr gemessen (vor 2020).[11] Davon bis zu 75 Prozent nur in der Silvesternacht. Ein teurer Spaß für Geldbeutel und Gesundheit. Es gibt zwar keine ökologische Alternative zu dem bunten Silvesterfeuerwerk, jedoch könnte die Rückbesinnung auf die althergebrachten Bräuche wie das Rummelpottlaufen im Norden Deutschlands Abhilfe schaffen, um Mensch, Tier und Natur zu schützen. Zahlreiche Studien belegen, wie stark das Böllern Zugvögel und die Tierwelt belastet. Abgesehen von panikartigem Verhalten pünktlich um Mitternacht, legen die Vögel auf ihrer Flucht vor dem Lärm extreme Strecken in nur einer Nacht zurück. Die Kombination aus Lärm, Feinstaubbelastung und wahrscheinlich auch dem ungeplant hohen Energieverbrauch wirkt sich tagelang auf ihr Verhalten aus.[12] Es zwingt die Tiere nicht nur, sich von ihren gewohnten Gebieten zu entfernen, sondern erfordert zusätzlich eine höhere Nahrungsaufnahme und längere Ruhezeiten.
Also in Zukunft lieber auf die harmloseren Neujahrspraktiken besinnen, zur Ruhe kommen und sich dem Räuchern und Orakeln widmen.

### Neujahrswünsche & Glückssymbole

Wer kennt sie nicht, die kleinen Marzipanschweinchen, Motive von Schornsteinfegern, vierblättrigen Kleeblättern, Hufeisen und roten Fliegenpilzen? In der Hoffnung, Glück, Erfolg und Gutes für das kommende Jahr herbeizuwünschen, verbreiten sich Neujahrswünsche seit dem 15. Jahrhundert. Als kleine Glücksbringer sind sie ein beliebtes Gastgeschenk bei den Feierlichkeiten.
Das wohl bekannteste Symbol, das Glücksschwein, wird oft auf den wilden Eber bezogen, der bei den Germanen als heiliges Opfertier galt.

### Bleigießen

Das heute noch beliebte Bleigießen gilt als eine der ältesten Formen der Wahrsagerei, und schon die alten Römer nutzten es. Dabei wird über einer Kerzenflamme ein Stück Blei geschmolzen und dann in kaltes Wasser geworfen. Es ergeben sich oft wenig erkennbare, seltsame Formen, die Hinweise auf das kommende Jahr geben sollen. Es gibt keine überlieferten Interpretationen von Formen oder wie diese zu deuten sind, am besten man geht dabei rein intuitiv vor.
Auch diese Tradition muss sich dem Zeitgeist beugen: Seit 2018 ist der Vertrieb von Bleigieß-Sets mit bleihaltigen Rohlingen laut EU-Chemikalienverordnung verboten. Im Handel erhältliche Produkte dürfen den Grenzwert an Gießblei von 0,3 Prozent nicht übersteigen. Als Alternativen werden heute Zinn und Wachs verwendet, diese funktionieren ebenso gut.

**Vorsicht:** Blei ist ein giftiges Schwermetall und sollte mit Bedacht verwendet werden. Vor allem Löffel oder Gegenstände, die beim Bleigießen verwendet wurden, sollten danach ordentlich gereinigt und/oder korrekt entsorgt werden. Rückstände können langfristige Schäden im menschlichen Körper verursachen.

## Dreikönigsfest: Nicht drei, falsche Namen & überhaupt keine Könige?

Das Dreikönigsfest ist das Hochfest der Epiphanie, der Erscheinung des Herrn. An diesem Tag wird die Göttlichkeit Jesu Christi gefeiert, während am 25. Dezember seine Menschwerdung im Fokus steht. Es ist auch als das zweite Weihnachtsfest bekannt und findet am 6. Januar statt. Die orthodoxe Kirche feiert vorwiegend an diesem Tag Weihnachten.

Doch was hat das Fest der Heiligen Drei Könige mit den Rauhnächten zu tun? In ursprünglichen Erzählungen handelte es sich nicht um drei Könige, sondern um drei Herren, die als Magier (gr.: *magoi*) bezeichnet wurden und zoroastrische Priester Persiens waren. Sie pflegten ähnliche Berufe wie Astrologen, Seher und Orakeldeuter zu dieser Zeit. Auch im Matthäusevangelium werden sie noch als »Weise aus dem Morgenland« (heute auch vorherrschende Bezeichnung im Protestantismus) und »Sterndeuter« bezeichnet, die es dank ihrer astrologischen Kenntnisse und dem Stern am Himmel folgend nach Bethlehem verschlägt. Da-

rüber, ob es sich eventuell um einen Kometen oder sonstige Himmelserscheinung handelte, sind sich Forscher bis heute nicht einig.
Belegt ist jedoch, dass weder die verwendeten Namen Caspar, Melchior und Balthasar den älteren Quellen der Geschichte entsprechen noch dass es nur drei Personen waren.
Reisen wir zurück in die ersten Jahrhunderte nach Christus, finden sich mehrere Quellen, die von zwölf Pilgern aus Persien sprechen, die dem neugeborenen Christus huldigen wollten. Die Zahl Drei bezieht sich auf die Gaben, die sie mitbrachten, nämlich Gold, Weihrauch und Myrrhe. Selbst an ihrer tatsächlichen Herkunft dürfen wir rütteln, denn nur die spätere Interpretation aus dem 11. Jahrhundert ordnet sie den Kontinenten Europa, Asien und Afrika zu. Sie entfernt damit ihr Erscheinungsbild und ihre Hautfarbe weiter von den wahren Begebenheiten. Ihre künstlerischen Darstellungen basieren rein auf kreativer Freiheit.
Reliquien der Heiligen Drei Könige sowie ihre physische Existenz wurden erst wesentlich später relevant. Es gibt vermeintliche Gebeine der Könige und diverse Gegenstände aus dem 12. Jahrhundert, deren Macht sich erst ab 1164 ganz entfaltete, als sie über Mailand nach Köln gelangten. Sie gaben 1248 den Anlass zum Bau des Kölner Doms und verankerten das Dreikönigsfest endgültig im deutschsprachigen Raum.[13]
Heute ist der 6. Januar nur noch in wenigen Teilen Deutschlands ein gesetzlicher Feiertag, Österreich aber hält eisern daran fest. So läuten selbst in der Hauptstadt Wien Kinder als Sternsinger verkleidet an den Türen, pünktlich zur Epiphanie. Es ist eine regelrechte kleine Zeremonie, wenn sie ins Haus gelassen werden. Neben Gesang wird ein Gebet gesprochen, und es werden mit geweihter Kreide die Initialen der drei heiligen Könige »C+M+B« auf den Türrahmen geschrieben. (Heute werden diese Initialen als Christus Mansionem Benedicat interpretiert.) Somit sind die Haussegnung für das kommende Jahr und der Abschluss der Rauhnächte vollbracht.

In den Heiligen Drei Königen finden wir auch Aspekte der dreifaltigen Göttin wieder. Caspar, Melchior und Balthasar kennt man in Süddeutschland und Österreich auch als die »heiligen drei Madln« Katharina, Margarethe und Barbara. Es gilt die Vermutung, dass man Frauen vonseiten der Kirche keine so wichtige Funktion überlassen wollte, weshalb man kurzerhand männliche Gestalten aus ihnen machte.
Trotzdem ist auch nach katholischer Vorstellung einer der Könige schwarz, der zweite rothaarig und der dritte ein alter Greis mit weißem Haar. Das entspricht den Farben der dreifaltigen Göttin, die sich als jungfräuliche Göttin weiß, schwarz als Unterwelts- und rot als Fruchtbarkeitsgöttin zeigt. Die keltische Entsprechung finden wir in den drei Bethen: Ambeth, Wilbeth und Borbeth. »Beth« ist ein alter Name der Erdgöttin, und das Wort hat sich bis heute im Sprachgebrauch in den Wörtern »Bett«, »beten« und »bitten« gehalten. Ob die drei Bethen, Könige, Madln oder Nornen –

sie alle gehen auf die gleiche Vorstellung vom immer wiederkehrenden Leben und dem Tod zurück. Doch die Fähigkeit, Leben zu geben, war schon immer Attribut der Weiblichkeit.
In der Überlieferung dieser Geschichte ist besonders gut zu erkennen, wie viel sich die Kulturen über Jahrhunderte und Jahrtausende voneinander angeeignet haben, wie viel umgewidmet und miteinander verwoben wurde.

## Der Bohnenkönig & sein Loskuchen

Der »Bohnenkönig« mag als Erbe der römischen Saturnalien ein Streitthema unter Historikern sein, die Bräuche um ihn herum sind jedoch bis heute vor allem französische Tradition und in der Schweiz verbreitet. Im Fokus stand während der Narrenzeit und »verkehrten Welt« die Wahl des neuen Königs. Am häufigsten wurde er durch ein kulinarisches Losverfahren ermittelt: In einem Kuchen wurde eine Bohne eingebacken, und wem nach der Verteilung der Kuchenstücke jenes mit der Bohne zufällt, erhält auch das Königsamt. Dieser Brauch wurde vor allem zum Dreikönigstag veranstaltet.
Im südöstlichen Europa kommt uns dieser Brauch in Form des Neujahrskuchens, der »Vasilopita«, im griechisch-orthodoxen Glauben unter. Jedoch gab es hier ein Upgrade von Bohne auf Goldmünze im Hefe- oder Mürbteig. Wer die Münze in seinem Stück findet, dem wird Glück, Gesundheit und Reichtum für das kommende Jahr zugesagt.

## Pflugmontag

Der alte Brauch des Pflugmontags wurde am ersten Montag nach dem Dreikönigsfest begangen. Das Arbeitsverbot der Weihnachts- und Rauhnachtszeit war aufgehoben und der Beginn der Feldarbeit im neuen Jahr eingeläutet. Er galt als Kehr- und Aufräumtag zur Instandsetzung der Gerätschaften für das bevorstehende Bauernjahr. Die Wäsche wurde wieder in Angriff genommen, und man kehrte zurück in den Arbeits- und Schulalltag. In England wird dieser Brauch noch heute etwas lebendiger ausgelebt, indem in einigen ländlicheren Gegenden tatsächlich ein Pflug durch die Straßen des Dorfs getragen wird, um den Beginn des Frühjahrs zu versinnbildlichen.

## Losbräuche & Orakelzeit

Man bezeichnet die Rauhnächte auch als Lostage oder Losnächte. Das Wort »Los« steht dabei für Fügung, Bestimmung oder Schicksal. Mit

diesen Brauchtümern wollten die Menschen das kommende Wetter, ihr Glück im nächsten Jahr und natürlich auch die Liebe »auslosen«.
Auch das Wort »Lotterie« bezieht sich auf diese Losbräuche. Die Rauhnächte sind schon lange eine beliebte Zeit, um zu orakeln. Es geht vor allem darum, Antworten auf Fragen in subtiler Symbolsprache zu erhalten. Unsere Intuition, Hellsinne und das Unterbewusstsein sprechen oft keine logische Sprache, sondern in Bildern und Gefühlen zu uns. Diese wollen wir mit Orakelpraktiken und der Verbindung zu uns selbst anzapfen. Bräuche wie das Bleigießen zu Silvester sind Überbleibsel dieser Traditionen.

Die dunkle Zeit des Jahres, das raue Wetter und das herrschende Arbeitsverbot kreierten eine geheimnisvolle Atmosphäre. Die Rauhnächte sind aber genau deshalb auch eine Zeit voller Chancen und Möglichkeiten. Noch hat das neue Jahr nicht begonnen und ist damit ein unbeschriebenes Blatt. Je finsterer es draußen ist, umso weniger Ablenkung gibt es, und es fällt uns leichter, unsere übersinnlichen Fähigkeiten zu erkunden. Wir können einfacher Kontakt mit der nicht sichtbaren Welt aufnehmen.
Nicht nur die Schaman*innen der Naturvölker früherer Zeiten reisten in die Anderswelt für Visionen aus der Zukunft. Unsere Vorfahr*innen saßen im Winter praktisch auf ihren Höfen fest, weshalb diese Zeit für innere Reisen genutzt wurde, um zu erahnen, was sie im kommenden Jahr erwarten würde. Das war besonders in Bezug auf die Wetterbedingungen und den Ackerbau wichtig. Vorbereitung war alles. So neugierig, wie wir Menschen aber nun mal sind, wurde das Orakeln zunehmend dafür genutzt, auch Fragen rund um Beziehungen, Gesundheit und Schicksalsschläge zu stellen.

Für das Orakeln gibt es zahlreiche Methoden: Vom Bleigießen und Pendeln über das Tarotkartenlegen bis zum Kaffeesatzlesen haben sich weltweit verschiedene Vorlieben entwickelt. Doch jede folgt einem ähnlichen Grundprinzip, mit dem Ziel, Kontakt zu einer höheren Instanz oder der inneren Weisheit aufzunehmen. Ein meditativer Zustand ist förderlich, um unsere Intuition zu Wort kommen und Verstand wie auch Logik leiser werden zu lassen.

## Omen der Rauhnächte: Zeichen im Alltag & Traumdeutung

Einer der beliebtesten Bräuche während der Rauhnächte ist die Deutung der eigenen Träume in dieser Zeit. Auch das alltägliche Leben kann Zeichen liefern. Jede Rauhnacht kann als mit einem Monat des folgenden Jahres in Verbindung stehend betrachtet werden. Was an diesem Tag

passiert oder in dieser Nacht geträumt wird, kann deshalb als Omen und Zeichen für den entsprechenden Monat im kommenden Jahr verstanden werden.
Die erste Rauhnacht steht für den Januar, die zweite für den Februar und so weiter. Eine Rauhnacht dauert immer von Mitternacht bis Mitternacht. Die erste Rauhnacht ist somit von 24. Dezember, 00:00 Uhr, bis 25. Dezember, 00:00 Uhr. Wenn du also am 24. Dezember nach dem Weihnachtsfest schlafen gehst, kannst du in dieser Nacht bereits auf deine Träume achten. Aus diesen Träumen und den Beobachtungen im Tagesablauf des 25. Dezember kannst du dann Deutungen für den Januar des kommenden Jahres ziehen.
Sei bei deinen Beobachtungen ganz genau: Ging es friedlich zu? Wurde gestritten? Wie war das Wetter? Lief alles glatt? Wem – Tier oder Mensch – bist du begegnet? Alles könnte ein Zeichen sein.
Alles noch so Unbedeutende wird an diesen Tagen bedeutungsschwanger. Wer die Zeichen zu deuten versteht, kann sein kommendes Jahr erahnen. Darum war es immer schon so wichtig, die Rauhnächte sehr bedacht und wachsam zu begehen. Schließlich hielt und hält man sein ganzes kommendes Jahr in den Händen.

**Tipp:**
Idealerweise hältst du alles in einem Journal fest, damit dir nichts entgeht. Schreibe gleich morgens nach dem Aufwachen deine Träume nieder, jede Kleinigkeit, an die du dich erinnerst. Es muss keinen Sinn ergeben, und es ist nicht schlimm, falls dir etwas entgeht. Halte dein Journal tagsüber bereit, um dir Wichtiges zu notieren.

**Appell an den Verstand:**
Alles kann, nichts muss. Das Orakeln darf Spaß machen und mit Leichtigkeit begangen werden. Dein Jahr wird nicht schlechter oder besser durch deine Performance in dieser Zeit.

# Mythologie

## Die Wilde Jagd

Wotan, der Allvater der germanischen Götter, reitet zu dieser Zeit mit seinem Heer aus Naturgeistern und den Seelen von Verstorbenen los. Wotan oder Frau Holle, so lauten die alten Geschichten, öffnet den toten Seelen, den Geistern und Tieren die Tore zu unserer Welt. Sie alle dürfen in den Rauhnächten auf einer wilden Jagd ihr Unwesen treiben. Während sie normalerweise hoch oben durch die Lüfte ziehen, kommen sie in dieser Zeit auf die Erde herab, um die Menschen zu prüfen, zu strafen und über sie zu richten.
Wotan ritt auf seinem achtbeinigen Pferd Sleipnir allen voran, gefolgt von in Hörner blasenden Reitern, bellenden Hunden und knallenden Peitschen. Ein wahrhaft teuflischer Anblick. Um die wilde Truppe gnädig zu stimmen, legten unsere Vorfahr*innen Gaben wie Brot, Kuchen, Fleisch, Schnaps oder Milch vor die Tür. Man stellte bei Einbruch der Dunkelheit Kerzen auf das Fensterbrett, um guten Geistern den Weg zu weisen und das Böse fernzuhalten. Wotan und sein Heer ritten aber nicht einfach so umher. Ihre Aufgabe war es, die Sonne aus der Unterwelt zu befreien. Mit diesem Mythos, dass das Licht in die Unterwelt verschleppt worden war und befreit werden musste, erklärten sich die Germanen die Finsternis. Wotan, der Anführer der wilden Truppe, wird manchmal von seiner Frau Frigg begleitet, die bei uns auch als Frau Holle bekannt ist. In manchen Traditionen ist es Frau Holle alleine, die mit dem wilden Heer durch die Lüfte zieht. Hier unterscheiden sich die Erzählungen von Region zu Region.

Seinen Ursprung hat dieser Glaube wohl in den tosenden Stürmen, die im Winter besonders im alpinen Raum herrschen und die Ängste der Menschen schürten, da sie dahinter dunkle Wesen vermuteten. Daher auch der Brauch, nach Anbruch der Dunkelheit das Haus nicht mehr zu verlassen.
Wenn es draußen stürmt, sind auch wir moderne Menschen nicht sonderlich verleitet, das Haus zu verlassen. Trotz unserer Aufgeklärtheit fürchten auch wir uns vor der Dunkelheit und vor unheimlicher Stille. Die Menschen damals haben die Angst vor dem dunklen, rauen Wetter in eine bewährte Geschichte mit Warnwirkung verpackt. Doch die Wilde Jagd brachte nicht nur Angst und Schrecken. Man sagte auch, sie würde den Böden und Äckern Fruchtbarkeit verleihen. Es war also nicht nur Unglück, sondern auch Segen, wenn die Wilde Jagd über das Land fegte.

## Frau Holle

Das weibliche Gegenüber von Wotan ist die germanische Göttin Frigg, die den Beinamen Hulla, die Huldvolle, trug. Die große Göttin, die über Sonne, Schnee und Regen herrschte, lebte in einer Berghöhle. Wer zu ihr wollte, musste durch einen Brunnen, Teich, Sumpf oder eine Höhle gehen. Der Brunnen galt auch als Quelle, aus der Kinder geboren wurden. Frigg sorgte dafür, dass Neugeborene aus dem unterirdischen Reich heil zur Welt kamen und die Verstorbenen den Weg zum Totenreich fanden. In Märchen und Sagen, wie zum Beispiel bei den Gebrüdern Grimm, begegnet sie uns auch als Frau Holle (in Anlehnung an den Beinamen Hulla). So wurde die Funktion der alten Göttin in eine kompakte Geschichte zum Weitererzählen verpackt.

Das Märchen von Goldmarie und Pechmarie ist beispielsweise eine klassische Geschichte von Tod und Wiedergeburt. Beide fallen in den Brunnen und betreten so das Reich der Frau Holle. Am Weg will eine Kuh gemolken, frisches Brot aus dem Ofen genommen, ein Apfelbaum gerüttelt und die Betten ausgeschüttelt werden. Was sich oberflächlich wie ein einfaches Märchen anhört, verbirgt viele Symboliken und Analogien. Die Kuh ist Lebensspenderin, frisches Brot fühlt sich an wie ein Neugeborenes, und Äpfel stehen für Lebenskraft und Fruchtbarkeit. Sie helfen Frau Holle auch dabei, die Betten auszuschütteln und es auf der Erde schneien zu lassen. Nach gewissenhafter Erledigung aller Aufgaben übergibt Frau Holle am Ende den Mädchen ihre Spindeln wieder, was symbolisch den verlorenen Lebensfaden darstellt.
Damit verlässt Goldmarie nach einiger Zeit das Reich der Frau Holle und wird auf dem Weg zurück ins Leben mit Gold überschüttet. Auf die zu Lebzeiten faule Pechmarie dagegen fließt ein Eimer Pech. Unsere Vorfahr*innen waren überzeugt, dass die Seele nach dem Tod einige Zeit in der Anderswelt verkehrte, dann jedoch auf der Erde wieder inkarnierte. Der Tod war nur ein Kleid, den die Seele abstreifte. Dabei nahm man jedoch immer altes Karma, unerfüllte Pflichten, Schulden und Versprechen mit. Bei Goldmarie würden wir in diesem Falle von gutem, bei Pechmarie von schlechtem Karma sprechen.

Frau Holle ist außerdem auch für das Wetter zuständig. Wenn sie ihre Wäsche wäscht, regnet es auf Erden. Wenn sie ihr Bett ausschüttelt, schneit es. Und in den Rauhnächten, so der Glaube, braut sie das Wetter für das kommende Jahr zusammen, weshalb wir Menschen keine Wäsche waschen sollten, um den Lauf des Wetters im kommenden Jahr nicht zu beeinflussen. Die Verstorbenen, wie man im Märchen von Goldmarie und Pechmarie sehen kann, halfen mit, das Wetter zu machen und somit die Fruchtbarkeit auf Erden zu beeinflussen. Deshalb wollte man den Toten Opfergaben darbieten, um sie selig und zufrieden zu stimmen. Auch Frau Holle wollte man gnädig stimmen. Denn es konnte Glück und Segen bringen, wenn sie in die Häuser einkehrte. Schließlich war man im kommenden Jahr auf eine gute Ernte und viele Geburten angewiesen.

Als große Göttin des Alpenraums zeigt sich Frau Holle uns mit zwei Gesichtern. So, wie ein Jahr aus einer hellen und einer dunkeln Jahreshälfte besteht, hat sie zwei Gesichter. Sie zeigt sich uns als junge, strahlende Göttin sowie als alte Greisin und Göttin der Unterwelt. Im alpenländlichen Raum kennen wir sie auch als Perchta, Percht oder Berta. Percht leitet sich vom althochdeutschen *peraht* ab, was so viel wie »strahlend« und »leuchtend« bedeutet. Paradoxerweise gilt die Percht als Frau Holles dunkle Seite. Diese helle, leuchtende Göttin wurde als derart strahlend beschrieben, dass kein Irdischer sie anschauen sollte. Sie symbolisiert die Dualität des Lebens. Es braucht immer beide Aspekte: Licht und Dunkelheit.

In anderen Versionen der Erzählung reitet Frau Holle mit ihrer wilden Percht aus, um nachzusehen, wie die Menschen leben und ob sie sich an die Regeln und Gesetze des Lebens halten. Wir verbinden mit Frau Holle eine weibliche Gestalt, die sehr tugendhaft ihre Arbeiten verrichtet. Doch wenn sie ausritt, stand selbst ihr Spinnrad still. So sollten auch während der Rauhnächte keine großen Arbeiten verrichtet werden. Die Percht löste Angst und Schrecken bei den Menschen aus, und man fürchtete ihre Strafen.
Aus ihr entsprang auch die italienische Parallelgestalt der *Befana*, die durch den Kamin zu Epifania kam und in ihrer Darstellung einer hässlichen Hexe glich. Heute ist ihr Image jedoch aufpoliert, und sie ist ein Symbol für Wohltätigkeitsveranstaltungen.

Vom 5. auf den 6. Januar wird zum Abschluss der Rauhnächte die Perchtnacht gefeiert. Ähnlich wie zu den Perchtenläufen im Dezember verkleiden sich hauptsächlich junge Männer mit furchterregenden Masken, Teufelshörnern und pelzigen Kostümen.

## Astrologie

Der **Steinbock** ist ein sehr pragmatisches Sternzeichen, das uns lehrt, auch in schwierigen Zeiten durchzuhalten. Fälschlicherweise wird uns besonders nach Neujahr und nach den Rauhnächten vermittelt, dass es gleich losgehen darf mit unseren Plänen für das neue Jahr. Unzählige, oft auch unrealistische Neujahrsvorsätze werden gesetzt, durch die Selbstenttäuschung vorprogrammiert ist. Der Steinbock will uns Disziplin und Willenskraft mit Ausdauer lehren. Es ist noch nicht an der Zeit, nach außen zu gehen, sondern immer noch im Innen zu »brüten«.

### Für dein Journal:

- *Was in dir hält sich noch zurück? Welche Idee, welches Vorhaben ist noch nicht bereit für die Umsetzung?*
- *Wie kannst du deine Kräfte einteilen und Disziplin kultivieren?*

# Zeitqualität heute: Rituale & Routinen

Viele alte Bräuche aus der Zeit der Rauhnächte sind bis heute in der ein oder anderen Form erhalten geblieben. Einige von ihnen haben wir aufgegriffen und zeigen dir, wie du sie in deinem modernen Alltag zelebrieren kannst, um deine Verbundenheit mit dem Jahreskreis zu erleben.

## Ritual: 13 Wünsche für dein neues Jahr

Die Rauhnächte bieten uns Raum, um uns mit unseren stillen Sehnsüchten und Träumen zu beschäftigen. Wünsche, die wir sonst in der Hektik des Alltags schnell mal aus den Augen verlieren, dürfen nun an die Oberfläche kommen. Zu Beginn der Rauhnächte – das kann davor oder am 25. Dezember sein – können wir 13 Wünsche aufschreiben. Die Idee ist, dass wir diese Wünsche während der Rauhnächte verbrennen und somit an das Universum oder eine höhere Kraft übergeben. Wir lassen uns dabei von höheren Kräften unter die Arme greifen. Nun wird dir aufgefallen sein, dass wir 13 Wünsche, aber nur zwölf Rauhnächte haben. Für die Erfüllung deines 13. Wunsches bist allein du selbst verantwortlich. Natürlich gilt auch für die restlichen Wünsche, dass wir nicht einfach die Füße hochlegen und unsere Eigenverantwortung abgeben können. Selbstinitiative ist willkommen und notwendig. Für den 13. Wunsch gilt das allerdings im besonderen Maße. Wünsche können immer nur mit dem entsprechend starken Verlangen und Glauben daran manifest werden, gefolgt von aktiven Handlungsschritten, die unseren Visionen die Weichen legen. Ein praktisches Beispiel dafür wäre der Wunsch nach mehr Gesundheit, der nur mit deinem Mitwirken und einer tatsächlichen Veränderung am eigenen Lebensstil in Erfüllung gehen kann. Proaktivität ist eine wichtige Zutat.

### Für dieses Ritual benötigst du:

- 13 Zettelchen und Schreibutensilien
- Einen Ort, an dem du dich gut mit dir selbst und deinen Wünschen verbinden kannst
- 1 Kerze
- 1 feuerfeste Schale, in der du deine Wünsche einzeln verbrennen kannst (du kannst sie auch einfach nur wegschmeißen, es geht um das »Entlassen deiner Wünsche«)

- Geduld und Vertrauen
- Selbstinitiative und Proaktivität

## So kannst du vorgehen:

- Nimm eine meditative Haltung ein, schließe deine Augen und komme bei dir und deinen sehnlichsten Wünschen an.
- Schreibe als Nächstes deine 13 Herzenswünsche auf:
- Was wünscht du dir für das kommende Jahr? Für deine Beziehungen und Freundschaften, deine Finanzen, deine Arbeit, deine Gesundheit? Ganz egal, was es ist, sei ehrlich mit dir selbst und schreib auf, wonach du dich wirklich sehnst.
- Deine Wünsche formulierst du am besten positiv und im Präsens, so, als wären sie bereits eingetreten (zum Beispiel: Ich bin gesund und agil).
- Bleibe mit den Wünschen bei dir. Sich etwas für jemand anderen zu wünschen ist übergriffig und nicht Sinn der Sache.
- Falte die 13 Zettel so, dass sie äußerlich nicht mehr zu unterscheiden sind.
- Du kannst dir deine Wünsche auch zusätzlich in deinem Journal notieren, um dich an sie zu erinnern. Es hat aber eine besondere Magie, sie einfach an das Universum zu übergeben und nicht mehr daran festzuhalten.
- Ziehe nun in jeder Rauhnacht einen Wunsch, ohne vorher nachzusehen, um welchen es sich handelt, und verbrenne ihn.
- Du kannst die Wünsche in eine Kerze halten und dann in einer feuerfesten Schale verbrennen lassen.
- Alternativ kannst du das Verbrennen mit einem Räucherritual verbinden. Du kannst die Zettel gemeinsam mit Weihrauch und Kräutern auf eine Räucherkohle legen. Dabei wird dein Wunsch mit dem Rauch wie eine Botschaft an den Himmel nach oben getragen.
- Bleibe beim Verbrennen mit deiner Aufmerksamkeit ganz bei deinem Wunsch und stell dir vor, wie du ihn ans Universum übergibst.
- Wiederhole das Ganze an den einzelnen Rauhnächten bis zum 6. Januar. Dann solltest du nur noch einen Zettel übrig haben. Diesen behältst du und verbrennst ihn nicht. Denn um die Erfüllung dieses Wunsches sollst du dich im kommenden Jahr selbst kümmern.

## Traumtagebuch: Deine Träume als Omen für die Zukunft

Sigmund Freud nannte Träume den »Königsweg zum Unbewussten«. Egal, ob es sich bei deinen Träumen um prophetische Vorahnungen handelt, unerfüllte Sehnsüchte oder Botschaften aus der geistigen Welt – achte während der Rauhnächte besonders genau auf sie. Sie können Aufschluss über das kommende Jahr geben.

### Vorbereitung & Traumerinnerung

Manche von uns haben eine bessere Traumerinnerung als andere. Um die Erinnerung zu stärken, ist es zu Beginn wichtig, mit einer Intention zu Bett zu gehen. Vor dem Zubettgehen kannst du kurz im Schlafzimmer räuchern und dabei in Gedanken den Wunsch äußern: »Ich wünsche mir einen Traum, der leicht verständlich ist und an den ich mich erinnern kann.« Lüfte danach kurz durch und gehe mit der Intention ins Bett, etwas Aufschlussreiches zu träumen. Platziere dein Traumtagebuch am besten gleich neben dem Bett, damit du nach dem Wachwerden sofort alles aufschreiben kannst, an das du dich erinnerst. Solltest du dich selten an deine Träume erinnern oder das Gefühl haben, gar nicht zu träumen, könnte dir die aktive Auseinandersetzung mit den Träumen in Büchern, Artikeln oder auch Videos helfen. Ein Traumtagebuch zu führen ist allemal hilfreich, auch wenn du nur deinen Schlaf notierst.

### Intuitive Deutung

Jede Rauhnacht steht in Verbindung mit einem Monat des Folgejahres. Schau gerne noch einmal auf die Tabelle in der hinteren Buchklappe, da siehst du, welcher Tag für welchen Monat steht.
Wichtig hierbei: Schreibe alles auf, woran du dich erinnern kannst, ohne viel Interpretation oder Annahmen darüber, was es bedeuten könnte. Über Traumdeutung und -symbole gibt es massenhaft Literatur, aber eines steht fest: Niemand weiß besser, was eine bestimmte Figur oder ein Symbol in einem Traum bedeuten könnte, als du.
Du muss es nicht übermäßig kompliziert machen:

- *Was ist dein erster Impuls?*
- *Spüre hinein.*
- *Folge und vertraue deiner Intuition.*

Natürlich kannst du die Bedeutungen von Tieren, Archetypen und Symbolen googeln. Selbst ein*e Psychoanalytiker*in wird all diese Dinge nochmals anders deuten als ein*e Schaman*in oder ein*e Landwirt*in nach altem Brauch und Glauben. Erzwinge eine Deutung nicht allzu sehr.
Träume ergeben manchmal keinen Sinn – zumindest nicht die Art von Sinn, die wir mit Logik begreifen wollen –, und das ist vollkommen in Ordnung. Denn Träume zapfen unser Unterbewusstsein und unsere Kreativität an. Wir sind manchmal auch noch gar nicht bereit für die Botschaften, die sie uns vermitteln wollen, und verstehen sie erst später.

**Für dein Journal:**

Für das Journaling zu deinen Träumen begib dich am besten zunächst in eine Grundstimmung, in der eine bewertungsfreie Beobachtung möglich ist, du Vertrauen in deine ersten Impulse fassen und deiner Intuition folgen kannst.

› *Was hast du gesehen und bemerkt?*
› *An welche Szenen, Bilder und Begegnungen kannst du dich erinnern?*
› *Kannst du bestimmte Symbole, Tiere, Figuren festmachen?*
› *Was fällt dir spontan als Erstes zu deinen Impulsen ein?*
› *Welche Gefühle bemerkst du?*
› *Wie war deine Stimmung im Traum? Freudig, heiter oder eher ängstlich und traurig?*
› *Falls du einen Albtraum hattest – welche Ängste tauchten auf?*

**Wichtig:**
Die Anleitungen, die wir hier näher ausführen, sollen lediglich als Impulse und Orientierung dienen. Du darfst und sollst deinen ganz eigenen Weg finden, die Rauhnächte zu zelebrieren und wahrzunehmen. Es gibt kein Richtig und kein Falsch, sondern nur, was sich für dich gut und richtig anfühlt.

## Tägliche Impulse anhand von Tarot- & Orakelkarten

Ein Tool, das wir für die Rauhnächte zum Orakeln lieben, sind Tarot- und Orakelkarten. Sie geben uns weitere Impulse zu den kommenden Monaten. Dafür kannst du alle Kartendecks verwenden, die dich ansprechen und von denen du dich in diesem Jahr angezogen fühlst.

**Achtung:** Es reicht vollkommen, wenn du dich auf ein Kartenset konzentrierst. Je mehr Impulsgeber du verwendest, desto verwirrender werden die Informationen.

### Ritual: Kartenorakel

#### Für dieses Ritual benötigst du:

› 1 Kartendeck deiner Wahl

#### So kannst du vorgehen:

› Mische die Karten jedes Mal, bevor du ziehst, und denke währenddessen an deine Frage. Mische so lange, bis du das Gefühl hast, dass du bereit bist.
› Fächere die Karten verdeckt auf und stelle nochmals deine Frage laut oder in Gedanken: *Was erwartet mich im kommenden Jahr/Monat? Was ist für mich wichtig zu wissen?*
› Ziehe die Karten mit deiner linken Hand. Man sagt, unsere linke Körperhälfte sei unsere unbewusste und intuitive Seite. Lass dich dabei also ganz von deiner Intuition, einem Kribbeln in den Fingerspitzen und Händen oder davon, wohin dein Blick fällt, leiten.

**Jahreskarte:** Zum Auftakt der Rauhnächte oder alternativ zu Silvester/Neujahr kannst du eine Jahreskarte ziehen, die repräsentativ für das gesamte kommende Jahr steht.

**Monatskarte:** Du kannst zusätzlich zu jeder Rauhnacht eine Monatskarte ziehen.

Notiere dir die Karte und ein paar Stichwörter zu ihr in deinem Journal. Im Lauf des Jahres kannst du rückblickend nachlesen, wie sich die Karte in dem Monat gezeigt hat. Sieh sie dir aber erst im Nachhinein an, um dem Monat mit weniger starren Vorstellungen und Erwartungshaltungen zu begehen.

## Bedeutungen & Interpretation

Während der Rauhnächte geht es lediglich darum, deinen Träumen und Visionen mal wieder mehr Aufmerksamkeit zu schenken. Der logische Verstand darf eine Pause machen, und wir möchten uns dem Fühlen, Spüren und Erahnen widmen. Wichtig dabei ist, dass du die Zeichen und Symbole so deutest, wie es sich für dich richtig und stimmig anfühlt. Ein Bleiguss zu Silvester in Form eines Hundes erinnert eine Person vielleicht daran, dass sie schon lange einen vierbeinigen Gefährten an der Seite haben wollte, während eine andere Person darin einen Wolf sieht, der ihre animalischen Instinkte erweckt.

Statt direkter Interpretation und starrer Vorstellungen und Erwartungen, wie etwas ablaufen wird, wollen wir dem gegenüber offen bleiben, wie sich das Jahr entfalten und das Orakelte zeigen wird. Versuche also nicht, alles allzu schnell in die üblichen Schubladen zu stecken. Unser Unterbewusstsein spricht manchmal in abstrakten oder sogar absurden Bildern und Gefühlen zu uns. Vielleicht träumst du von einer Camel-Zigarette, im entsprechenden Monat fängst du aber nicht wieder an zu rauchen, sondern du reitest in Ägypten auf Kamelen. Erlaube dir Raum für Überraschungen und den Humor des Lebens.

Nur weil du die Tarotkarte »Der Tod« für den Monat Februar gezogen hast, bedeutet es nicht, dass jemand in diesem Monat sterben wird. Orakeltools wie Tarotkarten, Pendel und Visionen sagen nie voraus, dass etwas unweigerlich geschehen wird. Orakel geben keine fixe, sichere Prognose ab. Den Lauf deines Jahres bestimmst immer noch du. Vielmehr wollen wir das Orakeln nutzen, um Impulse zu erhalten. Wie bei Ratschlägen von guten Freund*innen ist es jedoch dir überlassen, was du mit diesen Impulsen machst. Vergiss nicht, du sitzt hinter dem Steuer deines Lebens. Dank der erhaltenen Visionen und Impulse hast du einfach nur mehr Anhaltspunkte und Perspektiven, in welche Richtung es gehen kann, und kannst somit aktiv mitgestalten.

## Ritual: Tägliches Orakel für jede Rauhnacht

Deine Rituale während der Rauhnächte können so ausschweifend oder kompakt sein, wie es sich für dich richtig anfühlt. Die Rituale müssen keine Stunden dauern, wir wollen uns dennoch täglich Zeit für sie einplanen. Überlege dir vorab, was für dich während dieser Periode realistisch umsetzbar ist und was du davon tatsächlich tun willst. Vordergründig geht es um die regelmäßige Verbindung zu dir selbst.
Streife jedes Mal, wenn du dich zu deinem Ritual begibst, jegliche Hektik des Alltags ab. Lenke deine Aufmerksamkeit auf dich und deinen Atem. Räuchern kann dir helfen zu entspannen und im Hier und Jetzt anzukommen.

### Für dieses Ritual benötigst du:

- 1 Journal/Tagebuch (vielleicht sogar ein neues für das kommende Jahr, in dem dann schon alles notiert ist)
- Einen Ort, an dem du für die kommende Zeit all deine Utensilien aufbauen und wie einen kleinen Altar gestalten kannst
- Räucherwerk und Räucherutensilien (Tipps zum Räuchern findest du im Kapitel »Räucherwerkzeug & Räucherwerk«)
- 1 Kartendeck (Tarot- und Orakelkarten)

### So kannst du am Morgen vorgehen:

- Schreibe nach dem Aufwachen deine Träume und die Impulse dazu auf.

### So kannst du am Abend vorgehen:

- Zum Einstimmen kannst du mit Räuchern beginnen und deinen Raum reinigen.
- Verbrenne einen deiner 13 Wünsche, solltest du dir welche aufgeschrieben haben.
- Halte deine Gedanken und Erlebnisse des Tages fest.
- Ziehe deine Karte für den entsprechenden Monat im Folgejahr.

# Innenschau & Visionsreisen

Wenn alles ruhig ist und die Dunkelheit regiert, ist es Zeit, den Blick nach innen zu richten, sich auszuruhen und sich auf das kommende Jahr vorzubereiten.

Erst nachdem wir neuen Raum geschaffen haben, haben die eigenen Träume, Sehnsüchte und Wünsche Platz, sich auszubreiten. Hier findet die Wiedergeburt in ein bereinigtes, neues DU statt.

Die Winterzeit war schon für unsere Vorfahr*innen die Zeit für schamanische Reisen, um Informationen und Führung für sich selbst und ihren Stamm zu erhalten. Meditative Trancereisen eignen sich wunderbar dazu.

### Ritual: Begib dich auf deine innere Reise

### Für dieses Ritual benötigst du:

- Trommelmusik (YouTube, CD, Streaming etc.)
- Journal oder Materialien für ein Vision Board (größerer Bogen Papier oder Pappe, Schreib- und Bastelzeug, Klebstoff, Schere, Zeitschriften, diverse Printmedien, Zeitungen)

### So kannst du vorgehen:

- Lass dich von der Trommelmusik in einen tiefenentspannten, meditativen Zustand bringen.
- Setze dir als Intention, hinzuhören, was dich im kommenden Jahr erwartet und was deine wahren Bedürfnisse sind. Auch hier gilt wieder: Alles, was du an Impulsen empfängst, ist in Ordnung und weder falsch noch richtig.
- Reflektiere über die folgenden Fragen: *Wofür hast du Platz gemacht? Was genau möchtest du in dein Leben einladen? Werde konkret. Welche Visionen siehst du für diesen neuen Raum?*
- Erlaube dir, wirklich ohne Selbstbegrenzung zu träumen und zu visionieren.
- Halte die gesammelten Informationen entweder in deinem Journal fest oder tauche noch tiefer ein und mache sie mithilfe eines Vision Boards sichtbar.
- Gestalte dein Vision Board, wie es dir gefällt. Nutze Bildmaterial, das dich anspricht und deine Vision ausdrückt.
- Hänge das Vision Board an einem Ort auf, wo du es öfter am Tag siehst und dich immer wieder mit deinen Visionen verbinden kannst.

## Stille Zeit & laute Welt

Während diese Zeit für unsere Vorfahr*innen ganz selbstverständlich als stille, bedachte Zeit galt, war die Welt nie so laut wie heute.
Als drittstärkster Umweltverschmutzer gilt die Lärmkontamination. Dazu gehört jeglicher Lärm über 70 dB. Als eine normale, für unser Gehör harmlose Lautstärke gilt alles bis zu 55 dB.
Allein der Straßenverkehr (95 dB) mit seinen Motorrädern, Autos, Flugzeugen (120 dB) und sonstigen Teilnehmer*innen übersteigt diese Grenzen bei Weitem.
Achte also darauf, dass du während der Rauhnächte ausreichend tatsächliche Stille bekommst, damit sich dein Organismus beruhigen und ausruhen kann. Ob du Einflüsse von außen reduzierst, weniger Austausch mit anderen suchst oder Kopfhörer mit Noise-Cancelling-Funktion nutzt – finde deine Quelle der Ruhe und Stille. Sie wird essenziell für die kommenden Wochen sein, damit sich dein Körper mit deinen Visionen einpendeln kann.

## Echtes Wachstum entsteht in der Stille

Nach den Rauhnächten starten wir sanft und leise in das neue Jahr. Erst mal gilt es, alle orakelten Träume und Visionen der Rauhnächte zu verdauen und sacken zu lassen. Im Januar dürfen wir uns noch Zeit nehmen, wieder in den Alltag zurückzufinden. Wir haben möglicherweise das Gefühl, dass sich tief in uns viel regt und verändert, aber diese Veränderungen sind im Außen und manchmal auch für uns selbst noch nicht sichtbar. Wachstum und Veränderung erfordern viel Geduld. Schließlich erneuern wir uns Zelle für Zelle, wie es die Natur gerade tut und wie auch die langsamen Bewegungen der Sonne die großen jahreszeitlichen Veränderungen kaum merklich hervorrufen.
Auch in unserem Innenleben haben wir lange Perioden, in denen wir vermeintlich weder wachsen noch unsere Ziele näher kommen sehen. Doch das sind die Zeiten, in denen echtes Wachstum stattfindet.

Wenn die Zeit kommt, nach außen zu gehen, wird die Natur uns das früh genug wissen lassen. Geduld und Ausdauer sind nun gefragt. Wir dürfen Rückzug und Innenschau wieder als den Schatz erkennen, der sie sind. Der Januar ist noch voll und ganz dafür da, Urvertrauen zu kultivieren, dass alles zur rechten Zeit passiert, wenn wir dazu bereit sind.

# Die Rauhnächte & die Natur

## Pflanzen & Kräuter der Saison

Die Winterzeit ist prädestiniert für das Räuchern. Mit der Adventszeit, der Wintersonnenwende, Weihnachten und den Rauhnächten gibt es genügend Anlässe, die sich zum Räuchern anbieten.
Unsere Vorfahr*innen räucherten insbesondere in den Rauhnächten zum Schutz von Haus und Hof, um unerwünschte Geister fernzuhalten. Gleichzeitig diente der Rauch als Botschaft an den Himmel. Er griff somit den Wünschen und Gebeten, die zu dieser Zeit vermehrt ausgesprochen wurden, unter die Arme. »Glück ins Haus – Unglück hinaus« war ein ganz klassischer Spruch, der bei Haus- und Stallräucherungen in dörflichen Gegenden gesprochen wurde.

### Kräuterempfehlungen zum Räuchern während der Rauhnächte

- **Salbei:** Der heimische Klassiker unter den Räucherkräutern. Man sagt, er klärt und reinigt die Atmosphäre und Räume, indem er störende und stressgeladene Energien hinausdrängt. Medizinisch wird er für seine desinfizierende Wirkung eingesetzt. Er unterstützt deine Zentrierung und Konzentration. Salbei kannst du ganz einfach im Garten oder auf dem Balkon anbauen.

- **Beifuß:** Wie der Name schon sagt (»bei Fuß«), ist dieses Kraut leicht an Wegrändern zu finden. In die Schuhe gestopft, hilft es dank seiner wärmenden Qualität, die müden Füße von Wanderern wiederzubeleben. Es gilt aber auch als klassisches Schamanenkraut. In Räucherungen hat Beifuß eine schützende und reinigende Qualität. Er kann verwendet werden, um Energien zu transformieren.

- **Lavendel:** Das aus dem Mittelmeerraum stammende Kraut wird besonders zur Reinigung und Desinfektion genutzt. Das lateinische Wort *lavare*, von dem es seinen Namen hat, bedeutet auch »reinigen«. Mit seinen ätherischen Ölen wirkt Lavendel beruhigend und entspannend. Wir können es also bei Nervosität und Stress nutzen, um in unsere Mitte zu kommen. Das Kraut findest du im nächsten Gartencenter, du kannst es auch ganz einfach auf deinem Balkon oder im Garten anpflanzen.

- **Schafgarbe:** Die Schafgarbe wächst bei uns zuhauf auf jeder Wiese. Geräuchert stärkt sie unsere Nerven und hilft uns, uns mit unserer Intuition zu verbinden. Die Schafgarbe ist ein klassisches Orakelkraut, das unsere feinstoffliche Wahrnehmung öffnet.

  **Achtung:** Bei der Schafgarbe besteht Verwechslungsgefahr mit anderen Doldenblütlern, wovon viele giftig sind.

- **Harze:** Wir verbinden die Zeit rund um Weihnachten und die Rauhnächte ganz stark mit Weihrauch und Myrrhe, zwei klassische außereuropäische Harze. Heimische Alternativen wären Kiefern- und Fichtenharz. Harz ist der Baumsaft, der austritt und trocknet, wenn die Baumrinde aufgerissen und verletzt wird. Es ist das Immunsystem des Baums, das hilft, die Wunde zu schließen und zu schützen. Wir wollen beim Sammeln von Harzen also mit großer Vorsicht vorgehen. Im Idealfall klauben wir das Harz vom Boden vor dem Baum auf. Alternativ nehmen wir es ganz vorsichtig vom Baum ab und versuchen dabei, die Wunde nicht wieder aufzureißen. Harz duftet nicht nur wunderbar intensiv, sondern bringt eine schützende Qualität in jede Räucherung. So, wie es die Wunde vom Baum schützt, schützt es uns energetisch. Wegen ihres göttlichen Geruchs wurden die Standorte von Weihrauch- und Myrrhenbäumen in der Antike streng gehütet. Wir können sogar bekannte Gewürzmischungen und getrocknete Früchte wie Zimtrinde, Nelken und Orangenschalen räuchern. Nichts verströmt schneller den Duft der Weihnachtszeit und schenkt so ein wohliges, heimeliges Gefühl und innere Wärme.

## Ritual: Reinigungsräucherung

Zum Start in die Rauhnächte würden wir mindestens einmal ganz bewusst die komplette Wohnung ausräuchern. Wenn Putzen die alltägliche Form der Reinigung ist, dann ist Räuchern die energetische Form der Reinigung.

### Das benötigst du:

› Eine reinigende Räuchermischung, zum Beispiel aus 2 Teilen Salbei und einem 1 Teil Lavendel, oder ein Räucherbündel aus Salbei

### So kannst du vorgehen:

› Kippe vorsorglich ein paar Fenster, damit mit dem Rauch ziehen kann, was fortziehen soll.
› Starte dann bei deiner Wohnungs- oder Haustür.
› Gehe all deine Räume durch, von Ecke zu Ecke.
› Wo zieht es dich hin? Wo möchtest du etwas länger verweilen? Folge deiner inneren Stimme und nimm dir genügend Zeit, um alle Räume von angestauter Energie zu reinigen.

## Ritual: Orakelräucherung

Für dein tägliches Orakelritual kannst du kraftvolle Pflanzen nutzen, die deine Intuition unterstützen, zum Beispiel eine Mischung aus Beifuß und Schafgarbe. Gehe damit so vor wie bei der Reinigungsräucherung.

***Segnungsräucherung***

Zum Abschluss der Rauhnächte am Dreikönigstag (6. Januar) segne deine Räume mit Weihrauch, Myrrhe und Rose. So markierst du einen deutlichen Übergang in die neue Zeit.

## Das benötigst du:

- Eine feuerfeste Schale
- Räuchersand
- Räucherkohle (Anleitung siehe Kapitel »Räucherwerkzeug & Räucherwerk«)
- Weihrauch & Myrrhe (oder die heimischen Alternativen: Kiefern- und Fichtenharz)
- Rosenblütenblätter

## So kannst du vorgehen:

- Starte mit Weihrauch und Myrrhe. Das geschmolzene Harz legt sich schützend über die Räucherkohle. Vollende die Räuchermischung mit dem berauschenden Duft der Rose.
- Gehe in die Dankbarkeit für alles, was du während der Rauhnächte empfangen durftest – von Visionen bis hin zu Ruhe.
- Zum Abschluss lass die Räucherkohle ausglühen und trete bewusst in diese neue Zeit über.

Mit dem Ende der Rauhnächte brechen wir endgültig in ein neues Jahr auf. Wir haben das vergangene hinter uns gelassen und die Weichen für ein neues gestellt. Der 6. Januar steht für einen Neubeginn. Die »tote« Zwischenzeit haben wir hoffentlich genutzt, um Samen für das kommende Jahr zu säen, die im Frühjahr erblühen dürfen. Mit frischen Zielen und einer klaren Vision im Gepäck geht es nun an die ersten Schritte ins neue Jahr.

# Selfcare

- Richte die Aufmerksamkeit verstärkt von außen nach innen.
- Reduziere all deine Hausarbeiten auf ein Minimum und gönne dir eine Auszeit.
- Versuche, vor Jahresende alles Ausgeliehene zurückzugeben, offene Rechnungen zu bezahlen und Angelegenheiten zu klären, die dir noch sprichwörtlich im Magen liegen.
- Diese Zeit soll friedlich und behutsam verbracht werden. Verzichte deshalb möglichst darauf, zu streiten, zu fluchen, mit den Türen zu schlagen und zu schimpfen.
- Es ist eine Zeit des Zuhörens. Der inneren Stimme wie auch deinem Umfeld.
- Mach es dir zu Hause so richtig gemütlich. Stelle Kerzen auf, räuchere vermehrt durch und lass dein System herunterfahren.
- Beginne ein neues Tagebuch oder Journal für deine Visionen, Träume und das neue Jahr.
- Gestalte ein Vision Board für deine Ziele und Wünsche.

## Himmel & Erde

**Tageszeit:**
Morgendämmerung

**Name des Vollmonds:**
Hornung, Schneemond

**Himmelsrichtung:**
Osten

**Element:**
Luft

## Natur

**Kräuter & Pflanzen:**
Haselnuss, Bärlauch, Scharbockskraut, Veilchen, Birke

**Phänologische Jahreszeit:**
Vorfrühling und erster Austrieb

## Zeitqualität

radikale Ehrlichkeit, Planung für die kommende Aussaat, Ausräuchern, gründlicher Frühjahrsputz, Neubeginn, Aufbruch, Klarheit, Inspiration, Freiheit, Belebung, Erneuerung

## Tradition & Religion

**Christlich:**
Mariä Lichtmess, Lichtmäß

**Andere Namen:**
Imbolg, Lupercalia, Oimelc

**Aussprache:**
Im-bolk, Im-bolg

## Modern Mystic Facts

**Sternzeichen:**
Wassermann, Fische

**Tarotkarte:**
Der Stern, Der Mond

**Göttinnen:**
Brigid, Artemis

**Kristalle:**
Amethyst, Rosenquarz, Opal, Citrin, Türkis

**Altardekoration:**
Haselkätzchen, Birkenrinde, Frühlingsblumen, Weihrauch zum Räuchern

**Farben:**
Weiß, Silber, Gelb, Hellgrün, Hellblau

Frühlingserwachen
1. Februar – 2. Februar
Imbolc

## Ursprung und Bedeutung: Das langsame Erwachen

Während der Januar sich wie ein Übergangsmonat anfühlt, spüren wir Anfang Februar schon eine deutliche Veränderung in der Luft. Das Licht, das zur Wintersonnenwende wiedergeboren wurde, hat nun endgültig über den Winter gesiegt. Die Luft ist klarer, und die Sonnenstunden nehmen wieder zu. Gegenüber der Wintersonnenwende ist es nun um etwa eine Stunde länger hell. Redewendungen wie »Lichtmess – bei Tag ess!« verraten schon: Zu Abend gegessen wird nun nicht mehr im Dunkeln – zumindest, wenn man um 17 Uhr isst.
Imbolc feiert das langsame Erwachen und die rückkehrende Lebendigkeit. Draußen ist zwar noch Winter, doch der Frühling steht in absehbarer Zukunft an, was uns auch innerlich aufleben lässt. Oft fegen aber noch Stürme über das Land, und es herrscht eine eisige, starre Kälte. Es ist eine reinigende, prickelnde und erfrischende Zeit. Bei unseren Vorfahr*innen war es die Zeit, die Instandhaltung des Hofs und seiner Besitztümer in Angriff zu nehmen. Die Kleidung wurde geflickt, und Werkzeuge wurden repariert. Alles sollte wieder auf Vordermann gebracht werden, wofür man im übrigen arbeitsreichen Jahr kaum Zeit hatte.
Zu Imbolc begann das Bauernjahr, und dafür musste ordentlich geplant und kalkuliert werden. Allerlei Vorhersagen für das Wetter wurden herangezogen, um ungefähr abschätzen zu können, wann der Winter nun zu Ende sein würde, um Frost zu vermeiden und eine ertragreiche Ernte zu garantieren. Auch die Arbeitskräfte wurden zu Februarbeginn eingeteilt, behalten oder entlassen.

In einer Zeit ohne künstliches Licht waren die Winternächte lang und dunkel. Und auch heute gilt: Wenn es beginnt, wieder ein bisschen heller zu werden, spürt der Körper das sofort, und es tritt die altbekannte Frühjahrsmüdigkeit auf. Der Körper muss sich umstellen und braucht eine Transitphase. Eine fast lähmende Müdigkeit stellt sich ein und signalisiert uns sehr deutlich: Es ist noch nicht an der Zeit, Vollgas zu geben, wir dürfen noch ruhen und in Zurückgezogenheit planen, vorbereiten und Kräfte sammeln, wie auch die Sprossen unter der Erde.

## Frühjahrsmüdigkeit

Die Frühjahrsmüdigkeit ist keine Krankheit, aber ein jahreszeitbedingt auftretendes Phänomen. Sie ist im wahrsten Sinne des Wortes ein langsames Erwachen. Meist fühlen sich Betroffene leistungsschwächer und trotz ausreichendem Schlaf müder und matter. Oft wird auch von Wetterfühligkeit, Schwindel und niedrigem Blutdruck oder Kopfschmerzen berichtet. Es ist tatsächlich die Umstellung des Organismus von der dunklen auf die helle Jahreszeit. Licht- und Temperaturverhältnisse spielen dabei eine große Rolle. Es wird auch von einer umgekehrten »Herbst-/Winterdepression« gesprochen, da sich der gesamte Hormonhaushalt wieder umorientieren muss, die in der dunklen Zeit verringerte Serotoninproduktion wird wieder angekurbelt. Vitamin D ist der Klassiker unter den Hilfsmitteln, und auch Sport trotz Müdigkeit sowie frische Luft sollen den Körper gut in die Frühlingszeit bringen. Wie immer ist es auch hier empfehlenswert, vor einer Selbstdiagnose eine ärztliche Meinung einzuholen, da länger anhaltende Müdigkeitszustände auch auf eine Schilddrüsenunterfunktion, Allergien oder andere Erkrankungen hinweisen könnten.

## Das richtige Licht

Moderner Technik sei Dank können wir dem Lichtmangel heute in unseren Räumen vorbeugen und eine Vielzahl an Hilfsmitteln nutzen. Mit Tageslichtlampen lässt sich während der besonders dunklen und grauen Tage von November bis Februar der Lichtmangel etwas besser überbrücken, und durch Blaulichtbrillen wird das richtige Licht gefiltert und die Melatoninproduktion weniger gestört. So können wir uns auf einen ausgewogenen Licht-Dunkel-Rhythmus einpendeln.
Nichtsdestotrotz ist die extreme Lichtverschmutzung in städtischen Gebieten ein Problem, das schwerwiegend in diesen Rhythmus eingreift, da wir permanent von den falschen künstlichen Lichtquellen umgeben sind. Der Körper ist entsprechend verwirrt, was er wann produzieren soll. Lichtverschmutzung ist mittlerweile weltweit ein signifikantes Umweltproblem. Das natürliche Nachtlicht wäre viertausendmal schwächer als jenes, das aktuell von unseren Städten ausgeht. Das moderne LED-Licht ist vielleicht häufig energiesparender und nachhaltiger im materiellen Aspekt, jedoch seine Intensität auf körperlicher Ebene schädlicher für Mensch und Tier. Es verhindert einen natürlichen Tag-Nacht-Rhyth-

mus und die Produktion des Ruhehormons Melatonin. Mehrere Studien aus den letzten Jahren belegen sogar, dass Schicht- und Nachtarbeit bei künstlichem Licht Krebserkrankungen begünstigt.[14] Die Auswirkungen auf Mensch, Flora und Fauna sind gravierend.

Viele nachtaktive Insekten werden durch künstliche Lichtquellen wie Straßenbeleuchtung verwirrt, angezogen und verletzt. Auch Zugvögel, die hauptsächlich nachts wandern und sich sonst am Sternenhimmel orientieren, werden auf ihrer Route gestört und landen desorientiert in Städten. Die natürlichen Wandermuster dieser Tiere verändern sich genauso wie ihr Nahrungsverhalten und ihre Kommunikation untereinander.

Wir können schon mit kleinen Anpassungen in unserem Alltag eine große Wirkung erzielen, indem wir Bewegungsmelder installieren, künstliche Lichtquellen gedimmt und nur wenn wirklich notwendig verwenden. Auch beim Außenlicht können wir Einfluss nehmen, wenn wir darauf achten, dass es nach unten strahlt, möglichst niedrig angebracht und von oben abgeschirmt ist, um die Lichtstreuung zu minimieren.

Die Prognose für Lichtverschmutzung ist aber gar nicht so schlecht, da viele Städte schon Pläne zur Reduzierung umsetzen. Die Stadt Wien hat zum Beispiel ein ambitioniertes Ziel: Bis 2036 soll die Milchstraße wieder über der Stadt sichtbar sein.

# Tradition & Religion: Feste damals & heute

## Mariä Lichtmess

Am 1. oder 2. Februar wird in der christlichen (vor allem in der katholischen) Kirche Lichtmess, Mariä Lichtmess oder die Darstellung des Herrn gefeiert. Nach den alttestamentlichen jüdischen Gesetzen galt eine Frau bis 40 Tage nach der Geburt eines Sohnes als unrein und musste sich einem Reinigungsritual unterziehen. Vom 24. Dezember, der Geburt Jesu, bis zum 1. Februar (oder 25. Dezember bis 2. Februar) sind es genau 40 Tage. Jeder erstgeborene Junge galt als Eigentum Gottes und musste in dieser Frist in den Tempel gebracht und mit einer Opfergabe ausgelöst werden. Zusammen mit diesem Fest findet auch die Kerzenweihe statt, die mit der Lichtsymbolik von Weihnachten verbunden ist. Zur Lichterprozession in der Kirche nahm man neue Kerzen mit, die man für das kommende Jahr benötigte, um sie weihen zu lassen.

## Christbaum-Abputzen

Es war einst vor allem im bayrischen Raum üblich, dass der Christbaum erst zu Lichtmess weggeräumt wurde. Es ist der Zeitpunkt, an dem alle Tannenbäume und Krippenfiguren bis zum nächsten Jahr verstaut werden.

Den gesamten Februar über bis zur Osterzeit wurde damals mit verschiedenen Festen der Winter ausgetrieben. Weder Karneval noch die dazugehörige Fastnacht sind die Ursprungsfeste dieser Zeit. Es geht wesentlich weiter zurück zu unseren Vorfahr*innen, die noch in wahrer Verbundenheit mit der Natur lebten. Im alpenländischen Raum waren es die Wintergeister und -dämonen, die man aus dem Dorf trieb, während bei den Römern in der Antike die »Luperkalien«, ein Fest der Reinigung und Fruchtbarkeit, ausschweifend mit Tieropfern gefeiert wurden.

Für die Kirche war der Februar ab dem 10. Jahrhundert die Zeit vor der Fastenperiode und Bußzeit. Viele der Bräuche rund um das »Winteraustreiben« wurden übernommen und abgewandelt. Im Mittelalter erreichte die sogenannte Fastnacht ihren Höhepunkt und ging danach eine ganze Weile fast völlig verloren, bis das Narrenbrauchtum zu Beginn des 19. Jahrhunderts während der deutschen Romantik wieder auflebte.

## Narrenzeit

Im Mittelalter entwickelten sich die Narrengerichte mit Narrenmasken. Man spricht auch von der »Rolle rückwärts« oder der »verkehrten Welt«, ähnlich wie beim Bohnenkönig zum Dreikönigstag. Doch reichen die Wurzeln von Narrenzeit und Karneval noch viel weiter zurück. Denn schon 3000 v. Chr. ist die Rede von einem siebentägigen Fest nach dem Neujahrsfest. Der Sumerer Gudea berichtet von Feierlichkeiten, wo die Arbeit stillsteht und die Rollen vertauscht werden, wo die Sklaven mit ihren Herren gleichgestellt sind und mit ihnen Seite an Seite gehen.
Das ist bis heute das Grundprinzip der Narrenfeste: sich einmal alles erlauben können, sagen und denken können, was man will, und sich womöglich »zum Narren machen«. Dazu gehören eben auch das Verkleiden, die Narrenkappe, sich seinen natürlichen Trieben hinzugeben und sich als das darzustellen, was man insgeheim fürchtet. Die Teufels- und Hexenkostüme sowie das Verkleiden als verschiedene Berufe (Arzt, Metzger, Schmied, König ...) gehören zum Karneval ebenso wie das fantasievolle Narrengewand. Der »Mummenschanz« und das Maskieren sind so verbreitet wie das Verkleiden und der Höllenlärm, der sich rituell wiederholt.

Die Verbindung zwischen den Karnevalsbräuchen im November (11. November) und den wilden Feiern in der Fastnacht sowie den sich wiederholenden Figuren der Perchten und des Höllenlärms im gesamten Zeitraum lässt sich so begründen, dass die Menschen in dieser gesamten dunklen Zeit immer Herren über die Dunkelheit sein wollten. Das war und ist ihre Art, Ängste oder eben böse Geister und Dämonen zu vertreiben.
Die einzelnen Tage der Narrenzeit haben eigene Namen und Riten. Die wohl bekanntesten sind die Weiberfastnacht, der Rosenmontag, der Faschingsdienstag und der Aschermittwoch.

### Donnerstag: Der kleine Fastabend oder Weiberfastnacht

Zur Weiberfastnacht am Donnerstag vor dem Fastnachtssonntag geben die Damen den Startschuss. Mancherorts sind es verkleidete Frauenkomitees, die das Rathaus übernehmen und den Stadtschlüssel an sich nehmen. Hier beginnt die »verkehrte Welt«, in der Frauen das Sagen haben und es üblich ist, Männern ihre Krawatten abzuschneiden, um ihnen symbolisch ihre Männlichkeit zu nehmen. Bis in das 17. Jahrhundert zurück gibt es Berichte aus Klöstern, wo auch Nonnen sich der Weiberfastnacht mit großen Tafeln voller Speis und Trank sowie dem Tanz hingaben.

### Sonntag: Großer Fastabend oder Herrenfastnacht, Estomihi

Der Weiberfastnacht folgt der Fastnachtssonntag, an dem die meisten Umzüge stattfinden. Im schwäbisch-alemannischen wird er auch Tulpensonntag genannt.

### Montag: Rosenmontag

Der Montag heißt seit dem 11. Jahrhundert Rosenmontag, da der Papst an diesem Tag eine gesegnete goldene Rose verlieh. Erst im 19. Jahrhundert wurden die Rosenmontagsumzüge eingeführt. Der erste fand in Köln am 10. Februar 1823 statt.

### Dienstag: Fastnachtsdienstag, Faschingsdienstag, Bauernfastnacht

Der Höhepunkt ist erreicht, es ist der letzte Tag vor der Fastenzeit, auch »fetter Dienstag« genannt. Wir kennen ihn heute als ausgiebigen Feiertag mit Karnevalsumzügen und Innenstadt-Partys. In Österreich und Bayern gehören die berühmten Faschingskrapfen obligatorisch dazu.

### Mittwoch: Aschermittwoch

Am Aschermittwoch beginnt die vierzigtägige Fastenzeit. Die Asche im Mittwoch kommt daher, dass es in der Westkirche üblich ist, aus der Asche der verbrannten Palmzweige vom Vorjahr im Gottesdienst ein Kreuz auf der Stirn zu empfangen. Da sich ab diesem Tag viele der Tradition nach von Fleisch und Alkohol verabschieden, hat sich der weitverbreitete Heringsschmaus eingebürgert. Fisch gilt nämlich als Fastenspeise.

### Karneval & Fasching

Wenn wir von Karneval hören, haben wir oft ein ganz genaues Bild im Kopf von Verkleidungen, Clowns und Tröten, mancherorts aufwendigen Karnevalsumzügen und Festivitäten. Die Ursprünge der Karnevals-, Faschings- und Fastnachtzeit liegen wie beschrieben weit zurück und haben sich als närrische fünfte Jahreszeit im deutschsprachigen Raum fest verankert.
Viele Gebiete, sogar einzelne Dörfer, haben ihre eigene Tradition, dazugehörige Orden und Kostüme sowie einen eigenen Ausruf.
Der wohl bekannteste Karneval Deutschlands ist der Kölner Karneval mit dem Ruf »Kölle Alaaf«. In Österreich sind es der Villacher Fasching mit dem Ruf »Lei« und die mittlerweile von der UNESCO als immaterielles Weltkulturerbe deklarierten »Faschingsrenner«[15] aus der Krakau im Bezirk Murau mitten in den Steireralpen.

Abseits der ländlichen Feiern erobert der Karneval im 15. Jahrhundert die höheren Gesellschaftsschichten – die Masken- und Kostümbälle waren geboren. Heute noch fällt die Saison der Bälle und Maskenbälle in diese Zeit. Märchenhafte Bälle und Redouten entwickelten sich daraus. Das Wort Karneval ist womöglich aus der Bezeichnung *carne levare* entstanden, was wortwörtlich bedeutet »Fleisch wegnehmen«, also auf Fleisch zu verzichten. Auch der Begriff Fasching deutet auf die kommende Fastenzeit hin, er entwickelte sich aus dem »Fastenausschank«, bevor es in die Abstinenz ging.

## Karnevalstradition und -kritik

Während zum größten Karneval in Rio de Janeiro hauptsächlich getanzt wird und in Venedig die aufwendigen historischen Masken ausgeführt werden, hat das Narrenspiel im mitteleuropäischen Raum den Sprung in das 21. Jahrhundert verpasst. Immer heftiger wird die Kritik an Teilnehmer*innen zu ihrer Kostümwahl. Die politische Korrektheit ist im Narrenreich noch nicht angekommen, und vielerorts wird von übergriffigen und auch rassistischen Verkleidungen berichtet. Immer noch verkleiden sich ganze Gruppen einer anderen Ethnie entsprechend, machen sich über diese lustig oder imitieren sie herabwürdigend. Auch wenn »verkehrte Welt« herrscht, dürfen sich in diesem Fall Bräuche – wie sie es schon immer getan haben – an die Zeit anpassen und weiterentwickeln.

## Fastenzeit

Feiern, Trinken und ausgiebiges Essen als Einläuten der Fastenzeit hatten vor allem einen praktischen Hintergrund.
Immerhin wurde hauptsächlich auf Fleisch verzichtet, zusätzlich auch oft auf Butter, Käse und Eier. Durch die wärmer werdenden Temperaturen und die mangelnden Kühlmöglichkeiten in der damaligen Zeit mussten nun die Wintervorräte und vor allem alles Verderbliche vor dem Frühjahr aufgebraucht werden. Das bedeutete üppige Mahlzeiten und ausschweifende Feste. Die körperliche Ausreinigung – was wir heute oft als Detox bezeichnen – ist ein willkommener Nebeneffekt des Fastens.
Für die christliche Fastenzeit basiert dieser Brauch auf der 40-tägigen Wanderung Jesu durch die Wüste, die er fastend und betend verbrachte.

## Wetterweissagung & Groundhog Day

Im keltischen Kalender ist Imbolc mit dem langsamen Erwachen der Natur verbunden. Es war eine noch verletzliche Zeit, in der das Leben ungewiss und dürftig war. Der Winter hatte bereits lange gedauert. Die Vorräte gingen zur Neige und mussten aufgrund der bald steigenden Temperaturen schnell aufgebraucht werden.
Der Erfolg der neuen Landwirtschaftssaison sowie die Fruchtbarkeit des Landes und der Tiere waren von entscheidender Bedeutung. Es wurden Vorbereitungen für die Anpflanzung von Getreidekulturen getroffen. Timing war alles, denn der Erfolg der Ernte hing von der Aussaat ab. Unsere Vorfahr*innen wandten sich an ihre Gottheiten, um die Fruchtbarkeit der Erde, die Lebensfähigkeit der Saat und die Fülle der Ernte zu gewährleisten.

Imbolc gilt selbst heute noch als Lostag. Ein Tag, an dem orakelt wird, wer heiratet, wer stirbt, wie lange der Winter noch andauern und wie die Ernte ausfallen wird. Es war Tradition, das Wetter für das kommende Jahr zu orakeln. Denn das Wetter Anfang Februar galt immer schon als Vorbote. Früher orientierte man sich zur Wetterweissagung noch an den Bären (mehr dazu später), heute kennen wir vorrangig die Tradition des *Groundhog Day* in Amerika, bei dem ein Murmeltier zur Wettervorhersage herangezogen wird: Wenn das Murmeltier am 2. Februar seinen Schatten sieht, geht es für weitere sechs Wochen wieder unter die Erde, und der Winter wird noch länger andauern.
In Irland kannte man auch die *Cailleach* – eine hexenartige Riesin, die mit dem Wetter in Verbindung gebracht wurde. Die Geschichte erzählt, dass sie sich auf die Suche nach Feuerholz macht, damit sie ihr Feuer am Brennen erhalten und den Winter ein wenig verlängern kann. Wenn Imbolc regnerisch und bewölkt ist, findet sie nichts als feuchte Zweige, die nicht zum Verbrennen geeignet sind, und kann den Winter nicht verlängern. Wenn der Tag trocken ist und reichlich Zündholz vorhanden ist, hat sie genügend Brennstoff, um ihr Feuer zu nähren und die Kälte des Winters zu verlängern. Der Frühling ist dann noch weit weg. Diese Geschichte ist möglicherweise einer der Ursprünge des heutigen *Groundhog Day* und seine Bedeutung für den Frühling eine Art moderne Wettervorhersage, die den keltischen Volksglauben der Vergangenheit aufgreift und widerspiegelt.

# Mythologie

## Brigid & heilige Brigida

Mythologisch gesehen ist die Zeit im Frühling der jugendlichen und jungfräulichen Göttin Brigid gewidmet. Sie ist die Wiederbringerin des Lichts. Ihr Name geht auf das englische *bright* zurück und bedeutet so viel wie »hell« oder »leuchtend«. In der irischen Mythologie steht Brigid zu Imbolc im Mittelpunkt. Sie repräsentiert den weißen Aspekt der Göttin, die zu Imbolc erneuert aus der Unterwelt aufsteigt. Sie löst damit die dunkle, schwarze Göttin ab, die als Percht oder Morrigan den Winter beherrscht. Seit ihrem Abstieg in die Unterwelt zur Herbsttagundnachtgleiche und spätestens seit Samhain regierte sie als schwarze Königin. Doch nach dem langen, dunklen Winter ist es auch für sie Zeit, langsam wieder aus dem Dornröschenschlaf zu erwachen. Brigid regiert dann als jungfräulicher, weißer Aspekt bis Mai, wenn sie von der roten Göttin der Fruchtbarkeit abgelöst wird.
In Irland war Brigid die Göttin des Feuers, des Herdes und der Heilung. Mit ihren feuerroten Haaren bringt sie das Eis zum Schmelzen und erwärmt die gefrorene Erde. Sie weckt die schlafenden Keime und Samen unter der Erde und rüttelt an den Bäumen, um sie zum Sprießen zu bringen.
Ein Attribut Brigids ist der feurige Pfeil, ein Symbol für den ersten Sonnenstrahl, der die Erde traf. Und im übertragenen Sinne für den Feuerpfeil, der die Herzen der Menschen zu dieser Zeit traf. Es war die Zeit der ersten Frühlingsgefühle, der aufblühenden Liebe und Erotik. Brigid wurde deshalb auch der »leuchtende Pfeil« oder »die Erhabene« genannt und galt ebenso als Göttin der Dicht- und Goldschmiedekunst wie auch der Weissagung. In der Vorstellung unserer Vorfahr*innen schöpfte sie aus ihrem Kessel und verteilte an die Menschen Energie, Inspiration, Begeisterung und Kreativität.
In der christlichen Kirche wurde aus der weißen Göttin Brigid die heilige Brigida, die folgsame Tochter eines Druiden, die zum Christentum übertrat, sich taufen ließ und ein christliches Kloster gründete.
Brigid war eine in ganz Europa verehrte Göttin, was man auch daran erkennt, wie viele Flüsse und Städte nach ihr benannt wurden. Darunter Bregenz am Bodensee, Braganca in Portugal, Brent in Britannien und einige mehr.
Als Pendant finden wir in der griechischen Mythologie Artemis, die sinnbildlich ebenfalls für diese Zeit steht. Sie repräsentiert das Wilde, Ungebändigte, Unabhängige der Natur und die Freiheit. Ihre Jungfräulichkeit im Sinne von »Sich-selbst-treu-Bleiben« unterstreicht auch ihre Freiheit in der Liebe und ihre Kraft.

Alles in allem spiegelt sie die Zeitqualität um Imbolc wider, wo es um das Lösen von Altem, Unbrauchbarem geht und darum, die eigene Wahrheit und Kraft wiederzufinden.

## Schneeweißchen & Rosenrot & der Bär als Sonnengott

Im Weltbild unserer Vorfahr*innen symbolisierten Höhlen auch eine Gebärmutter oder den Schoß der Muttergöttin. Man beobachtete, dass Bären sich im Herbst in die Höhlen verkrochen und im Frühling mit neuen Jungen wieder daraus hervorkrochen. Wir können hier etymologisch einen Zusammenhang zwischen »Ge-Bär-Mutter« oder im Englischen auch *to bear a child* und dem Bären erkennen. Gemeinsam mit der weißen Göttin, die das Licht wiederbringt, kommt auch der Bär im Frühling aus seiner Höhle hervor und schnuppert die neue Luft. Wenn er seinen Schatten sieht, kehrt er für weitere sechs Wochen bis zur Frühlingstagundnachtgleiche in die Höhle zurück, und es wird einen späten Frühling geben, so der Glaube. Das sagt uns auch die alte Bauernweisheit: »Zu Lichtmess schön und Sonnenschein, der Bär muss noch sechs Wochen in die Höhle rein.« Denn der Bär lebt im Einklang mit dem Jahreskreiszyklus und wurde von den Naturvölkern früher als Sonnenwesen gesehen.
Diese Idee finden wir auch in dem Märchen von »Schneeweißchen und Rosenrot« – die hier symbolisch für die weiße und rote Göttin stehen – wieder. Nachdem der Bär den Winter bei den Mädchen und Frau Holle – in dieser Geschichte der schwarze Aspekt der Göttin als alte Greisin – verbracht hatte, trug sich der Legende nach Folgendes zu: »Als Schneeweißchen ihm die Tür aufriegelte und er sich hinausdrängte, blieb er am Türhaken hängen, sodass ein Stück Fell aufriss. Es war ihr, als blitze pures Gold unter dem Bärenpelz hervor.«[16] Der Bär ist hier niemand anderer als der wiedergeborene, aber noch verhüllte Sonnengott, mit dem das Licht wiederkehrt. Im Märchen stellt sich heraus, dass er ein verzauberter Königssohn ist, der sich dann mit Schneeweißchen vermählt, während sein Bruder Rosenrot heiratet. In seiner Figur erkennen wir den altnordischen Lichtgott Baldur wieder.
Später, als die Bären in unserer Landschaft nicht mehr so präsent waren, wurde er in vielen Bauernsprüchen durch andere Wildtiere wie den Fuchs oder Dachs ersetzt. In Amerika kennen wir Imbolc auch als »Murmeltiertag« oder eben *Groundhog Day.* Viele unserer alten Märchen tragen so altes Kulturgut und verlorenes Wissen auf ganz verstecke Weise weiter.

# Astrologie

Wenn die Sonne Ende Januar in das Sternzeichen **Wassermann** wandert, spüren wir die Veränderung ganz deutlich. Er verkörpert neue, frische Kraft und ist voller Tatendrang und Innovation. Das Sternzeichen Wassermann ist ein Luftzeichen, bei dem es um die Befreiung aus starren, strengen Strukturen und Normen geht. Aufbruch in das Neue ist auch hier tonangebend. Neue Technologien, Computer und das Internet, aber auch revolutionäre Ideen und Visionen werden diesem Tierkreiszeichen zugeordnet. Es geht in dieser Zeit somit auch astrologisch um Zukunftsvisionen, die jetzt gesponnen werden dürfen. Je ausgefallener, desto besser, denn der Wassermann ist alles andere als gewöhnlich.

### Für dein Journal:

› *Was würdest du tun, wenn du keine Angst hättest?*
› *Wo fühlst du dich unfrei und würdest gerne ausbrechen?*

Als letztes Tierkreiszeichen im Zyklus vor dem neuen astrologischen Jahr stehen die **Fische** für Ganzheit. Man sagt, dass das Sternzeichen Fische als letztes Zeichen alle Stationen der vorangegangenen Tierkreiszeichen durchgemacht hat. Mit Ende des Winters hat es somit so einiges an Erfahrung gesammelt und ist bereit, den Kreislauf von vorne zu starten. Als tiefes gefühlvolles Wasserzeichen repräsentieren Fische die Dunkelheit, die ihren Rückzug beginnt. Mit dem Widder, der auf den Fisch folgt, beginnt das astrologische Jahr von Neuem.

### Für dein Journal:

› *Was in deinem Leben dient dir nicht?*
› *Was geht zu Ende und willst du endgültig hinter dir lassen vor dem Frühlingsbeginn?*

# Zeitqualität heute: Rituale & Routinen

## Radikale Ehrlichkeit & Reinigung im Innen und Außen

Mit der astrologischen Wassermann- und Fische-Energie fegen nicht nur klärende Frühjahrsstürme über das Land. Wir sind besonders angehalten, radikale Ehrlichkeit im Innen und Außen zu praktizieren. Es geht darum, ehrlich mit dir selbst zu sein, deine aktuelle Situation genau unter die Lupe zu nehmen und dein Jahr mit Klarheit anzugehen.
Auch wenn du schon Pläne gemacht hast, ist es nun an der Zeit zu prüfen, wie realistisch diese sind und ob du den Boden dafür ausreichend geebnet hast und genügend neuer Raum da ist.

### Reinigung

Das Wort Februar geht auf das lateinische *februare* zurück, was so viel bedeutet wie »reinigen«. Imbolc ist eine Zeit der Reinigung. Nach der langen Zeit in finsteren, dunklen Räumen war es für unsere Vorfahr*innen nun Zeit, den Schmutz von den Fenstern zu waschen und mit reinigendem Räucherwerk die angestauten Energien zu verbannen. Dabei wollte man die »Krankheitsdämonen vertreiben«, was nach dem langen Winter in stickigen Räumen bestimmt auch sehr notwendig war. Erst wenn die Stube sauber geputzt war, wurde Brigid eingeladen. Diese Tradition hat sich bis heute in Form des Frühjahrsputzes gehalten.
Die Aspekte der Reinigung beziehen sich auf die körperliche, seelische und räumliche Komponente. Der klassische Frühjahrsputz und die jährliche Entrümpelungsaktion bieten sich zu dieser Zeit ideal an, um die Wohnung wieder auf Vordermann zu bringen. Wir wollen die Fenster weit öffnen, um frischen Wind und damit auch neue Impulse einzuladen.
Mit Frühjahrskuren können wir unsere körperliche Reinigung unterstützen, zum Beispiel durch Schwitzbäder und Fasten.
Bedrückende, einengende Gedanken und Gefühle dürfen jetzt losgelassen werden. Es geht darum, sich von all den Winterschlacken zu befreien und aus der Starre zu erwachen.
Die Reinigung – egal ob körperlich, räumlich oder seelisch – verfolgt ein Ziel: Platz zu schaffen für frischen Wind. Nachdem wir uns von den Überresten des Winters befreit haben, kann ein neues Gefühl von Wohlbefinden und Leichtigkeit einziehen.

### Für dein Journal:

- *In welchen Bereichen deines Lebens braucht es frischen Wind?*
- *Woran hältst du fest, obwohl es nur deinen Raum besetzt und dir nicht dient?*

### Im Innen: Cord-Cutting zur Bereinigung von Ver-Bindungen

Tagtäglich gehen wir neue Verbindungen ein. Im Lauf eines Lebens werden das ganz schön viele. Für deine Ziele und Pläne benötigst du neben einem ordentlichen und sauberen physischen Ort und Auftreten auch einen klaren Kopf. Fokus ist unerlässlich, wenn du deine Ziele erreichen möchtest. Oft sind wir aber so abgelenkt und eingenommen von eigenen und fremden Problemen, dass sie zu Energiefressern werden und unseren Fokus trüben.

Als *Cord-Cutting* bezeichnet man im Englischen wortwörtlich das »Bande-Zerschneiden«. Wir wollen ganz bewusst energetische Bänder, die an uns anhaften oder an denen wir festhalten, trennen und unsere Energie bündeln. Du knüpfst immer dann Bande, wo andere an dir haften oder du an ihnen haftest. Ist die Bindung nährend für dich, dann kannst du sie natürlich beibehalten. Grundsätzlich sollte man aber immer nur dann »verbunden« sein, wenn man auch tatsächlich im Austausch ist. Besteht die Verbindung auch ohne tatsächlichen Austausch, ist es wie bei einem elektronischen Gerät, das ständig am Strom hängt und auf Stand-by läuft – dabei geht viel Energie verloren.

Um dem vorzubeugen, ist es notwendig herauszufinden, wo deine Energie gerade hinfließt und dir dadurch nicht zur Verfügung steht.

### Zu wem du möglicherweise in Verbindung stehst:

- Kindern und Eltern
- Familienmitgliedern und Freund*innen
- Romantischen Partner*innen und Liebhaber*innen
- Kolleg*innen und Geschäftspartner*innen
- Ahn*innen, Seelen (über das Leben und den Tod hinaus)
- Supermarkt-Kassierer*innen, Busfahrer*innen, Bäckereiangestellten, Postbot*innen usw. – auch diese kurzen Verbindungen haben einen energetischen Effekt auf dich

### Andere Formen von Bindungen:

- Follower*innen auf Social Media
- Anmeldungen für Newsletter und Memberships
- Wo immer du deine Kontaktdaten angibst, hinterlässt du eine energetische Spur zu dir
- Exzessives Überdenken von Themen, Denken an bestimmte Personen
- Sachen, die du irgendwo vergessen, geborgt, gelagert, geparkt hast

### Für dein Journal:

- *Wer sind die fünf Personen, mit denen du am meisten zu tun hast? Welche Energie entsteht dadurch? Ist diese nährend?*
- *Was muss endgültig geklärt werden?*
- *Wo bist du nicht ehrlich mit dir selbst?*
- *Wo bist du nicht ehrlich mit anderen?*
- *Was muss ein Ende finden?*

Mache dir Gedanken zu den einzelnen Punkten und trenne die »Bande«, indem du entfolgst, abmeldest, deine Gedanken aktiv umlenkst und deine Sachen zurückholst oder sie abhakst.

### Im Außen: Frühlingsputz mit den vier Elementen

So, wie wir unseren Körper und unser Leben einer Frühlingskur unterziehen, möchten wir das auch mit unserem Zuhause tun.
Ein Frühjahrsputz ist eine kraftvolle spirituelle und energetische Praxis und gleichzeitig sowohl hilfreich für den Haushalt als auch physisch erfrischend. Du kannst dabei die vier Elemente miteinbeziehen. Wir verbannen damit Stagnation aus unserem Zuhause und schaffen Raum für neue transformative Energie.

- **Luft:** Mache die Fenster auf, lass das Licht und die Frühlingsluft herein. Es ist nun wichtig, immer wieder frische Luft durch deine Räume strömen zu lassen.

- **Feuer:** Räuchere mit Salbei, Beifuß oder Zedernholz, um die alte Energie der Dunkelheit hinauszutreiben.

- **Wasser:** Wasche, was vom Winter eingestaubt ist, reinige all deine Oberflächen und befreie sie von Schmutz. Wenn nötig, putze auch deine Fenster für schöneres Licht und einen klareren Blick.
- **Erde:** Widme dich deinen Pflanzen: Besorge frische Pflanzen oder gönne den vorhandenen neue Erde. Zum feststofflichen, materiellen Element Erde gehören auch deine Habseligkeiten. Ausmisten, Aufräumen und Umräumen können deinen Wohnraum auflockern und dir eine neue Perspektive geben.

## Ritual: Räucherreinigung für den Frühjahrsputz

Der Rauch mancher Kräuter wie Salbei wirkt desinfizierend und reinigend, weshalb sie zu dieser Zeit vermehrt zum Einsatz kommen dürfen. Was wir heute als Viren, Bakterien und Keime bezeichnen, kannten unsere Vorfahr*innen noch als »böse Geister«. Die galt es nun zu vertreiben, weshalb man zum Schutz von Haus und Hof alles durchräucherte. Während wir uns heutzutage nicht mehr allein auf Schutzräucherungen verlassen müssen, um Krankheitskeime zu vertreiben, können wir zur energetischen Reinigung trotzdem durchräuchern, um die schwere Winterenergie endgültig aus unseren Zimmern zu vertreiben. Die drei unten angeführten Kräuter haben alle eine stark heilende, reinigende Wirkung und helfen, Altes zu verabschieden und Neues willkommen zu heißen.

### Das benötigst du:

- Räucherstövchen mit Teelicht
- Räuchermischung aus 1 Teil Salbei, 1 Teil Lavendel und 1 Teil Thymian

### So kannst du vorgehen:

- Zünde das Teelicht an und stell es in dein Räucherstövchen.
- Verteile die Kräuter auf dem Sieb des Stövchens.
- Stelle es an einen zentralen Platz in deiner Wohnung und öffne das Fenster einen Spalt weit, damit mit dem Rauch ziehen kann, was ziehen soll.

Die ätherischen Öle der Kräuter werden einen erfrischenden Duft verströmen und so energetisch wie auch physisch alles durchreinigen.

## Planung ist die halbe Arbeit

Um neue Vorhaben in die Welt zu bringen, wollen wir die Anfangsenergie des Jahres nutzen. Die Göttin Brigid, die nun die Säfte des Lebens wieder in Bewegung setzt, regt auch unsere Kreativität an. Als Göttin des Feuers und der Schmiedekunst entfacht sie das Feuer der Inspiration. Im Bauernkalender steht die Planung für die kommende Aussaat an sowie die genaue Berechnung, wie viele Arbeiter*innen für die Saison benötigt werden. Für uns in der urbanen Welt bedeutet das meistens die Planung von Projekten, Ressourcen, Urlauben und sonstigen Aktivitäten. Auch wenn du während der Rauhnächte viele Ideen hattest, geht es jetzt nach der Reinigung an die realistische Planung. Das kommende Halbjahr geht von Imbolc bis Lughnasadh, der ersten Ernte im August.

Frage dich, wo du bei dieser ersten Ernte stehen wirst.

**Für dein Journal:**

› *Welche deiner Ideen und Samen haben tatsächliches Potenzial für die kommende Saison bis zur ersten Ernte?*
› *Wo wirst du sein, wenn du jetzt nichts änderst?*
› *Wo wirst du sein, wenn du deinen Fokus und deine Pläne anpasst?*
› *Was schlummert unter deiner Oberfläche und möchte von dir geboren werden?*

## Ritual: Kerzen für die kommenden Jahreskreisfeste

So, wie es für die Kerzenweihe zu Lichtmess üblich ist, kannst du deine eigene Zeremonie gestalten. Da wir von Imbolc ausgehend noch Ostara, Beltane, Litha, Lughnasadh, Mabon, Samhain, Yule und die Rauhnächte vor uns haben, wirst du im Lauf des Jahres noch einige Kerzen benötigen.

### Für dieses Ritual benötigst du:

- 8 Kerzen für deine Feste (gleiche, verschiedene, bunte, einfarbige – alles ist erlaubt)
- Dein eigenes Weihwasser in einer Schale: Wasser mit ein wenig Salz zum Schutz (alternativ kannst du dir Weihwasser kaufen oder Rosenwasser verwenden)
- Weihrauch zum Räuchern (Tipps zum Räuchern findest du im Kapitel »Räucherwerkzeug & Räucherwerk«)

### So kannst du vorgehen:

- Lege dir alles zurecht und mache es dir bequem für deine persönliche Weihe.
- Lege den Weihrauch auf die heiße Kohle.
- Schließe die Augen und lass dich vom Duft umhüllen.
- Sende deine eigene Segnung in dein Weihwasser, indem du gute Gedanken und Energien hineinsprichst oder denkst. (Ich sende dir Ausdauer und Geduld, Liebe und Verbundenheit ...) Lass die Worte und Gedanken einfach fließen, was auch immer kommt, wird das Richtige sein.
- Wenn du fertig bist (das ist dann, wenn du das Gefühl hast, dass es ausreichend ist), darfst du deine Kerzen eine nach der anderen mit deinem Weihwasser beträufeln und durch den Weihrauch ziehen.
- Du kannst dir auch merken, welche für welches Fest gedacht ist.
- Verwahre sie gut und entzünde zu jedem kommenden Fest eine deiner geweihten Kerzen.

# Imbolc & die Natur

## Pflanzen & Kräuter der Saison

Unter der Oberfläche, ganz still und heimlich, herrscht bereits Hochbetrieb. Die ersten Samen bereiten sich auf das Keimen vor. In der Natur ist es nun die Zeit, in der die ersten widerspenstigen und trotzdem noch zarten Blümchen dem Frost und Schnee trotzen und ihren Kopf hochstrecken.
Märzenbecher, Krokusse, Schlüsselblumen, Veilchen und Schneeglöckchen lassen sich nun in der Landschaft, an Wegrändern und in Vorgärten blicken. Beginnen die ersten Pflanzen mal zu blühen, verkünden sie die Botschaft, auf die wir alle den langen Winter gewartet haben: den baldigen Beginn des Frühlings.
Das Schneeglöckchen ist als das Lichtmessblümchen bekannt, das die Wiederkehr der weißen Göttin Brigid anzeigt. Das Reinweiß der Blume gilt auch als Marienattribut, weshalb in England bei den Lichtmessumzügen weiß gekleidete junge Mädchen Schneeglöckchensträuße in der Hand tragen. Abhängig von Wetter und Sonnenintensität zeigen sich jetzt die ersten Knospen an Weiden, Haselsträuchern und Birken. Hirsche werfen ihr Geweih ab, damit ein neues, größeres wachsen kann, der Name des Januar-Vollmonds im Volksmund deutet es an, denn dieser Vollmond wird »Hornung« genannt.

### Die glänzende Birke

Die Birke mit ihren Frühlingskräften ist eng verbunden mit Brigid. Beide Wörter gehen auf den gleichen Wortstamm zurück und bedeuten so viel wie »hell« oder »glänzend«, denn nicht nur Brigid erstrahlt in ihrer Erscheinung, auch die Birke hat einen hell glänzenden Stamm. Mit ihrer weißen Rinde und den hellgrünen Blättchen verkörpert sie die Frühlingskraft. Sie wurde schon bei den Kelten als heiliger Baum verehrt. Wie kein anderer Baum steht die Birke für Reinigung und Neubeginn. Bereits in der Steinzeit zapften die Menschen die Birke an, da ihr Saft als reinigend und entschlackend gilt. Die Rinde wird zur Behandlung von rheumatischen Erkrankungen und zum Anregen des Stoffwechsels verwendet. Früher wurden Reisigbesen aus Birkenzweigen gebunden, da man diese für den Hausputz und zum Ausfegen der Stallungen benötigte.

## Frühjahrs-Detox mit Kräutern

Wenn in der Natur das Eis zu schmelzen beginnt, dürfen auch bei uns im Innen die Säfte wieder zu fließen beginnen. Denn Säfte sind die Träger des Lebens. Wenn im Körper nichts fließt, dann stockt es und staut sich an.

Nach dem langen, trägen Winter, in dem wir häufig die Bewegung etwas zurückgeschraubt haben, mehr gesessen haben und gelegen sind sowie etwas kräftigere, fettreichere Nahrung zu uns genommen haben, wollen wir nun alles wieder ins Fließen bringen, damit Körper und Geist wieder beweglich werden. Es ist kein Zufall, dass traditionellerweise Fastenzeit und Frühlingskuren in diese Zeit fallen. Nach monatelanger Völlerei mit viel Fleisch, Keksen und reichlich Alkohol ist nun Verzicht angesagt. Das körperliche Wohlbefinden steht wieder im Vordergrund. Frühjahrskuren zur Entschlackung unterstützen die körperliche Reinigung und beugen Frühjahrsmüdigkeit vor.

Wir wollen unseren körpereigenen Reinigungsorganen wie Leber, Niere, Darm und Haut unter die Arme greifen. Die Haut, unser größtes Ausscheidungsorgan, können wir durch Schwitzen mit Sauna oder Sport unterstützen, auch Pflanzen wie Holunder und Linde kurbeln die Schweißproduktion an. Bitterstoffe, wie wir sie in Löwenzahn, Schafgarbe und Tausendgüldenkraut finden, regen die Verdauungssäfte an und aktivieren die Darmbewegung. Gutes Kauen hilft, auch wirklich die ganze Pflanzenpower aufzunehmen. Harntreibende Pflanzen wie Brennnessel, Goldrute und Ackerschachtelhalm helfen, die Nieren durchzuspülen, wodurch du überschüssiges Wasser ausscheidest. Zu guter Letzt wollen wir der Filterfunktion der Leber aushelfen, um Giftstoffe besser ausscheiden zu können. Mariendistel und Löwenzahn sind wunderbare Unterstützer, um die Leber zu entgiften.

### Die Detox-Kräuter im Überblick:

- **Für die Leber:** Mariendistel, Löwenzahn
- **Für die Nieren:** Brennnessel, Goldrute und Ackerschachtelhalm
- **Für den Darm:** Löwenzahn, Schafgarbe und Tausendgüldenkraut

## Rezept: Haselkätzchen-Parmesan

Die Hasel hat eine lange Tradition bei uns und steht für Lebenskraft und Fruchtbarkeit. Die gelbe Farbe der Haselkätzchen, die vom Baum hängen und im Wind wehen, ist in der sonst so kahlen Landschaft eines der ersten Zeichen für den Frühling. Hier haben wir wieder die symbolische Verbindung zur Rückkehr der Sonne und des Lichts. Haselkätzchen lassen sich einfach so als Snack vom Baum naschen, schmecken ehrlicherweise aber wenig aufregend. Es lässt sich aus ihnen allerdings eine leckere und tolle pflanzliche Alternative zu Parmesan herstellen. Sie liefern wertvolle Mineralien, Flavonoide und Protein. Der gelbe Blütenstaub darf hier bei den Haselkätzchen bereits sichtbar sein.

**Was du brauchst**
1 Handvoll Haselkätzchen
1 Handvoll Hefeflocken
1 Handvoll Cashewnüsse
1 Prise Salz

**Zubereitung:**
Alles zusammen in den Mixer geben und zermahlen. Danach als dünne Schicht auf ein Backblech auftragen und drei bis vier Tage lufttrocknen lassen, in ein Glas umfüllen und kühl lagern. Hält ca. zwei Wochen im Kühlschrank.

**Achtung:** Solltest du allergisch auf die Pollen der Haselkätzchen sein, würden wir den Verzehr nicht empfehlen. Bitte sammle immer auch nur so viel, wie du tatsächlich benötigst. Die Pollen der Haselkätzchen sind eine wichtige Nahrungsquelle für Bienen.

# Selfcare

Genieße das süßlich schmeckende Birkenwasser zur Entwässerung. Du findest es in den meisten Drogerien.

Besorge frische Frühlingsblumen für deine Räume.

Befreie dich von allem Überflüssigen – Zeit, mal wieder deinen Kleiderschrank auszumisten. Gehe jegliche Schubladen und Kästen durch, um Gerümpel loszuwerden. Schaffe Platz für Neues.

Reinige deine Wohnräume von Grund auf.

Hol deine weiße Kleidung aus den Tiefen deines Kleiderschranks hervor und trage wieder vermehrt helle, lichte Stücke, um die Energie dieser Zeit aufzugreifen, wie die Lichtgöttin Brigid.

Zünde öfter Kerzen an, um das Licht willkommen zu heißen und den sprichwörtlichen Funken der Kreativität zu entzünden.

Reiß deine Fenster auf und lass frischen Wind und Energie herein.

Löse dich von allen Verbindungen, die dir nicht mehr dienlich sind oder deine Energien unnötig abzapfen.

Finde deinen Fokus.

Entfolge auf deinen Social-Media-Kanälen jeglichen Inhalten, die dir nicht entsprechen, unangenehme Gefühle und Zweifel hervorrufen, und bereinige somit deinen virtuellen Raum. Konsumiere passende Inhalte, die dein klares, fokussiertes Mindset unterstützen.

Bereinige und ordne dein E-Mail-Postfach sowie deine sozialen Kontakte. Archiviere, was du nicht ständig sichtbar haben musst.

## Himmel & Erde

**Tageszeit:**
Morgenröte, Sonnenaufgang

**Name des Vollmonds:**
Wurmmond, Lenzmond

**Himmelsrichtung:**
Osten

**Element:**
Luft

## Tradition & Religion

**Christlich:**
Fastenzeit, Ostern

**Andere Namen:**
Frühlingstagundnachtgleiche,
Frühjahrsäquinoktium,
Alban Eiler (»Licht der Erde«)

**Aussprache:**
O-sta-rah

## Natur

**Kräuter & Pflanzen:**
Brennnessel, Minze,
Löwenzahn, Giersch,
Gundermann, Krokusse,
Veilchen, Narzissen

**Phänologische Jahreszeit:**
Erstfrühling und erstes Aufblühen
sowie Blattentfaltung

## Zeitqualität

Balance von Licht
und Dunkel,
Gleichgewicht,
Erwachen,
Erblühen,
Bewegung,
Fluss, kreative Energie,
Lebenskraft,
Wachstum

## Modern Mystic Facts

**Sternzeichen:**
Widder

**Tarotkarte:**
Der Herrscher

**Göttin:**
Ostara

**Kristalle:**
Citrin, Amethyst,
Aquamarin

**Altardekoration:**
Frühlingsblumen, Samen,
frische Kräuter, Symbole und
Figuren von Frühlingsboten

**Farben:**
Gelb, Lila, Hellgrün

# Ostara

Frühlingstagundnachtgleiche
21. März

# Ursprung & Bedeutung: Frühlingserwachen & -beginn

## Die Tagundnachtgleiche

Zweimal im Jahr halten sich Tages- und Nachtlänge die Waage: Zur Frühlings- und zur Herbsttagundnachtgleiche. So erreichen wir die Lichtgleiche am 20./21.März, und es ist, als ob die Erde einen Moment lang den Atem anhält, um uns dann die aufsteigenden Energien, den Aufbruch in eine neue Phase und auch der Natur den Neuanfang einzuhauchen.
Ostara, auf Englisch unter *Spring Equinox* bekannt, ist ein Fest des Erwachens und des Sprießens. Nun wird die Intensität der Sonnenstrahlen und auch ihre Wärme spürbar, die Frühlingsblumen zeigen sich schon an jeder Ecke, und auch unsere Kleidung wird Stück für Stück leichter und farbenfroher. Die längeren Tage sind ein Segen: Während das Tageslicht im Dezember täglich auf ungefähr acht Stunden beschränkt war, haben wir nun, zur Tagundnachtgleiche, bereits zwölf Stunden Helligkeit, Tendenz steigend. Es ist der Punkt im Jahr, an dem wir endgültig von der dunklen in die helle Jahreshälfte übergehen. An manchen Tagen lässt das Wetter vielleicht noch zu wünschen übrig, doch das Keimen und Treiben in der Natur ist nun nicht mehr aufzuhalten. Wenn wir den Winter genutzt haben, um aufzutanken und zur Ruhe zu kommen, können wir nun im kommenden Frühling und Sommer davon zehren.

Im letzten Monat hat sich die Energie in unserem Körper und der Natur wieder deutlich beschleunigt. Das Leben scheint voller Möglichkeiten. Zu Ostern wird nicht nur Jesus wiedergeboren, sondern auch wir, genau wie Flora und Fauna. Was uns die Dunkelheit gelehrt hat, wird jetzt zu unseren Werkzeugen.

## Der Frühlingsanfang

Das erste Sonnenfest des Jahres ist hier, und wir dürfen uns endlich wieder auf längere Tage und kürzere Nächte freuen. Dieser besondere Tag wurde ursprünglich als der Tag der Welterschaffung gesehen, bevor er zur Tagundnachtgleiche wurde. Da schon zu Imbolc das erste Frühlingserwachen gefeiert wurde, repräsentiert Ostara die endgültige Übergabe der Macht von der Göttin des Winters an die Göttin des Sommers.
Da der Frühlingsanfang abhängig von der Klimazone variiert, ist Imbolc lediglich die Vorbereitung auf das Frühlingserwachen und Beltane das tatsächliche Fest der Fruchtbarkeit. Zwischen diesen zwei Terminen liegt der Frühlingsbeginn in perfekter Balance von Tag und Nacht.
Erst seit dem 18. Jahrhundert wurde dieser wieder vermehrt kultisch begangen und im Neo-Druidentum als Alban Eiler (Licht der Erde) gefeiert.

Die Zeit bis Ostara ist aufgrund der vorangegangenen Fastenzeit sowie der Reinigungszeit eher ruhig vonstattengegangen. Früher gab es in den Dörfern jedoch das sogenannte Frühlingsbegrüßen, wo man kleine Umzüge veranstaltete und lange Stangen und Zepter geschmückt mit allerlei Bändern, rot gefärbten Eiern, Äpfeln und Palmkätzchen durch das Dorf trug.

Ähnlich wie bei den vorangegangenen Festen sind viele Bräuche in abgewandelter Form bis heute erhalten geblieben. Mancherorts werden die Riten noch sehr ernst genommen, und so gibt es zum Beispiel das »Scheibenschlagen« nach wie vor, wo brennende Holzscheiben oder Karrenräder von Hügeln gestoßen werden. Klingt wild und gefährlich, doch es war für die Menschen früher eine große Erlösung und ein wichtiger Startschuss in das arbeitsreiche helle Halbjahr. Alles drehte sich um die symbolische Verabschiedung des Winters und eine festliche, spielerische Befreiung der Erde und des Frühlings.

## Ostern & Ostara

Dass sich das Wort »Ostern« nicht von der germanischen Frühlingsgöttin »Ostara« ableitet, ist mittlerweile auch wissenschaftlich geklärt, auch wenn diese Auffassung vor allem während des Zweiten Weltkriegs gerne verbreitet wurde. Allerdings war Ostern ursprünglich unter dem hebräischen Namen *pessach* bekannt und tauchte als »Ostern« erst um ca. 700 n. Chr. auf.
Während es im Christentum zu beiden Hochfesten (Ostern und Weihnachten) um das »Wachen in der Nacht« (das Warten auf das Licht) geht, entspricht das Jahreskreisfest Ostara nach dem Naturzyklus klar der Morgenröte, dem Erwachen des Tages im Jahr.

# Tradition & Religion: Feste damals & heute

## Ostern & die Karwoche

Zu Ostern wird das ranghöchste katholische Fest, das Gedächtnis an die Auferstehung Christi, gefeiert. Das beinhaltet das letzte Abendmahl, die Kreuztragung beziehungsweise den Kreuzweg, das Sterben Jesu, die Grabesruhe sowie die Auferstehung Christi.
Dass sich das Osterfest aus einem alten Brauch entwickelt hat, zeigt sich bereits daran, dass es sich nach dem Mondkalender richtet. Ostern fällt auf den ersten Sonntag nach dem ersten Vollmond nach der Frühlingstagundnachtgleiche. Das Christentum hat mit der Auferstehung Jesu die sich erneuernden Eigenschaften des Frühlings und der Naturkräfte auf seinen eigenen Glauben und seine Feiern übertragen.
Mariä Verkündung am 25. März markiert im Christentum den endgültigen Frühlingsbeginn. Neun Monate vor der Geburt Jesu kündigt an diesem Tag der Engel Gabriel Maria das bevorstehende Ereignis an.

Die Karwoche, auch »Leidenswoche« Christi genannt, läutet das Ende der Fastenzeit ein, die seit dem Aschermittwoch eingehalten wird. Jeder Tag hatte seine Funktion und trug viele verschiedene Namen, abhängig von Region und Zeitperiode. Die geläufigsten, die wir im deutschsprachigen Raum kennen, sind der Palmsonntag, der Gründonnerstag, der Karfreitag sowie der Ostersonntag und Ostermontag.

### Palmsonntag

Mit dem Palmsonntag beginnt die Karwoche und damit die Osterfeierlichkeiten. Es wird in den Gottesdiensten über die Passion Christi (die Leidensgeschichte Christi) berichtet und davon, dass er bei seinem Einzug in Jerusalem mit Palmzweigen bejubelt wurde. Daher hat der Palmsonntag seinen Namen. Da Palmzweige aber im mittel- und nordeuropäischen Raum eher schwer aufzutreiben waren, fand man zu den Feierlichkeiten mit dem Buchsbaum eine adäquate Alternative. Dieser gehörte früher zu jedem Hof und in jeden Garten und kann als Schnittstelle zwischen christlichen und heidnischen Bräuchen betrachten werden. Denn geweihter »Palm« galt als Schutz vor Blitz und Hagel, sogar Missernten und Seuchen sollte er fernhalten. Man fütterte die eigenen Tiere damit und trank Palmtee vorbeugend gegen Lungenkrankheiten. Eine Bauernregel besagte: Wenn die Palmen bei Sonnenschein geweiht wurden, müsse man die Ostereier im Schnee suchen.

## Gründonnerstag

Sein Name kommt nicht von der Farbe Grün, sondern leitet sich von »greinen« ab, was so viel wie weinen oder trauern bedeutet. Er ist der erste Tag des dreitägigen Gedächtnisses an das Leiden, Sterben, die Grabesruhe und Auferstehung Jesu Christi. Am Gründonnerstagabend beginnen die Feierlichkeiten vor dem letzten Abendmahl und enden zum Ostersonntag mit der Vesper, dem Abendgebet. Früher war es auch der Tag der öffentlichen Sündenvergebung. Ab diesem Abend bis zur Osternacht verstummen die Kirchenglocken und werden durch Karfreitagsratschen ersetzt. Kinder, die früher die Aufgabe übernahmen, zum Gottesdienst zu ratschen, bekamen oft auch schon Ostereier und Osterwecken.
Es war üblich, an diesem Tag Grünes zu essen, um das ganze Jahr gesund zu bleiben. Für einen erfolgreichen Gemüseanbau gruben die Frauen in Oberbayern an diesem Tag oft die Hausgärten um, und die Männer gingen zur Aussaat. Mit der Auferstehung wollte man auch die Natur wieder zum Leben erwecken. Wäsche sollte dagegen nicht gemacht werden, um Gewitter, Überschwemmungen und sonstiges Unglück fernzuhalten.

## Karfreitag & Karsamstag

Der Karfreitag ist der Todesgedenktag Christi. Häufig wurde und wird sein Leidensweg an diesem Tag nachgestellt. Neben Wallfahrtswegen und den zwölf Stationen des Kreuzwegs Christi, die man zum Gedenken abgeht, gehört auch die Grablegung dazu, die in der Kirche stattfand und gleichzeitig auch Ort der Auferstehungsfeier zur Ostermette am Ostersonntag war.
Am Karsamstag wird Christi Tod in der Stille gedacht. Die Glocken und Orgeln schweigen, und auch jegliche Reliquien sowie Blumenschmuck und Dekoration werden von den Altären abgeräumt.

## Ostersonntag

Der Ostersonntag ist der Tag der Auferstehung Christi und das Ende der Fastenzeit. In der Auferstehung geht es um die Überwindung des Todes. Eine eindeutige Spiegelung des Sieges der Sonne über die Dunkelheit und den Winter. Auch heute gibt es noch häufig ein gemeinsames Essen nach der Ostermette, so, wie es Festlichkeiten und gemeinsame Festtafeln zur Frühlingstagundnachtgleiche gab.
Aus wissenschaftlicher Perspektive kann man sagen, dass es keine Belege für die Möglichkeit einer physischen Auferstehung gibt, außer bei Nahtoderfahrungen. Der Mensch benötigt seit jeher Strategien, mit et-

was so Endgültigem wie dem Tod umzugehen. Das ist innerhalb einer Glaubensgemeinschaft leichter zu ertragen, denn »geteiltes Leid ist halbes Leid«.

## Feldweihe und das Sonnenrad

Um die Frühlingstagundnachtgleiche gebührend zu markieren und zu zelebrieren, haben sich im Volksbrauchtum einige Traditionen etabliert. Zu diesen bäuerlichen Riten gehört die Feldweihe. Die Felder werden abgeschritten, an jeder Ecke werden Gebinde (die Palmbuschen) in die Erde gesteckt. Dazu werden Sträuße aus Palmzweigen (Weidenkätzchen) und weiteren Kräutern mit einer Kerze zusammengebunden. Die Feldweihe ist ein Segnungsritual, bei dem um eine reichhaltige Ernte und Schutz für die Felder gebeten wird. Die Palmzweige sollen Unwetter und Krankheit fernhalten sowie die Fruchtbarkeit des Feldes anregen. Auch die Asche des Osterfeuers wird auf den Feldern aufgrund seiner anregenden Eigenschaften verteilt. Das Feuer wird auf einer Hügelkuppe angezündet, um von allen Seiten sichtbar zu sein und das Frühlingserwachen vollends zu verkünden. Ein weiterer Brauch ist es, ein Sonnenrad aus Holz mit dem Osterfeuer anzuzünden und brennend vom Hügel ins Tal zu rollen. Damit wird der Sieg der Sonne über den Winter verkündet. Dieses Fest ist ein fruchtbares und sinnliches Fest und symbolisiert Aufbruch, Wiedergeburt und Kraft.

## Ostereier

Die Ostereier sind heute ein sehr bekannter Osterbrauch, haben aber ursprünglich nicht ausschließlich mit Ostern selbst zu tun. In der Fastenzeit waren neben Fleisch- und Milchwaren auch Eier verboten. Die Legezeit für die Hühner war somit länger ungestört, und es sammelten sich große Mengen an Eiern an, die verzehrt und haltbar gemacht werden mussten. So wurden Eier nach alter deutscher Rechtsform einerseits zum Zahlungsmittel (Zinseier oder Hubeier) für fällige Pachten und andererseits zu Geschenken. Man hielt die Eier frisch, indem man sie in der Erde vergrub oder als Soleier einlegte. Oft färbte man die gekochten Eier auch ein, um sie unterscheiden zu können. Die hart gekochten, bunt verzierten Eier waren die Schenkeier, die sich regional in ihren Bemalungen unterschieden.

Zu Zeiten, als die Menschen noch Jäger*innen und Sammler*innen waren, wurden höchstwahrscheinlich auch Eier aus Vogelnestern gesammelt, da sie nach dem kargen Winter eine willkommene Nahrungsergänzung waren. Möglicherweise ist auch das ein Ursprung der Ostereisuche. Spiele wie das Eierschlagen, -verstecken und -läufe haben heute noch Tradition.

## Eier als Fruchtbarkeitssymbol

Eier waren immer schon Symbole für die Entstehung des Lebens, Wiedergeburt und Zeichen der Fruchtbarkeit. Manchmal wurden sie auch in Anspielung darauf rot eingefärbt.
So hatte man früher das Bild der Frühlingsgöttin Ostara im Kopf, die über die Felder streift und dabei Eier und somit Fruchtbarkeit verteilt. In der ägyptischen Mythologie legt Astarte – eine weitere Namensverwandte zu Ostara – das goldene Ei der Sonne. Einer anderen Legende nach gebar die große Göttin am Anfang der Zeit das »Weltenei«. Aus dem Dotter entstand die Sonne. Ähnliche Schöpfungsmythen ziehen sich durch viele Kulturen weltweit.

Das Ei gilt für viele Völker symbolisch als etwas, aus dem Leben geboren wird. So ist es naheliegend, dass auch das Christentum dieses Symbol zur Auferstehung Christi übernahm, wo es in den ersten christlichen Jahrhunderten für das neue Leben stand. Das starre Ding, das wie tot aussieht und dann aufbricht, um das Leben herauszulassen, wird der Auferstehung Christi aus dem Grab gleichsetzt.
In vielen künstlerischen Darstellungen sieht man ein Ei als Lebenssymbol.

## Eierproduktion & Konsum

Wir wissen heute, dass die Eierproduktion von Haushühnern beginnt, wenn die Netzhaut eines Hühnerauges durch mehr als zwölf Stunden Licht pro Tag stimuliert wird. Diese Verbindung zwischen Eiern und der Verschiebung des Gleichgewichts von der Dunkelheit zum Licht zur Frühlingstagundnachtgleiche ist den alten Heiden natürlich nicht entgangen. Ein normales Haushuhn legt ein Ei in ungefähr 24 Stunden. Ungestört würden sie sich im Frühjahr ein Erdloch suchen, das sie mit Nistmaterial auslegen, und würden dort fünf bis acht Eier hineinlegen. Danach würden sie für ungefähr 21 weitere Tage brüten, bis die Küken schlüpfen. Ein Huhn in freier Wildbahn würde nur ca. fünf befruchtete Eier im gesamten Jahr legen und das auch nur, um sich zu vermehren. Sollte, während die Henne die Brutstätte zur Nahrungsbeschaffung verlässt, ein Fressfeind ein oder zwei Eier stehlen, würde sie diese durch neue ersetzen. Abgesehen davon hat das Huhn seine natürlichen Zyklen. Während es im Sommer fast täglich Eier legt, reduziert sich das über die Wintermonate fast vollständig, und erst im Frühjahr geht es wieder richtig los.

Der heutige Eierkonsum lässt natürlich keine Zeit, um ganze 24 Stunden auf ein einziges Ei zu warten. Legehennen wurden so auf Höchstleistungen gezüchtet, dass sie bis zu 300 Eier im Jahr für die Lebensmittelindustrie legen. Allein in der EU gibt es insgesamt etwa 400.000 Millionen Legehennen, von denen immer noch knappe 50 Prozent in Käfigen gehalten werden. In Österreich wurde diese Art von Haltung Ende 2019 per Gesetz verboten und gänzlich auf Bodenhaltung (61 Porzent), Freilandhaltung (26,5 Prozent) und Biohaltung (12,5 Prozent) umgestellt.[17] Abgesehen davon gibt es für die Rückverfolgbarkeit jedes einzelnen österreichischen Eies eine Eierdatenbank. 90 Prozent der Frischeier am Markt werden hier schon erfasst und sind via »Quick-Egg-Check« für den Konsumenten nachverfolgbar.

Natürlich könnte man mit der Notwendigkeit der Eier im Ernährungsplan argumentieren, da sie wichtige Nährstoffe (Vitamin A, D, E, K, B-Vitamine, Kalzium und Eisen) enthalten, die dem Körper sonst fehlen. Aber dank exponentiellen Wachstums im Supplements- und Nahrungsergänzungsmittelbereich können wir sie mittlerweile alle mit Leichtigkeit ersetzten. Bei der aktuellen Tierhaltung und Klimalage gibt es wohl kaum mehr ausreichende Gründe, Eier zu konsumieren. Außerdem sind sie durch die enthaltene Fettsäure Arachidon entzündungsfördernd und können Autoimmunerkrankungen wie Rheuma, Arthritis, Multiple Sklerose, Diabetes, Hashimoto oder Morbus Crohn verschlimmern.

## Was du tun kannst:

› Ganz auf Eier verzichten und die Nährstoffe über andere Lebensmittel aufnehmen.

› Dich an die maximal empfohlene Verzehrmenge von drei Eiern in der Woche halten.

› Keine Eier mehr für den eigenen Haushalt kaufen und zum Beispiel nur noch beim Essengehen konsumieren.

› Zum Kochen pflanzliche Alternativen verwenden.

› Eigene Hühner halten, wenn du einen Garten hast.

## Frühlingsbeginn weltweit

Es ist schon deutlich geworden, dass die Frühlingstagundnachtgleiche in Kulturen auf dem ganzen Globus ein ganz besonderer Tag ist und vielerorts mit Bedacht begangen wird.
Das Alte lassen wir endgültig hinter uns und empfangen das Neue. Viele Völker weltweit haben ihre Riten und Zeremonien für diese Zeit: Nouruz ist das persische Frühlings- und Neujahrsfest, in Mexiko wird die Tagundnachtgleiche besonders in Teotihuacan groß gefeiert. Auch das mittlerweile stark kommerzialisierte Holi-Festival widmet sich dem Beginn des Frühlings. Es wird am letzten Vollmondtag des hinduistischen Monats Phalgun gefeiert und ist bekannt für die bunten Farbpulver, die an diesem Tag in der Luft verstreut werden.
Was all diese Feste verbindet, ist das Feiern des Sieges des Lichtes über die Dunkelheit und des Beginns der Blütezeit, des Frühlings.

# Mythologie

## Göttin Ostara

Die Frühlingsgöttin, die wir zu Imbolc unter dem Namen Brigid kennengelernt haben, ist nun älter und reifer geworden. Sie zeigt sich uns jetzt als Ostara. Überall dort, wo sie ihren Fuß aufsetzt, wird die Erde wieder fruchtbar. Unter ihren Schritten erblühen die Frühlingsblumen. Eine der vielen Interpretation ist, dass es sich bei Ostara um die im Osten aufgehende Sonne handelt, also die Morgenröte. So wurde die Feier der aufgehenden Sonne in die Auferstehung des Heilands, der im Christentum als Licht der Welt gilt, umgewidmet. Mit ihr werden Aspekte wie Fruchtbarkeit, Fülle und Wachstum verbunden.

Auch der zur Wintersonnenwende geborene Sonnengott ist nun herangewachsen und gilt damit als perfekter Gefährte der jungfräulichen Göttin. Auch bekannt als Grüner Mann weckt er um diese Zeit mit seinen Sonnenstrahlen die große Erdgöttin endgültig aus dem Winterschlaf. So, wie die Erde reif zum Besamen ist, ist es auch die Göttin. Laut einiger Erzählungen vereinigen sich die beiden, und neun Monate später, zur Wintersonnenwende, folgt die Geburt der neuen Inkarnation des Sonnenkinds.
Es gibt allerdings auch die Erzählung, dass sich das göttliche Paar erst zum kommenden Jahreskreisfest Beltane im Mai zur Hoch-Zeit des Jahres vereinigt.

## Rückkehr von Persephone

In der griechischen Mythologie kehrt Persephone, die sich zu Mabon, der Herbsttagundnachtgleiche, in die Unterwelt begeben hat, nun wieder zurück. So, wie auch für uns die Winterzeit eine Art Unterweltreise war, aus der wir jetzt zum Frühlingsbeginn wieder auftauchen. Sie wird mit ihrer Mutter, der Erdgöttin Demeter, wieder vereint und läutet damit den Frühling ein. Hocherfreut über die Rückkehr ihrer Tochter lässt Demeter die Erde wieder aufblühen.

## Der Osterhase

Neben den Ostereiern ist der Osterhase der eindeutige Star des heutigen kommerziellen Osterfests. Unsere Vorfahr*innen konnten das Paarungsverhalten von Hasen zu dieser Zeit kaum übersehen. Wir finden heute noch Anspielungen darauf in der Phrase »es wie die Karnickel treiben«. Der Hase wurde zum Symbolbild für die vor Fruchtbarkeit strotzenden Kräfte der Natur. Dass er die Ostereier bringt, war jedoch wahrscheinlich ursprünglich eher ironisch gemeint und ein Verweis auf den eierförmigen Hasenkot. Außerdem ist der Osterhase ebenso wie der Storch, der die Kinder bringt, eine städtische Erfindung, die sich erst um 1800 breitgemacht hat. Allerdings sehr erfolgreich, denn Schokohasen und Osterkonfekt lassen den Ostermarkt neben der dazugehörigen Dekoration boomen und machen mit ihren Absätzen Weihnachten ernsthafte Konkurrenz.

## Astrologie

Die Märztagundnachtgleiche gilt als Beginn des astrologischen Neujahrs. Das Ende der Fische-Saison am 20. März markiert zugleich Tod und Wiedergeburt (ganz ähnlich wie Ostern), denn der Tierkreis selbst endet mit dem Zeichen Fische und beginnt mit dem Zeichen **Widder**, der somit als erstes der zwölf Sternzeichen in der Astrologie gilt.
Als Feuerzeichen besitzt er eine überschäumende Energie und steht für Neubeginn, Durchsetzungsvermögen und sexuelle Potenz. Die Energie des Widders macht diese Zeit perfekt, um darüber nachzudenken, was als Nächstes kommen darf und wie du dich in den kommenden Monaten fühlen möchtest. Auch jetzt ist es noch nicht Zeit, sich voller Kraft ins Tun zu stürzen. Langsames Sprießen, wie in der Natur, ist angesagt.
Zum astrologischen Neujahr kannst du im Kapitel »Rhythmen und Zyklen als feste Bestandteile unseres Lebens« mehr nachlesen.

### Für dein Journal:

- *Welche zarten Knospen deiner Saat beginnen jetzt zu blühen?*
- *Welche Knospen brauchen besondere Aufmerksamkeit?*
- *Wo zeigt sich, dass es vielleicht noch nicht an der Zeit ist?*

# Zeitqualität heute: Rituale & Routinen

Wir sprechen zurzeit der Frühlingstagundnachtgleiche nicht nur von der bekannten Frühjahrsmüdigkeit, sondern auch von den Frühlingsgefühlen. Da die äußeren Umstände immer auch unsere inneren Zustände widerspiegeln, macht sich das Aufblühen der Natur auch in unserem Gemüt bemerkbar. Wenn die Natur sprosst, keimt und blüht, verspüren wir eine Art Neubeginn. Nach dem starren Winter brauchen wir Menschen das Erleben eines inneren Frühlings. Es schenkt Hoffnung und lässt Dinge wieder fließen, die ins Stocken geraten sind.
Doch auch diese Phase hat ihren Rhythmus, und es sollte nichts überstürzt werden. Folge den Zeichen, die dir die Natur gibt.

## Zeit für dein eigenes Erwachen: Frühlingsgefühle

Als Erstes darfst du dir Zeit geben, dass sich dein Hormonhaushalt einpendelt und neu ausrichtet. Frühlingsgefühle werden durch reale, natürliche Vorgänge im Körper ausgelöst. Mehr echtes Tageslicht regt die Glückshormonproduktion – das magische Serotonin – im Körper an, und unser Hormonhaushalt reagiert psychisch und physisch darauf. Überdurchschnittlich gute Laune, Leichtigkeit und mehr Energie machen sich breit, die Müdigkeit verflüchtigt sich. Wir fühlen uns zu anderen Menschen mehr hingezogen, verlieben uns aufgrund des Hormonkicks wesentlich leichter und treten schon schrittweise in die Energie von Beltane, die sich in Lust äußert, ein.
Wie zu den besonders warmen und sonnigen Tagen im Frühjahr das Aprilwetter gehört, so dürfen wir uns aber auch neben positiven Höhen gegen plötzliche Energiedurchhänger und Stimmungstiefs wappnen, bis wir die richtige Balance gefunden haben.

### Für dein Journal:

› *Was braucht dein Körper/Geist jetzt?*
› *Womit nährst und stärkst du dich?*
› *Wie gehst du gerade mit dir selbst um? Bist du liebevoll und hast Verständnis oder willst du deine Pläne durchbringen?*
› *Womit stehst du somit deinem eigenen Erblühen und Wachstum im Weg?*

## Balance & Wachstum

Es ist eine Zeit des Kampfes zwischen den Kräften des Winters und denen des Frühlings. Auch wenn der Frühling sich nicht mehr aufhalten lässt, wird es Tage geben, an denen uns ganz plötzlich ein erneuter Wintereinbruch überrascht. Wir wollen endlich loslegen, doch es ist immer noch Widerstand da. Die aktuelle Zeitqualität erlaubt uns noch nicht loszustürmen, weil die Energie noch nicht ganz reif dafür ist.
Das kann frustrieren, weil das erste Quartal im Jahr schon fast um ist und wir durch die Vorgaben der Welt unter Zeitdruck geraten.
Mit dir ist alles in Ordnung, auch mit deinen Plänen und Ideen – Körper und Geist stimmen sich nur ein. Ein bewussteres Leben und eine bewusstere Wahrnehmung haben genau diese Nebenwirkungen, nämlich ausgebremst zu werden, wenn die Zeit noch nicht reif ist. Hier befinden wir uns oft in einer Art Limbo des Leistungsdrucks.

**Viel wichtiger ist es jetzt, sich wieder nur auf sich zu besinnen und die eigene Balance und Mitte herzustellen:**
› *Bin ich in Balance mit mir und meinem Ego?*
› *Wie sieht es aus mit meinen Plänen, womit möchte ich jetzt gerne vorpreschen und werde gebremst?*
› *Was würde mich vorwärtsbringen?*

**Balance bedeutet nicht nur Ausgleich, sondern auch Augenhöhe, Bereinigung und eine Form von Vereinigung:**
› *Wovon habe ich zu viel, wovon zu wenig?*
› *Wonach sehne ich mich, und was kompensiere ich?*
› *Woran halte ich fest und verursache somit ein Ungleichgewicht?*

## Dein inneres Feuer entfachen

Mit der Frühlingstagundnachtgleiche beginnt die Zeit des Handelns. Nachdem wir den Winter über lange gebrütet und geduldig abgewartet haben, stehen Vorhaben, Ideen und Pläne jetzt in den Startlöchern und wollen in Bewegung gebracht werden. Wenn wir im Einklang mit der jahreszeitlichen Qualität sind, verspüren wir nun richtigen Tatendrang. So, wie es in der Natur Zeit ist, Samen auf materieller Ebene zu pflanzen, dürfen jetzt auch die gedanklichen Samen gepflanzt werden. Samen, die wir zu Mabon geerntet haben, über die Rauhnächte weiter visioniert und zu Imbolc aufgeweckt haben, dürfen nun zu sprießen beginnen und in der Realität manifestiert werden. Damit die Energie dafür aktiviert wird, gilt es, das eigene innere Feuer zu entfachen.

***Morgenroutine***
Die Tageszeit, die mit dem Frühlingsbeginn korrespondiert, ist der Morgen – also die Zeit zwischen vier und zehn Uhr. Mit einer morgendlichen Praxis lösen wir uns von Stagnation und aktivieren den Körper auf sanfte Weise, um ihn an die neuen Lichtverhältnisse zu gewöhnen.

**Inspirationen:**

Warmes Zitronenwasser bringt die Verdauung in Gang, auch eine warme Gemüsebrühe morgens kann Wunder bewirken.

Begrüße die Sonne mit intuitiver Bewegung, Tanz, Yoga oder einer (Licht-)Meditation. Hier reichen auch schon zehn Minuten.

Um die Frühjahrsmüdigkeit zu bekämpfen, kannst du das Bewegungslevel mit kurzen Cardio-Übungen, Boxen, Sonnengrüßen oder einem Kopfstand steigern.

Wärmende Elixiere und Kräuter wie Ingwer, Kakao, Kurkuma, Schisandra, Thymian oder Weißdorn regen den Kreislauf an.

Nimm ungefähr 20 Minuten vor dem Essen eine Bitterstofftinktur, beispielsweise aus Löwenzahn, Schafgarbe und Wermut ein, um Magen und Darm anzuregen.

Ein Tee mit Ingwer, Pfefferminz oder Fenchel, Anis und Kümmel kann nach einer Mahlzeit den Verdauungsprozess unterstützen.

Atemübungen wie der »Feueratem« können wahre Wunder bewirken, wenn man schnell in die Gänge kommen möchte. Dafür für drei Minuten die Luft in gleichmäßigem Rhythmus vom Nabelpunkt aus durch die Nase stoßen. Achtung: Diese Art der Atmung kann manchmal Schwindel auslösen. Im Internet findest du genaue Anleitungen und Erklärvideos.

**Für dein Journal:**

› *Welche Ziele und Visionen möchtest du nun Realität werden lassen?*
› *Was ist der erste Schritt, den du tatsächlich angehen kannst?*

# Ostara & die Natur

## Pflanzen & Kräuter der Saison

Nach vielen Monaten, die größtenteils in Innenräumen verbracht wurden, ist es jetzt wieder an der Zeit, auf taktile Weise mit der Erde in Kontakt zu kommen. Die Gartenarbeit beginnt, der Boden will vorbereitet werden, und Saatschalen können zum Keimen ins Sonnenlicht gestellt werden. Frühblüher wie die blauen Veilchen, gelben Schlüsselblumen und Märzenbecher haben Hochkonjunktur, und die ersten Farbenspiele der Natur beginnen uns nun, nach dem langen, kahlen und für das Auge langweiligen Winter, zu beglücken. Die Farbe Gelb, die so an Sonnenschein erinnert, vertreibt schlechte Energien schon beim reinen Anblick, und die Natur stellt uns diese Gemütserheiterung gerne in Form von Löwenzahn, Butter- und Dotterblumen, Krokussen und Narzissen bereit. Alle bringen sie Leben und Freude wieder auf die Erde zurück. Das kräftige Hellgrün der ersten zarten Blätter kündigt das vor Leben strotzende, satte junge Gras an. Es steht für Wachstum und Frische. Lila dagegen hat etwas Heiteres, Visionäres und Leichtes. All diese Farben wollen wir uns deshalb jetzt beim Osterbrunch als Dekoration auf den Tisch holen.

### Frühlingskräuter

Es ist die Zeit der verjüngenden Kräuter. Jetzt, wo die Tage hier auf der Nordhalbkugel wieder länger werden, steigt unsere Energie allmählich zu unserem Verdauungssystem hoch, dem Feuer- und Sonnenzentrum des Energiekörpers. Kein Wunder, dass der März nach dem feurigen Kriegsgott Mars benannt wurde, der sich jetzt in der Pflanzenwelt ausdrückt. Pflanzen wie Löwenzahnblätter, wilder Senf und Vogelmiere entzünden das Feuer unserer Verdauung, und die Erde erwacht mit den ersten Wildkräutern.
Wir haben die letzten Wochen genutzt, um zu entgiften und zu entschlacken. Doch die Fastenzeit ist vorbei, und es geht ans Wiederaufbauen und Kräftetanken. Die Natur strotzt zu dieser Zeit nur so vor grüner Kraft, die wir uns zunutze machen können. Die jungen, zarten Blätter und Gräser schmecken jetzt noch mild, bevor sie sich in den kommenden Wochen mit Bitterstoffen anreichern. Wir können jetzt reichlich junge Wildkräuter direkt vor unserer Haustür pflücken, wie Brennnessel und Bärlauch für Salate, Smoothies, Suppen und Pestos. Die heilkräftigen Pflanzen, die gerne als »Unkräuter« abgetan werden, können alternativ als abwechslungsreiche Toppings auf einem einfachen Butterbrot dienen.

## Rezept: Gründonnerstagssuppe

Wenn alles spross, sammelten die Frauen früher neunerlei frische Wiesenkräuter, die zu Suppe verarbeitet wurden, damit man nach dem langen Winter wieder zu Kräften kam.
Die »Grüne Neune« gibt es traditionellerweise am Gründonnerstag. Eine Suppe aus neun frischen Kräutern, die dank ihren Vitaminen und Mineralstoffen unseren Körper wieder in Schwung bringt und die Frühjahrsmüdigkeit vertreibt. Die Kräuter entschlacken und stärken das Immunsystem.
**Kräuter, die du für die Gründonnerstagssuppe sammeln kannst, sind:**
Brennnessel, Bärlauch, Giersch, Löwenzahn, Gänseblümchen, Gundermann, Vogelmiere, Spitzwegerich, Sauerampfer, Knoblauchrauke.

**Was du brauchst:**
1 Bund Frühlingszwiebeln, fein gehackt
2 EL Butter
2 Kartoffeln, gewürfelt
2 EL Mehl
1 l Gemüsebrühe
Zitronensaft
Salz
Mischung aus neun der oben genannten Kräuter (gehackt)

**Zubereitung:**
› Schwitze die fein gehackten Frühlingszwiebeln in der Butter an.
› Gib die gewürfelten Kartoffeln dazu und staube das Ganze mit Mehl ab.
› Gieße alles mit der Gemüsebrühe auf.
› Koche die Suppe, bis die Kartoffeln gar sind, und füge dann die gehackten Wildkräuter hinzu.
› Lass alles kurz aufkochen (ca. 5 Min).
› Schmecke mit Gewürzen und Zitronensaft ab.
› Du kannst die Suppe nach Belieben fein pürieren (z. B. mit einem Pürierstab).

## Bärlauch

Wenn Bärlauch-Saison ist, schwärmen die Hobbypflücker*innen in die Wälder aus, um sich etwas von dem wilden Knoblauch in die Küche zu holen. Seinen Namen verdankt der »Bärenlauch« höchstwahrscheinlich der Beobachtung, dass sich die Bären nach ihrem Winterschlaf über die Wildpflanze hermachten. Der Bär, der symbolisch für Stärke und Vitalität steht, ist somit naheliegender Namensgeber für diesen Immunbooster. Der knallgrüne Bärlauch bedeckt in seiner Hochphase im März wie ein wilder Teppich den Waldboden. Ab Mai krönen ihn weiße Blütendolden. Entgegen der gängigen Annahme ist der Bärlauch nach der Blüte nicht giftig. Er kann weiterhin gesammelt und gegessen werden. Die grünen Blätter sind ab der Blüte nur etwas zäher und verlieren an Geschmack. Der knoblauchartige Geschmack und Geruch werden durch den Wirkstoff Allicin verursacht. Die Blätter sollten erst kurz vor der Verwendung zerkleinert werden, die ätherischen Öle verflüchtigen sich sonst. Ob du daraus Bärlauchbutter, -salz, -pesto, -kapern (hierfür auch die kleinen Knospen sammeln) oder -essig machst – der Bärlauch ist ein Allroundkraut. Er ist außerdem eine absolute Nährstoffbombe, die sich positiv auf unsere Blutzucker- und Blutfettwerte auswirkt sowie unsere Darmfunktion unterstützt. Bärlauch enthält massenweise Vitamin C, Eisen und Magnesium, was wir nach dem Winter verstärkt brauchen.

Bärlauch **erkennen:**
Auf den typischen Knoblauchgeruch wollen wir uns beim Sammeln von Bärlauch nicht verlassen, da die Hände den Geruch nach ein paar gepflückten Blättern schon annehmen und es dann schwer wird, zu unterscheiden, was wonach riecht.
Verwechselt werden kann der Bärlauch mit den giftigen Maiglöckchen, Aronstab und der Herbstzeitlosen. Alles Pflanzen, die gerne auch mal direkt in Bärlauchfeldern wachsen. Aber keine Sorge, kennst du die einschlägigen Merkmale, wirst du sicher sammeln können.

**Die essenziellen Unterschiede:**
Jedes Bärlauchblatt hat seinen eigenen Stängel, im Gegensatz zum Maiglöckchen und der Herbstzeitlosen, wo zwei Blätter aus einem Stängel austreiben.
Die Unterseite der Bärlauchblätter ist matt, die Oberseite glänzend. Bei den anderen beiden Pflanzen glänzen beide Seiten.
Die Mittelrippe knackt leicht beim Brechen.

## Rezept: Bärlauchpesto

**Was du brauchst:**
2 Handvoll Bärlauch
125 ml Olivenöl
100 g Walnüsse
70 g harter Käse
(z. B. Parmesan)
Salz

**Zubereitung:**
Alles in den Mixer geben und zermahlen, bis es schön cremig ist, danach im Kühlschrank lagern und zu deiner Lieblingspasta oder auf einem frischen Brot genießen.

# Selfcare

Kleide dich in Pastelltönen.

Es ist wieder Zeit für Bewegung in der Natur – Radfahrausflüge, Joggen, Spazieren.

Suche dir einen Ort in der Natur (das kann auch der nächstgelegene Park sein), an den du immer wieder zurückkehren kannst, um die Natur während dieser Zeit zu beobachten und die Transformation des Pflanzenlebens mitzuverfolgen.

Färbe deine Ostereier mit natürlichen Mitteln wie Roter Bete, Kurkuma, Spinat oder Rotkohlblättern ein.

Setze ein paar frische Kräuter in deinem Garten, auf dem Balkon oder der Terrasse ein. Begrüße die Bienen und andere Insekten, die um diese Zeit ihre Rolle im Ökosystem wieder einnehmen.

Haarkuren und ein frischer Schnitt unterstützen im Frühjahr dein Haarwachstum, da wir bei Saisonwechsel oft an Haarausfall leiden.

Passe deine Morgenroutine an die neuen Lichtverhältnisse an.

Krame deine Pläne und Notizen des Winters hervor und filtere, was jetzt wirklich deine Aufmerksamkeit bekommt.

Es ist noch nicht zu spät für einen gründlichen Frühjahrsputz.

Intensiviere deine Körperpflege mit Zungenschaben, Dry Brushing, Ölziehen und Peelings.

## Himmel & Erde

**Tageszeit:**
Vormittag

**Name des Vollmonds:**
Blumenmond, Pflanzmond, Wonnemond

**Himmelsrichtung:**
Süd-Ost

**Element:**
Feuer

## Natur

**Kräuter & Pflanzen:**
Gundermann, Waldmeister, Weißdorn, Gänseblümchen, Brennnessel und Löwenzahn

**Phänologische Jahreszeit:**
Vollfrühling und Blüte

## Zeitqualität

Erwachen,
Entfaltung,
Lebendigkeit,
Sinnlichkeit,
Sexualität,
Liebe,
Lebensfreude

## Tradition & Religion

**Christlich:**
Marienmonat, Christi Himmelfahrt, Pfingsten

**Andere Namen:**
Walpurgisnacht, Tag der Arbeit, Tanz in den Mai, Floralia

**Aussprache:**
Bel-tän, Beltan

## Modern Mystic Facts

**Sternzeichen:**
Stier und Zwillinge

**Tarotkarte:**
Die Herrscherin/Kaiserin

**Göttinnen:**
Walpurga, Aphrodite, Venus, Flora

**Kristalle:**
Rosenquarz, Rubin, Malachit, Smaragd, Granat

**Altardekoration:**
Wildblumen, Rosen, Kirschen, Erdbeeren, Pfingstrosen

**Farben:**
Rot, Rosa, Grün

Beltane
Walpurgisnacht
1. Mai

## Ursprung & Bedeutung: Liebe, Lust & Fruchtbarkeit

Der Frühling ist in vollem Gange, es wird warm, die Sonne scheint, alles blüht, und die Frühlingsgefühle lassen sich auch nicht mehr unterdrücken.

Im Mai ist der Winter und damit der Tod endgültig besiegt, und Lebenskraft breitet sich aus. Wir haben Lust auf das Leben und wollen das mit jeder Faser unseres Daseins spüren. Der Mai ist wahrscheinlich der üppigste, intensivste und energiegeladenste Monat im Jahr. Die Natur um uns herum scheint förmlich zu explodieren. Wir begrüßen mit »Schmetterlingen im Bauch« den inneren und äußeren Frühling. Luftige Sommerkleider und offene Sandalen haben wieder Saison und laden ein, mehr von unserem Körper zu zeigen. Die Sommerkräfte machen uns unserer Körperlichkeit wieder bewusst und erwecken die Sehnsucht nach Nähe, Austausch und Verbindung mit anderen Menschen.

In der Natur werden in dieser Zeit alle Sinne angesprochen. Wir sehen überall farbenprächtige Fülle, riechen Blütendüfte, schmecken frisches Grün, hören summende Insekten und Vogelgezwitscher und spüren die Wärme der Sonnenstrahlen.

Im Jahreskreis steht Beltane als Fruchtbarkeitsfest dem Totenfest Samhain genau gegenüber. Das Beltane-Fest, auch bekannt als Walpurgisnacht, wird am 1. Mai als »Tanz in den Mai« und »Hexensabbat« gefeiert. Es geht mit festem, sicherem Schritt in Richtung des Lichthöhepunkts – Litha am 21. Juni.

Beltane lässt sich aus dem Altirischen herleiten von *bel*, was so viel wie strahlend, leuchtend, hell bedeutet, und dem Wort *Tene/teine*, was für Feuer steht. Die feurige Kraft der Sonne verdoppelt und potenziert sich um diese Zeit also. Es wird auch mit dem keltischen Lichtgott Belenos (Baldur) in Verbindung gebracht. Die Vorfreude auf den Sommer ist groß. Aber die Kräfte der Natur, die jetzt Fruchtbarkeit über das Land bringen, können auch zerstörerisch wirken. Dürreperioden, Überflutungen und heftige Gewitter sind im Sommer ebenso möglich, weshalb unsere Vorfahr*innen jetzt schon beteten und Rituale praktizierten, damit die Gottheiten ihnen über die kommenden Monate wohlgesonnen sein würden und Ernteausfälle vermieden werden könnten.

Beltane kommt verstärkt aus dem irischen Volkskreis und entstand durch diverse Landarbeitsfeste. Es hat Ähnlichkeiten mit den Mai-Feierlichkeiten des Neuheidentums. Man bediente sich an Bräuchen wie Feuerritualen und feierte die wachsende Kraft und Entfaltung der Natur, des Sommers und somit der wilden Energien.

Möchten wir die Essenz dieses Festes verstehen, brauchen wir nur einen Blick in die Natur zu richten und sie auf den Menschen zurückzuspiegeln. Liebe und Fruchtbarkeit sind eng miteinander verbunden und wichtige Aspekte des menschlichen Lebens sowie der Fortpflanzung. Sie sind wie bei Blümchen und Bienen Teil des Existenzprozesses, doch beim Menschen als Individuum mit einer zusätzlichen komplexen Komponente: Emotionen und Ego. So bezieht sich Liebe auf die tiefe emotionale Verbindung zwischen zwei Menschen. Sie basiert auf gegenseitigem Respekt, Vertrauen und Fürsorge. Als universelles Konzept besteht die Liebe in allen Kulturen und Gesellschaften und ist eine grundlegende menschliche Erfahrung, die oft zur Fortpflanzung führt. Das ist es, was ursprünglich zu Beltane gefeiert wurde.

## Tradition & Religion: Feste damals & heute

### Der Marienmonat Mai

Viele Feste zu Maria als zentrale Figur im katholischen Glauben fallen in diese Zeit. Als Mutter Gottes hat sie eine besondere Stellung. Zu ihrer Andacht werden im Mai seit dem 13. Jahrhundert Feiern wie die Rosenkranzandacht, die sich auf Marienmysterien und Marienerscheinungen konzentrieren, veranstaltet.

Muttertag wird in vielen Ländern der Welt ebenso im Mai gefeiert, da er als Monat der Fruchtbarkeit und des Wachstums auch die Mutterschaft symbolisiert.

Die Walpurgisnacht auf den 1. Mai steht für die Hochzeit zwischen Mutter Erde und Vater Sonne. Diese Vermählung und Verbindung ist schon

immer ausgiebig gefeiert worden, und so hat diese Mainacht den Namen Freinacht bekommen. Alles ist erlaubt: Lachen, Tanzen, Jauchzen und auch Trauern, Weinen, Lieben und das Feiern mit allen Sinnen.
Alles Unterdrückte soll ans Licht kommen, alles, was wir verstecken und nicht zeigen wollen, nicht ausleben wollen, will aus uns herauskommen.

## Walpurgisnacht & Hexensabbat

Wir kennen die Walpurgisnacht heute als die Nacht, in der die Hexen auf ihren Besen ausgeflogen sind. Man vermutete früher Orgien hinter den Festen, bei denen Hexen über das Land ritten, um sich auf den Bergen mit dem Teufel zu vermählen und von ihm neue Zauberkräfte zu empfangen. Einer der berühmtesten unter diesen berüchtigten Hexentanzplätzen liegt im Harz – der Brocken. Schon Goethe war 1777 dort und nahm als Resultat diesen Hexenschauplatz in sein Werk *Faust* auf. Das tat sein Übriges, um das Bild dieser Nacht im kollektiven Gedächtnis zu verankern.
Als Hexensabbat oder Teufelstanz bezeichnete man früher ein regelmäßiges, geheimes, nächtliches, festartiges Treffen sogenannter Hexen. Das Fest selbst fand meist auf einem Berg – dem sogenannten Blocksberg – statt. Dass sich kräuterkundige Frauen zu dieser Zeit an einem Schauplatz versammelt haben, mag durchaus sein, dass sie sich dabei jedoch mit dem Teufel vereinigt haben sollen, entspringt höchstwahrscheinlich der frommen und prüden Fantasie von Denunzianten. Dieses »wilde« Treiben rund um die Lichtfeste im Jahr wurde mit der Christianisierung als Hexenwerk verteufelt. Das Wilde, Unzähmbare und Unkontrollierbare war der Kirche suspekt, und so wurden viele der Bräuche, die der Fruchtbarmachung der Erde dienen sollten, als unsittlich tituliert. Sogar der sogenannte Hexenbesen war lediglich ein Gebinde aus Weidenruten und Zweigen, mit dem kräuterkundige Frauen ihre Plätze schutzmagisch reinigten und abgrenzten, und keineswegs dazu da, sich damit in die Lüfte zu erheben.

Der Name »Walpurgisnacht« leitet sich von der heiligen Walpurgis, einer Äbtissin aus England, ab, deren Todestag der 1. Mai war. Sie war die Hüterin der Feldfrüchte und schützte schwangerer Frauen vor bösen Zaubermächten. Man konnte die heilige Walpurgis in Zeiten von Hunger und Pest anbeten, um Trost zu erhalten.
Die Silbe *Wala* kann sich aber auch auf eine heidnische Seherin und Schamanin beziehen, die wie so oft höchstwahrscheinlich christianisiert und dann heiliggesprochen wurde. Im alpinen Raum wird die heidnische Walburga gerne als Göttin mit feurigen Schuhen, einer goldenen Krone und Spindel dargestellt. Sie erwärmt die Erde und spinnt die Schicksale der Menschen.

## Freinacht

Dieser Tag war nicht nur den Hexen vorbehalten. In der sogenannten Freinacht tanzte die ganze Dorfgemeinschaft im Reigen um den Maibaum, berauscht von mit Waldmeister versetzter Weinbowle oder Bockbieren. Wie bei allen Jahreskreisfesten sollte der Schleier zur Anderswelt dünner als sonst sein. Götter und Naturgeister schlüpften in die Menschen und be*geisterten* sie.

Dieses Fest wurde früher immer zu Vollmond gefeiert, bevor es auf den 1. Mai festgesetzt wurde. Der Mond diente bei Nacht als Lichtquelle. Das englische Wort *lunatic* hängt nicht durch Zufall mit dem lateinischen Wort *luna* für Mond zusammen, denn man beobachtete, dass der Vollmond uns Menschen zu Verrücktheiten inspirierte. Es gibt sogar Studien, die belegen, dass zu Zeiten des Vollmonds die Kriminalitätsrate und ähnliche Zahlen steigen. Jedenfalls wurden rund um die Jahreskreisfeste und besonders zu Beltane ekstatische Feste zu Ehren der Natur gefeiert. Die Freizügigkeit und das Ausleben unbeschwerter Erotik, freier Liebe und sonstiger Sinnesfreuden, die man sich zu dieser Zeit erlaubte, hatten dabei nichts mit gehemmter und unterdrückter Sexualität zu tun – in der Freinacht wurden eheliche Bande außer Kraft gesetzt. Es ging vor allem um eins: Die energetisch freigesetzten Kräfte sollten sich auf die Fruchtbarkeit der Felder übertragen. Durch Fruchtbarkeitsrituale, die zu dieser Zeit praktiziert wurden, wollte man das Wachsen und Gedeihen der Wiesen und Felder anspornen.

Tänze, die anfangs einfach feuchtfröhlich waren, wurden mit zunehmender Stunde immer ekstatischer, bis man in einen kollektiven Trancezustand verfiel, in dem es möglich war, aus der normalen Realität auszusteigen und so Kontakt mit der Anderswelt aufzunehmen. Trommeln, Rasseln und Flöten halfen, Zugang zu anderen Bewusstseinsebenen zu erlangen. Trancetechniken mit monotonen Trommelklängen helfen uns auch heute, in andere Wirklichkeiten einzutauchen. In manchen Traditionen werden auch gerne bewusstseinserweiternde Kräuter, Pilze und Räucherwerk genutzt, um den Weg in diese Welten zu erleichtern. Für Außenstehende mögen diese Tänze und Rituale befremdlich und beängstigend gewirkt haben, weshalb es zur Verteufelung der Walpurgisnacht kam. Mit dem Läuten von Glocken und Böllern wollte man sich von den angeblichen Hexenumtrieben schützen.

## Hexenverfolgung, Vertreibung von Heiden & ihrer Feste

Während die üblichen heidnischen Feste mit der Zeit in der christlichen Kirche in neuem Gewand ganz gut Fuß fassen konnten, sträubte sich Beltane, christianisiert zu werden. Zu frei war und zu viele sexuelle Untertöne hatte das Fest – weshalb der Kirche nicht viel übrig blieb, als es als Hexenfest zu diffamieren.

## Maibäume

Am 1. Mai werden auf dem Land noch heute Maibäume aufgestellt. Dabei wird eine Birke oder Fichte aus dem Wald geholt, geschält und in der Mitte des Dorfplatzes aufgerichtet. Dieses Phallussymbol soll für Fruchtbarkeit stehen. Ein Kranz aus frischem Grün und Blumen auf der Pfahlspitze bildet das weibliche Gegenstück. Oft wurde der Baum auch mit rot gefärbten Tüchern geschmückt. Der Maibaum stellt die Vereinigung des Sonnengotts mit der Erdgöttin dar und verbindet dabei Himmel und Erde. Heute wie früher werden Reigen um den Baum getanzt und bevorzugt berauschende, alkoholische Getränke dazu getrunken.

Es ranken sich viele Mythen um den Maibaum. So gilt er auch als Darstellung des germanischen Weltenbaums Yggdrasil. In der nordischen Mythologie hing Odin, bei den Germanen bekannt als Wotan, neun Tage im Weltenbaum, ohne Wasser oder Essen zu sich zu nehmen. Als Belohnung wurde er mit dem Runenwissen beschenkt.
In die heutige Zeit übersetzt, stellen beim Maibaumkraxeln junge, alleinstehende Männer ihre Potenz zur Schau und hoffen auf die Gunst der jungen Frauen. Der »Bandltanz« wird symbolisch für die Vermählung und Verbundenheit getanzt. Um den Maibaum verbandeln sich Frauen und Männer, Frauen und Frauen, Männer und Männer wortwörtlich, indem sie Bänder im Tanz um den Baum miteinander verflechten.

## Walpurgisfeuer & Maisprung

Wie zur Wintersonnenwende Yule wurden bei den Kelten zur Walpurgisnacht am Vorabend alle Haushaltsfeuer gelöscht, um am nächsten Tag bei Sonnenaufgang das Beltanefeuer zu entzünden. Dafür wurde Holz aus neunerlei Bäumen verwendet, um zwei Haufen zu entzünden. Das Maifeuer wurde entfacht, um »die bösen Geister« zu vertreiben. Dann wurde das Vieh zwischen den zwei Feuerstößen hindurchgetrieben, um es zu reinigen, Gesundheit und Fruchtbarkeit zu bringen sowie Seuchen

fernzuhalten. Denn die heilige Walpurgis gilt als Schutzheilige gegen Pest, Husten und Tollwut. Für »gut Glück« sprang man auch selbst über das Feuer. Beim »Maisprung« war es üblich, dass Verliebte gemeinsam über das Maifeuer sprangen.
Um neues Feuer im Haus zu entzünden, nahm man etwas Glut mit. So hatten alle im Dorf Feuer aus derselben Quelle. Die Asche streute man zum Segen über die Felder. Heute finden wir das Maifeuer und den Maisprung bei Festlichkeiten vor dem 1. Mai, die als »Tanz in den Mai« bekannt sind.

## Tanz in den Mai

Was von der Freinacht heute übrig geblieben ist, ist das Fest am Vorabend der Maifeierlichkeiten. In der modernen Zeit sind neben den alten Bräuchen oft auch harmlose Scherze wie zu Halloween unter Jugendlichen üblich. Mit der neuen Verbreitung und dem Wiederaufleben der Jahreskreisfeste erwacht auch Beltane aus dem Dornröschenschlaf. Viele Tanzveranstaltungen finden zu dieser Zeit statt und laden uns ein, bewusst ungezügelt zu feiern, zu tanzen und loszulassen von allem, was uns hindert, Freude zu empfinden. Es ist ein Appell an die Freiheit und ein Tag, an dem wir aufgefordert sind, uns mit unseren Bedürfnissen zu verbinden und dem inneren Ruf zu folgen.

## 1. Mai – Tag der Arbeit & Arbeiterbewegung

Die Arbeiterbewegung in Nordamerika hat am arbeitsfreien 1. Mai ihren Gedenktag. Es wird des vergossenen Bluts der Arbeiter*innen im Zusammenhang mit den Streiks in Chicago im Jahr 1886 zur Einführung des Achtstundentages gedacht. Auf der gesamten Welt gibt es am 1. Mai Feiern, die ursprünglich nichts mit den Beltane-Feierlichkeiten zu tun hatten. Die Fahne des Kampftages der Sozialistischen Internationale ist jedoch passenderweise genauso rot wie die Signalfarbe der fruchtbaren Göttin, die um diese Zeit regiert.
Aktueller denn je bringen die Diskussionen in der Arbeitswelt nach der Pandemie das Thema zurück in die Schlagzeilen. Nach über 100 Jahren Stillstand bei der Entwicklung des Arbeitspensums wird nun die Viertagewoche gefordert.

# Mythologie

## Die Hochzeit des Götterpaars

Der Sonnengott entledigt sich nun vollends seines Bärenfells. Er ist zum strahlenden, jugendlichen Baldur herangereift. Der germanische Sonnen- und Lichtgott Baldur war bei den Kelten als Belenos oder Bel bekannt. Die Göttin in ihrer weißen, jungfräulichen Gestalt verwandelt sich jetzt in die rote, fruchtbare Göttin der Liebe. In der Nacht des Maivollmonds vermählt der Sonnengott sich mit der sinnlichen Göttin im Blumengewand. Die ganze Natur feiert mit beim »Polterabend« der göttlichen Hochzeit. Die Standesämter sind heutzutage im Mai oft ausgebucht. Viele Paare möchten sich zur Hochzeit der Natur das Jawort geben.

## Die Maikönigin & der Grüne Mann

In einigen Regionen wird noch heute das schönste Mädchen im Dorf zur Maikönigin gewählt. Als Verkörperung der Göttin trägt sie eine Blumenkrone aus Weißdorn, Gänseblümchen und Margeriten. Der kräftigste Junge im Dorf wird ihr als »Grüner Mann« verkleidet zur Seite gestellt. Der Grüne Mann stellt den Zyklus des neuen Wachstums, der jeden Frühling stattfindet, dar. Er repräsentiert den herangewachsenen Jahreskreiskönig und wurde früher oft mit Blättern, Laub und Zweigen umgeben oder vollständig daraus bestehend porträtiert. Zur Wintersonnenwende geboren, ist er zu Beltane zum kräftigen Jüngling herangewachsen, der nun den Thron einfordert. Der Hirsch, der mit seinem Geweih im Einklang mit dem Jahreskreis und der Sonne steht, gilt als König des Waldes. In alten Ritualen musste der junge Königsanwärter alleine in den Wald gehen, um den mächtigsten Hirsch zu erlegen und so seine Kraft zu beweisen. Der Grüne Mann trug bei den Maifesten deshalb in manchen Traditionen ein Hirschgeweih, was unwissende Zuschauer*innen schnell mal mit Teufelshörnern verwechseln konnten.

## Pan & Bacchus

In der griechischen Mythologie ist es Pan, der dem Tanz und der Musik zugeneigte Gott der Hirten, der sich zu diesem Fest einlädt. In anderen Quellen entspricht Pan auch Dionysos, dem Gott der Ekstase und Fruchtbarkeit, der sich am wohlsten in der Gesellschaft von Nymphen und Satyrn fühlt. Besonders die Nymphe Syrinx hatte es ihm angetan,

doch sie lehnte ihn ab und wurde zu ihrem eigenen Schutz in ein Schilfrohr verwandelt. Der traurige Pan schnitt in seinem Liebeskummer daraus seine Panflöte.
Bacchus, der römische Gott des Weins und Rausches, erhielt durch die Christianisierung eine neue Rolle. Die Darstellung und Bedeutung seiner Figur wurde wie viele andere zweckentfremdet und verzerrt, und er wurde zum Teufel als frivoles Symbol für Rausch und Lust.
Im Tarot dagegen ist der Teufel alles andere als die Verkörperung des Bösen. Es geht um die banalsten, tiefsten und natürlichsten Triebe unserer menschlichen Erfahrung: Fortpflanzung, Schöpferkraft, Transformation und Entfaltung. Auch wenn geistliche Führer im Lauf der letzten zwei Jahrtausende mit allen Mitteln versucht haben, die menschliche Natur zu unterdrücken und sie als etwas Abzulehnendes und wider den Glauben darzustellen, die Trendwende und Befreiung der Lust, der Geschlechter und der Sexualität in der Gesellschaft ist in vollem Gange.

## Astrologie

Das sinnliche Fruchtbarkeitsfest Beltane trifft nicht zufällig in der Astrologie auf das Sternzeichen **Stier**, einem Erdzeichen mit dem Planetenherrscher Venus. Es lehrt uns, das Leben zu genießen sowie Kunst und Ästhetik wertzuschätzen. Körperlichkeit, Sinnlichkeit und Schönheit sind diesem Tierkreiszeichen ebenso zugeordnet.
Der Stier ermutigt uns zu mehr Selbstbewusstsein und Standhaftigkeit. Er will, dass wir gefestigt in das neue astrologische Jahr gehen, das gerade begonnen hat, und wir auch auf unser materielles Dasein eingehen.

### Für dein Journal:

- *Wie stehst du zu deiner Körperlichkeit und Sinnlichkeit?*
- *Wie sieht es mit deiner Standhaftigkeit und materiellen Sicherheit in deinem Leben aus?*
- *Bist du selbstbewusst und ermutigt für die kommenden Monate?*

Das Luftzeichen **Zwillinge** steht für Leichtigkeit und Neugier. Es gibt kaum ein anderes Sternzeichen, das so beschwingt und gesellig durchs

Leben geht wie der Zwilling und einfach nur lernen und sich mit anderen austauschen möchte. Sie sind meist alles andere als introvertiert. So spiegeln sie wunderbar die Qualität dieser Jahreszeit wider. Endlich wieder unter Leuten sein und quasseln, bis die Nacht zum Tag wird. Zwillinge sind die großen Kommunikator*innen unter den Tierkreiszeichen. Aber zu viel brennt uns aus, und zu wenig macht uns lustlos und depressiv. Dieses Tierkreiszeichen lehrt uns, in der anspruchsvollen Phase kurz vor Litha die Balance zu halten. Gleichgewicht ist nicht etwas, das uns zufällig passiert, sondern etwas, das wir aktiv kultivieren und an dem wir lebenslang arbeiten.

**Für dein Journal:**

- *Wo würde dich deine Neugier hinführen, wenn du ihr folgst?*
- *Wenn es nichts gäbe, was dich zurückhält, was würde dir wahre Leichtigkeit und Erleichterung bringen?*
- *Wo braucht es Balance?*

# Zeitqualität heute: Rituale & Routinen

Im Jahreskreis befinden wir uns nun in der Zeitqualität des jungen Tages, des Vormittags. Er steht für Jugendlichkeit, Pubertät, unsere Triebe und die Lust. Beltane, als Fest der Fruchtbarkeit, der Liebe und der Verbindung, steht auch im modernen Alltag für eine ähnliche Zeitqualität. Der Frühling des Lebens hat Fahrt aufgenommen und entfaltet sich in voller Pracht, will sich zeigen und seine Ekstase versprühen. Wir sind eingeladen, uns hinzugeben, verführen zu lassen, unsere überschäumende Kraft zu spüren und sie in unseren Schöpfungsprozess zu integrieren. Sei es deine Gefühlswelt oder deine Karriere, es ist Zeit für Aktion, mutige Schritte, das Ausloten von Grenzen und Risiken.

## Erwecke deine Gefühls- & Sinneswelt

Schon kleine Freuden, die du dir selbst bereitest, können den Fluss des Lebens wieder zum Strömen bringen. Es geht nicht um materielle Freuden – auch wenn diese kurzfristig Befriedigung bringen, erfüllen sie nicht den wahren Zweck. Der Mensch braucht körperliche Nähe, zwischenmenschliche Verbindung und das Gefühl von Zugehörigkeit, um das Bedürfnis nach Liebe und Wertschätzung zu erfüllen. Es ist tief in unserer Natur verankert und kann nicht einfach ignoriert werden.
Wir leben heute in einer hyperdigitalisierten Welt, sind online stark vernetzt und erleben das Miteinander ganz anders als noch zu Beginn des 21. Jahrhunderts. Nichtsdestotrotz haben sich die hormonellen und biochemischen Körperprozesse nicht verändert, auch wenn wir Verbundenheit digitalisiert haben.
Gefühle von Liebe, Vertrauen, Sicherheit und Zuneigung werden durch Berührung auf physischer Ebene etabliert und sind wichtig für die Psyche und unser Wohlbefinden. Sie unterstützen sogar unseren Hormonhaushalt, denn wir brauchen nicht nur das Glückshormon Serotonin, um uns besser zu fühlen, sondern auch Oxytocin. Es beruhigt und hilft uns, Stress abzubauen. Damit wir uns so richtig auf die Energie dieser fruchtbaren Phase des Jahres einstimmen können, gilt es auch, unsere Gefühls- und Hormonwelt in Schwung zu bringen, und das am besten auf allen Sinnes- und Daseinsebenen in der realen Welt. Die Digitalisierung kann uns leicht in eine Art Filterblase führen, in der wir uns nur noch online mit Menschen umgeben oder mit solchen Menschen, die ausschließlich ähnliche Ansichten und Meinungen wie wir vertreten. Es ist essenziell für uns, mit anderen in Kontakt zu treten, Reize, Anregungen und andere Perspektiven zu bekommen. Sich zu öffnen und zu zeigen wird in künstlichen Parallelwelten immer herausfordernder.

Umso wichtiger ist es, vermehrt nach draußen zu gehen, sich mit seiner Umwelt und den Mitmenschen auseinanderzusetzten und in Kontakt zu treten.
Früher waren Maifeste vor allem dazu da, sich kennenzulernen und eine unaufdringliche Form von Brautschau zu ermöglichen.

Um deine Gefühlswelt, deine Körperlichkeit und deine zwischenmenschlichen Beziehungen wieder lebendiger werden zu lassen, kannst du den Mai und seine Zeitqualität wunderbar nutzen.

**Auf Körperebene**

Zelebriere mit dir selbst, in deinen Beziehungen und unter Freund*innen ebenso Berührung wie zwischen romantischen Partner*innen und Familienmitgliedern. Das kann auf ganz unterschiedliche Weise geschehen:

- Eine richtige, innige Umarmung (erst ab 20 Sekunden beginnt der Körper, Oxytocin auszuschütten).
- Berührungen, Streicheleinheiten, Händchenhalten.
- Körperbehandlungen wie Massagen, Friseurbesuche, Kosmetikbehandlungen, Waschungen und Bäder, Peelings und Co. – Hauptsache, es entsteht eine wohltuende Berührung mit dem Körper.
- Wärmflaschen und schwere Decken (können das fehlende Gefühl von Nähe überbrücken).
- Von Freund*innen halten, dir den Rücken massieren oder dich streicheln und umsorgen lassen.

Wenn wir über lange Phasen isoliert sind, kann es uns schwerfallen, unsere Lieben nach Nähe zu fragen. Da es aber zu Beltane um Losgelöstheit und tiefe innere Bedürfnisse geht, sind wir ermutigt, die Schwelle der Scham zu überwinden. Eröffne das Gespräch über deine Gefühle und mache den ersten Schritt.

**Tipp:**
Solltest du längere Phasen alleine verbringen, eher zurückgezogen und isoliert leben oder aktuell nicht so viele vertrauensvolle Verbindungen in deinem Leben haben, kannst du dir wöchentlich körpernahe Dienstleistungen wie Massagen einplanen, um deine Dosis Berührung zu bekommen.

Gerade im Frühjahr werden unsere Sinne geschärft, und wir beginnen, die Natur und unsere Umwelt wieder verstärkt wahrzunehmen. Wir können über unsere Sinne unsere Verbindung zu uns stärken und somit sinnliche Signale in unseren Alltag integrieren.

### Über unsere Sinne

***Geruchssinn***
Der Geruchssinn ist der unmittelbarste der menschlichen Sinne. Beim Sehen, Hören oder Fühlen müssen die Signale erst in der Großhirnrinde verarbeitet werden. Düfte dagegen wirken direkt auf das limbische System, wo Emotionen verarbeitet und Triebe gelenkt werden. Das menschliche Gehirn kann bis zu 10.000 Gerüche unterscheiden. Somit trägt dieser Sinn zu unserem Erinnerungsvermögen bei. Duftreize gelangen über eine direkte Bahn ungefiltert zur sogenannten Amygdala, dem Gefühlskern des Gehirns, und zum benachbarten Hippocampus, in dem Erlebnisse verarbeitet und Erinnerungen geformt werden.

### Für dein Journal:

› *Welche Gerüche sind für dich wohltuend und stimulieren dein Wohlbefinden?*
› *Gibt es Gerüche, die du besonders magst und mit Liebe, Zuneigung und Wohlbefinden assoziierst?*
› *Wie kannst du diese Gerüche stärker in deinen Alltag einbinden? (Duftkerzen, Blumen, Bettwäsche, ätherische Öle …)*
› *Gibt es etwas in deinem Leben, was du im übertragenen Sinne gar nicht riechen kannst?*

***Geschmackssinn***

Wir haben unsere Geschmacksrezeptoren auf der Zunge, dem Gaumen und in anderen Bereichen des Mundes. Es gibt fünf Hauptgeschmacksrichtungen, die wir über diese Rezeptoren wahrnehmen: süß, sauer, salzig, bitter und umami. Die Vorlieben für bestimmte Geschmacksrichtungen sind bei jedem Menschen unterschiedlich und können sich im Lauf des Lebens verändern.

Der Geschmackssinn ermöglicht es uns auch, schädliche oder giftige Substanzen zu erkennen und zu vermeiden, während er uns gleichzeitig hilft, die Nährstoffe und Kalorien aufzunehmen, die wir fürs Überleben benötigen.

**Für dein Journal:**

› *Welche Gerichte und Geschmäcker wecken ein wohliges Gefühl in dir und tun deinem Körper gut?*
› *Welche Lebensmittel und Speisen blähen dich auf, führen zu Völlegefühl oder sogar Darmreaktionen?*
› *Was schmeckt oder schmeckt dir nicht im übertragenen Sinne? (Orte, Tätigkeiten, Menschen, Aussagen, Gewohnheiten …)*

***Hörsinn***

Das Ohr ist für das Hören und den Gleichgewichtssinn zuständig. Es nimmt Schall und Frequenzen wahr und transportiert diese ans Gehirn weiter.

Über unseren Hörsinn nehmen wir nicht nur Töne, sondern auch Wörter und Sätze auf. Alle sprachlichen Informationen – Töne, Musik, bestimmte Aussagen, Liedtexte, Gedichte, begrenzende Glaubenssätze – werden über unser Gehör gefiltert. Über Wiederholung prägen sich die Informationen im Unterbewusstsein ein. So kann auch Unausgesprochenes im Innen laut werden.

**Für dein Journal:**

› *Gestalte dir eine Playlist, die positive Gefühle (Liebe, Freude, Zugehörigkeit, Wohlbefinden, Vertrauen) in dir auslöst. Achte auf Text, Sprache, Ton und Rhythmik.*
› *Welche Wörter und Aussagen fallen dir gerade häufig auf, und was lösen sie in dir aus?*

- *Welche Bedürfnisse liegen dir auf der Zunge, und mit welchen Gefühlen verbindest du sie? Kannst du sie aussprechen oder niederschreiben? Versuche dich in freiem Schreiben, indem du einfach deinen Gedanken zuhörst und sie zu Papier bringst.*
- *Welche Stimmen kannst du besonders häufig in deinen Gedanken hören? Was sagen sie?*

***Sehsinn***

Unser Gehirn verarbeitet tagtäglich viele Bilder und Eindrücke über die Augen. Unser Sehsinn liefert uns ca. 80 Prozent der Informationen, die wir aus unserer Umwelt aufnehmen.
Er führt uns aber nicht nur im Außen durch die Welt. Auch mit geschlossenen Augen sehen wir unsere innere Welt. Das Vorstellungsvermögen und die visuelle Vorstellung stehen mit dem Sehsinn in Verbindung.

### Für dein Journal:

- *Was stimuliert deine innere Welt? Welche Bilder, Medien und Orte?*
- *Gestalte deine Social-Media-Feeds so, dass du wirklich nur Content ausgespielt bekommst, der dein Wohlbefinden unterstützt und die belebenden Energien befeuert statt Mangelgefühle und Ängste. Damit unterstützt du dein Unterbewusstsein und deinen Mut.*
- *Verleihe deiner Lust und deinen Bedürfnissen visuellen Ausdruck, indem du dich kreativ ausdrückst, sei es über Text, Bild, Gestaltung oder dein Styling.*

***Tastsinn***

Die Haut ist das größte Organ des Körpers und bedeckt bei einem Erwachsenen bis zu zwei Quadratmeter.
Über die Hautoberfläche rufen wir Schmerz-, Druck- und Temperaturempfindungen ab. Außerdem lässt sie uns erschaudern – wir bekommen eine Gänsehaut, ein Kribbeln oder wir sind erregt.
Die Haut ist unsere Schutzschicht gegen das Außen. Über ihre Sensoren empfangen wir Informationen über Berührungen. Aber auch Emotionen können wir über Reaktionen unserer Haut ablesen.

**Für dein Journal:**

- *Achte auf deine Hautreaktion in Gesprächen und Begegnungen, während du zuhörst oder zusiehst. Lerne die Sprache deiner Haut kennen.*
- *Lass dich, auch während du berührt wirst, mehr auf die Beobachtung ein, welche Emotionen sich zeigen möchten.*
- *Berühre dich selbst, öle dich ganz bewusst ein und trete in Kommunikation mit deiner Haut.*
- *Gehe in die Beobachtung, wie du dich selbst und andere wahrnimmst.*

**Tipps:**

Viele behaupten, Liebe gehe durch den Magen, also achte auf deine Ernährung und darauf, was du zu dir nimmst, es wird sich auf deine Haare, deine Haut und auch deinen Geruch und somit auch deine chemische Anziehung auswirken.

Freude beginnt im physischen und psychischen »Innenleben« und wird erst später im Außen sichtbar. Pflege deshalb einen achtsamen Umgang mit dir: Sei lieb zu dir – wie du mit dir sprichst, wie du dich ansiehst, wie du dich berührst, all das gehört zu den Grundlagen und zum Ausdruck deiner Freude. Ebenso, wie du dich kleidest und schmückst.

Deine Umgebung und dein Umfeld färben auf deine Aura ab. So, wie eine Frucht den Geschmack ihrer Umgebung ausdrückt, weil sie alles um sich herum aufsaugt, verhält es sich auch bei uns. Achte also darauf, wo du deine Zeit verbringst und wen oder was du in deinem Energiefeld zulässt.

Wir wollen Liebe und Freude einladen.

## Ekstatischer Tanz & Trance

Es heißt »Tanz in den Mai«, und so darf es auch verstanden werden. Jetzt, wo du dich mit deinem Körper und deinen Sinnen auseinandergesetzt hast, bist du eingeladen, noch tiefer einzutauchen und in die Beobachtung durch Bewegung und Tanz zu gehen. Erlaube dir, diese Schritte mit Leichtigkeit und tänzelnd zu tun und dich in deine persönliche Hoch-Zeit zu begeben.
Die wärmeren Tage laden seit jeher zu Feierlichkeiten in der Natur oder zumindest im Freien ein. Die Saison der Sommerfeste, Festivals und Open Airs ist eröffnet.

Finde oder organisiere Veranstaltungen, die den Raum für diese Expedition zu dir schaffen. Du kannst deinen ekstatischen Tanz in Gesellschaft oder auch alleine begehen.

### Ritual: Trance-Tanz

#### Für dieses Ritual benötigst du:

› Deine Lieblingsmusik (oder eine Playlist mit den Schlagwörtern »*ecstatic dance*«, »*tantric dance*« oder »*trance dance*«)

#### So kannst du vorgehen:

› Schließe deine Augen und lehne dich in deine Bewegungen.
› Folge deinem Körper und den Klängen.
› Tanze mindestens 20 Minuten.

Einige Menschen können schnell in einen Zustand der Ekstase oder Trance geraten, während es für andere schwieriger ist. Dies hängt von ihrer Empfänglichkeit für den Tanz und ihrer Fähigkeit, loszulassen und sich der Erfahrung hinzugeben, ab.
Es geht nicht um den perfekten Tanz oder die Ästhetik, sondern lediglich darum, dich deinen Gefühlen, deinem Körper und der Musik hinzugeben.

Wir können emotionale Erleichterung und Befreiung durch Tanz erleben. Wenn unerwartete Gefühle hochkommen, ist das völlig normal, und du kannst sie in deinen Tanz mit einladen und erkunden. Tanz ist schon seit jeher mit unseren Traditionen und Bräuchen verwoben. Die Natur, der Kosmos und die Gottheiten sind schon immer betanzt worden, so, wie es auch Fruchtbarkeitstänze und Freudentänze gibt.

## Deine tiefsten Bedürfnisse

Der Stier-Energie steht auf der anderen Seite des Tierkreises die tiefe Seite des Skorpions gegenüber und lädt uns ein herauszufinden, wonach wir uns wirklich sehnen.
Tauche ab in die Tiefen deiner Seele und begegne deinen geheimen Gelüsten.

### Ritual: Free writing

Praktiziere »Free writing«, zum Beispiel, nachdem du ekstatisch getanzt und dich mit deinem Körper und deinen Sinnen verbunden hast. Nimm dazu dein Journal zur Hand und beginne einfach drauflos zuschreiben. Mache dir keinen Druck und lass die Worte fließen.

### Diese Fragen können dich inspirieren:

- *Wonach sehnst du dich, wenn du ganz ehrlich zu dir bist?*
- *Was fehlt dir, und was hält dich davon ab, diese Sehnsüchte auszuleben und zu empfangen?*
- *Verwöhnst du dich selbst genug?*
- *Wo hältst du dich zurück und unterdrückst deine wilde Seite?*
- *Fühlst du dich mit deiner sexuellen Natur verbunden, und lebst du deine Sinnlichkeit aus?*
- *Liebst du dich?*

# Beltane & die Natur

## Pflanzen & Kräuter der Saison

»Wenn du mit einem Fuß auf sieben Gänseblümchen treten kannst, dann ist Frühling«, lautet ein altes Sprichwort. In einer Landschaft voll weißer und zartrosa Blüten auf den Bäumen summen und tragen Bienen Pollen und süßen Nektar durch das Land. Die Wiesen sind jetzt übersät mit Gänseblümchen, Löwenzahn, Klatschmohn, Butterblumen, Maiglöckchen und Vergissmeinnicht. Der Flieder blüht im Garten und versüßt die Luft, und die Apfelblüten verwandeln die Obstbäume in ein Blütenmeer. Kräuterkundige sammeln jetzt Giersch, Gundermann und Waldmeister, um die Frühjahrsmüdigkeit endgültig zu überwinden.
In der Landwirtschaft wird das Vieh auf die Sommerweide getrieben, damit es grasen und sich vermehren kann. Bei unseren Vorfahr*innen wurden die häuslichen Arbeiten wie Spinnen und Weben ausgesetzt, um von der Fülle der Natur zu profitieren. Die Wonnezeit der Natur steht an.
Störche, Schwalben und die letzten Singvögel kommen aus dem Süden zurück, schließlich lässt das Nahrungsangebot an Regenwürmern nun keine Wünsche mehr offen. Wir hören zwitschernde Balzrufe und sehen Vogelpaare vermehrt sich finden und Nester bauen.

### Die Eisheiligen – 12. bis 15. Mai

Der Sommer kommt zwar unaufhaltsam auf uns zu, doch einmal warten noch frostige Tage auf uns. Vom 12. bis 14. Mai begleiten uns die frostigen Gesellen Pankratius, Servatius und Bonifatius. In dieser Zeit kann uns das Wetter noch überraschen. Die Weinbauern bangen um ihre zarten Reben, und frostempfindliche Topfpflanzen müssen ausharren. Den Abschluss bildet am 15. Mai die Kalte Sophie. Danach ist der Sonne kein Einhalt mehr geboten. Obwohl der Eisheiligen an diesen spezifischen Tagen gedacht wird, können wir nach ihnen natürlich nicht die Uhr stellen. Es handelt sich lediglich um vage Termine mit Warnwirkung für die Landwirtschaft: Trotz der steigenden Sonne können frostige Tage überraschen.

## Früchte der Saison

Bis zur Sommersonnenwende können wir jetzt zum Beispiel Rhabarber, Erdbeeren und Kirschen ernten. Das sind nur einige der Früchte, die im Frühling reifen und die Fülle der Natur nach dem langen Winter feiern. Diese saftigen Delikatessen eignen sich hervorragend für erfrischende Desserts, Törtchen, Bowlen und Kompott. Ihre süßen Aromen und leuchtenden Farben unterstützen die Zeitqualität von Beltane perfekt. Die sinnliche Erfahrung, diese frischen Früchte zu genießen, verstärkt unser Band mit der Natur und trägt zu Lust, Ekstase, Freude und Genuss dieser alten Feierlichkeiten bei.

## Rezept: Maibowle

Der Brauch, Waldmeister in Wein anzusetzen, hat eine lange Tradition. Und auch heute erfreut sich die Maibowle auf frühsommerlichen Gartenpartys noch großer Beliebtheit.
Dank seines Inhaltsstoffs Cumarin duftet Waldmeister ganz wunderbar aromatisch, er versetzt uns in Hochstimmung und verleiht dem Waldmeister den Namen »Fröhlichmacher aus dem Wald«. So war die Maibowle einer der Gründe für das Rauschhafte des Beltane-Fests. Cumarin steht oft in Verdacht, Kopfschmerzen zu verursachen, was es in großen Mengen genossen auch tut. Höchstwahrscheinlich wird es aber mehr damit zu tun haben, dass Menschen den Waldmeister gerne in Kombination
mit Alkohol zu sich nehmen.
Die Blätter des Waldmeisters wachsen in Quirlen um seinen Stängel. Er blüht weiß von Ende April bis Mai.
Lass die Triebe nach dem Sammeln am besten mehrere Stunden im Schatten etwas anwelken, bevor du mit der Zubereitung deiner Maibowle beginnst,
da der typische Waldmeistergeruch erst durch Trocknung entsteht.

**Was du brauchst:**
1 kleiner Strauß Waldmeister, leicht angewelkt
1 Busch Gundermann
2 l Weißwein
1 l Sekt
Nach Belieben Erdbeeren, Minze oder Zitrone
Eiswürfel

**Zubereitung:**
› Fülle eine Schüssel mit ein oder zwei Flaschen Weißwein.
› Binde den gesammelten Waldmeister zu einem Sträußchen und hänge das Bündel am besten so in den Wein, dass die Stielenden herausschauen, da sonst unerwünschte Bitterstoffe freigesetzt werden können.
› Lass die Mischung zwei bis vier Stunden ziehen.
› Danach entferne die Kräuter, gieße die Mischung mit Sekt auf und füge ein paar Erdbeeren dazu. Nach Belieben kannst du auch noch Minze oder Zitrone hinzugeben.

In einer Kristallschüssel serviert, ist die Maibowle auch ein optischer Genuss. Für eine alkoholfreie Variante kannst du Apfelsaft statt Wein und Mineralwasser statt Sekt nutzen.

# Selfcare

Suche Veranstaltungen auf, um in den Mai zu tanzen.

Nimm an einem Sharing Circle teil, um dich mit Gleichgesinnten und anderen feinfühligen Menschen zu verbinden.

Schmücke dein Zuhause mit frisch gepflückten Wildblumen.

Iss dein Mittagessen auf dem Balkon, im Park oder im Außenbereich von Restaurants.

Veranstalte ein Frühlingsdinner im Kreis Gleichgesinnter mit jeglicher Fülle auf dem Teller, die die Natur nun zu bieten hat. Lass den Tag im geselligen Miteinander, begleitet von reichlich Wein und Sommerfrüchten, ausklingen. Bereite dafür gerne eine Maibowle zu.

Zeit, deine taktilen Sinne wiederzubeleben und vom Kopf zurück in den Körper zu kommen. Welche Stoffe trägst du gerne? Welche Farben? Kannst du dein Umfeld mit stimulierender Kunst verschönern? Kannst du deinen Körper mit guter Nahrung ehren? Welche Musik hebt deine Stimmung?

Kultiviere Selbstvertrauen, indem du dich mit deinem Körper nur um deiner selbst willen verbindest. Massiere nach der Dusche deinen Körper mit sinnlichem Öl ein, praktiziere Gua Sha und verwöhne deine Haut mit guten Cremes.

## Himmel & Erde

**Tageszeit:**
Mittag

**Name des Vollmonds:**
Erdbeermond

**Himmelsrichtung:**
Süd

**Element:**
Feuer

## Tradition & Religion

**Christlich:**
Sankt Johanni

**Andere Namen:**
Alban Hevin,
Sonnenfest,
Mittsommer,
Weiße Nächte

**Aussprache:**
Li-tha

## Natur

**Kräuter & Pflanzen:**
Johanniskraut, Holunder,
Mädesüß, Lindenblüten,
Rainfarn, Kornblumen,
Ringelblume, Königskerze

**Phänologische Jahreszeit:**
Frühsommer und Heuernte,
Heuschnupfensaison

## Zeitqualität

Fülle, Entfaltung,
Reife, Expansion,
Überfluss,
Wachstum,
Geselligkeit,
Gemeinschaft,
Netzwerken,
Genießen

## Modern Mystic Facts

**Sternzeichen:**
Zwillinge und Krebs

**Tarotkarte:**
Die Liebenden

**Götter:**
Baldur, Thor, Loki

**Kristalle:**
Bernstein, Tigerauge

**Altardekoration:**
Sommerblumen und
Kräuter, Früchte

**Farben:**
Rot, Rosa, Orange, Gelb

Litha
Sommersonnenwende
21. Juni

## Ursprung & Bedeutung: Höhepunkt der Sonnenkraft

Mit Litha, der Sommersonnenwende, erreichen wir zwischen 20. und 22. Juni die längsten Tage und kürzesten Nächte im Jahr. Die Sonne geht in unseren Breitengraden jetzt morgens um 5 Uhr auf und abends erst gegen 21 Uhr wieder unter. Es ist nun also 16 Stunden hell und nur 8 Stunden dunkel. Die Sonne ist auf ihrem Höhepunkt. Litha ist das Gegenstück zur Wintersonnenwende und eines der vier großen Sonnenfeste.

Während manche dieses bedeutende Ereignis heute nur noch durch den Sommerschlussverkauf vieler Modeketten wahrnehmen, war es eines der wichtigsten Ereignisse im gesamten Jahreskreis unserer Ahn*innen.

Alles wächst, gedeiht und ist nun im Überfluss vorhanden – Früchte, Gemüse sowie auch Fülle und Freude. Jetzt ist die Zeit der Entfaltung gekommen.

Oft assoziieren wir den Sommeranfang mit dem Beginn der Schulferien, doch die Sonne macht schon jetzt ihre Kehrtwende, und die Tage werden von nun an langsam wieder kürzer. Der Zenit der Herrschaft der Sonne ist also gleichzeitig auch der Anfang ihres Untergangs. Sich bewusst zu machen, dass alles, was wächst, auch wieder nachlässt, lässt uns die Fülle erst richtig wertschätzen und dankbar dafür sein.

Noch merken wir jedoch nicht viel vom Ende der Herrschaft der Sonne und beginnen gerade erst, die lauen Sommerabende im Freien so richtig zu genießen. Wo man hingeht, duftet es nach Holunder oder Flieder, es summt und brummt überall. Diese Spannung in der Luft hielt Shakespeare in seinem Stück *Mittsommernachtstraum* fest.

Wenn man bedenkt, wie sehr das Überleben früher von der Natur abhing, ist nachvollziehbar, warum der Sommer als sorgloseste Zeit im Jahr angesehen und so sehr gefeiert wurde. In einer Zeit, in der die Sonne, und auch der Mond, neben dem Feuer als einzige Lichtquelle diente, war der Sommer mit seinen vielen Sonnenstunden die geselligste Zeitperiode. Und auch heute verbringen wir jetzt viel Zeit im Freien, im Freibad, in den Biergärten und allgemein in der Natur. Eisschlecken und Grillen sind auf einmal jedermanns Feierabendbeschäftigung. Gewitter sorgen ab und an für eine erfrischende Abkühlung.

Litha, auch Mittsommer, Alban Hevin oder im Englischen *Summer Solstice*, bezeichnet den längsten Tag im Jahr und wird auf der Nordhalbkugel zwischen dem 20. Juni und dem 26. Juni gefeiert. Der Ursprung des Festes wird häufig der keltischen Tradition zugesprochen, doch manche Riten und Bräuche um diesen Termin liegen noch viel weiter zurück. Mensch und Sonne waren seit jeher verbunden.

## Die Sommersonnenwende

Die Sonnenwende ist ein astronomisches Ereignis, das zweimal im Jahr stattfindet und durch die Neigung der Erdachse verursacht wird. Zur Sommersonnenwende erreicht die Nordhalbkugel ihre maximale Neigung zur Sonne und somit ihren Höchststand. Wir erleben jetzt die längsten Tage im Jahr. Je näher man sich am Nordpol aufhält, desto mehr Sonnenstunden hat der Tag. Zu diesem Zeitpunkt im Jahr hat es auf dem Äquator etwa zwölf Stunden Sonnenlicht und zwölf Stunden Dunkelheit, während es an den Polen bis zu 24 Stunden Sonnenlicht geben kann. In Mitteleuropa erleben wir somit zwischen 16 und 17 Stunden Sonnenlicht. Auf der anderen Seite des Äquators, auf der Südhalbkugel, ist hingegen Wintersonnenwende und die dunkelste Zeit im Jahr.

## Sonnentempel & Sonnenuhren

Die Sonnenwenden waren bereits in der Jungsteinzeit für die Menschen wichtig. Darauf deuten Bodenspuren hin, die belegen, dass die Tore von bestimmten Bauwerken auf jene Punkte am Horizont ausgerichtet waren, an denen zu den Sonnenwenden die Sonne auf- und unterging.
Auf der berühmten Himmelsscheibe von Nebra in Halle (Deutschland) wie auch an der wohl bekanntesten Konstruktion Stonehenge in England ist zu sehen, dass Sonnenwendtage in der Vergangenheit große Bedeutung hatten. Ob im heutigen nordeuropäischen Raum, in Südamerika oder anderen Teilen der Welt, überall finden sich Tempelanlagen, deren Architektur auf den Sonnenaufgang am Mittsommertag hindeutet.
Da der Mensch auch abseits der Sonnenwende die Tageszeit messen wollte, entstanden bald Sonnenuhren. Sie wurden bereits in der Antike ent-

wickelt und waren bis zum 16. Jahrhundert die wichtigsten Zeitmessinstrumente. Ihre symbolische Bedeutung wurde durch die Platzierung an religiösen Gebäuden unterstrichen, um den Gläubigen die Bedeutung der Sonnenwende zu verdeutlichen.

## Tradition & Religion: Feste damals & heute

### Johannes der Täufer

Christen verbinden die Sommersonnenwende mit der Geburt Johannes des Täufers. Als der Verkünder der Ankunft des Messias spielt dieser eine tragende Rolle im Christentum. Der heilige Johannes ist neben Maria und Jesus der einzige Heilige, dessen Geburtstag und nicht nur Todestag gefeiert wird. Am 24. Juni wird heute ihm zu Ehren Johannitag gefeiert, welcher oft auch als Tag der Reinigung und Buße begangen wird, um sich auf die Ankunft Christi vorzubereiten. An diesen Tagen hat es sich etabliert, dass häufiger Taufen und rituelle Waschungen stattfinden. Durch die Ehrung eines Menschen oder auch Heiligen geht hier im Christentum die eigentliche Grundlage des Festes, die Naturverehrung, verloren. Man münzte die Selbstaussage des Johannes kurzerhand um: »Er (Jesus) muss wachsen, ich (Johannes) aber muss abnehmen.« (Johannes 3,30), denn ihre Geburtstage liegen einander genau gegenüber und waren dadurch perfekte Symbolträger für die Sonnenwenden.

Zum Höhepunkt des Sonnenstands gab es in vorchristlicher Zeit und auch später noch reichlich Bräuche wie das steirische Sonnwendhansl – Frohfeuer[18]. In diesem wurden zum einen Strohpuppen, der »Sonnwendhansl« und die »Gretel«, verbrannt, zum anderen war es wie zu Beltane üblich, dass junge Paare über das Feuer sprangen.
Gekreuzte Besen wurden vor die Türen gestellt und Johanniskränze aus siebenerlei Kräutern und Pflanzen geflochten, welche zum Schutz vor Unwetterschäden, Geistern und Dämonen übers Haus geworfen wurden. Ein Johanniskranz unter dem Kopfkissen sollte für Glück in der Liebe sorgen sowie ein Blütenteppich unterm Esstisch, das sogenannte Johannisstreu, für Fülle und Wohlstand.

## Weiße Nächte in St. Petersburg & Skandinavien

Ein Phänomen, das in vielen Teilen des skandinavischen und nordeuropäischen Raums während der Sommersonnenwende auftritt, sind die sogenannten weißen Nächte. Besonders in den nördlicheren Breitengraden geht die Sonne im Juni und Juli kaum vollständig unter. Sie erreicht nur eine Art Abenddämmerung, welche direkt in das Morgengrauen übergeht. In diesen Wochen kann man hier sogar nachts Aktivitäten nachgehen, die man ohne künstliche Beleuchtung sonst nur tagsüber tun könnte.
Die weißen Nächte sind ein wichtiger Teil der Sommerkultur in diesen Ländern, und es gibt zahlreiche Festivals und Veranstaltungen. Das White Nights Festival in St. Petersburg ist besonders bekannt und eine beliebte Touristenattraktion.

## Sonnenwendfeuer

Auch heute noch werden auf dem Land im alpinen Raum noch Sonnenwendfeuer angezündet. Es ist eine der großen Traditionen der Sommersonnenwende, welche symbolisch für die Feuerkraft der Sonne steht. Das Feuer wird als die Verkörperung des unter den Menschen weilenden Sonnengotts gesehen.
Traditionell wurde in ritueller Nacktheit gefeiert – in Verbindung zum Ursprünglichen, lediglich bekleidet mit einem Gürtel aus Beifuß oder einem Kranz aus Gundermann in den Haaren. Beifuß wird auch Macht- oder Thorwurz genannt. So trug der germanische Donnergott Thor (auch bekannt als Donar) einen Gürtel aus Beifuß, der seine Kraft verdoppelte. Wer immer sich auch stärken wollte, band zur Sommersonnenwende also einen Gürtel aus Beifuß um und sprang damit übers Feuer, in der Hoffnung, die Kraft würde sich übertragen. Man sprang dabei – oder lief sogar über die Glut – gleichsam von einer Jahreshälfte in die nächste. Paare sprangen Hand in Hand, um Glück für ihre Beziehung zu sichern. Es heißt auch, man hätte Kinder über das Feuer geworfen, um sie vor Krankheiten zu schützen. Man versuchte außerdem, so hoch wie möglich zu springen, denn das bestimmte, wie hoch der Flachs und das Korn in den kommenden Wochen noch wachsen würden.
Wie schon zu Beltane wurden mit Stroh umwickelte brennende Räder die Hügel hinuntergerollt und Feuerläufe mit Fackeln aus getrockneten, in Pech getauchten Königskerzen veranstaltet, die deshalb gerne auch Fackelblume genannt wird. Außerdem wurden verkohlte Holzstücke zum Schutz vor Unwettern in die Felder gesteckt.

## Sommerfeste

Die Sommersonnenwende wird heute noch in vielen Gegenden gefeiert. Dank IKEA-Werbespots sind die Midsommar-Feiern der nordischen Länder selbst bei uns bekannt.
Die Sonne bedeutete immer schon Wärme, Geborgenheit, Feiern in Gemeinschaft und Geselligkeit. Wo unsere Vorfahr*innen zur Wintersonnenwende bedachter und nach innen gekehrter waren, erlaubten sie sich zur Sommersonnenwende nach außen gekehrte Ekstase und Freude. Das Wort »Ekstase« kommt nicht von ungefähr, denn im Griechischen bedeutet es »aus sich herausgetreten sein«.
Die Jahreskreisfeste sind immer Portale zu anderen Bewusstseinszuständen. Mithilfe von berauschenden Starkbieren konnte man sozusagen die Gottheiten mittanzen sehen und verlor seinen alltäglichen Verstand. Ein Heidenspaß. Es braucht auch immer eine gewisse Art von Ver-rücktsein, um mit den Gottheiten und Naturgeistern zu kommunizieren.
Wie zu Weihnachten und während der Rauhnächte glaubten die Menschen, Tiere könnten nun sprechen und Elfen befänden sich unter ihnen.

# Mythologie

## Sonnengott Baldur

In der keltischen Mythologie stirbt zur Sommersonnenwende der Licht- und Sonnengott Baldur oder auch Bel genannt.
Baldur galt als unverwundbar, da die Göttermutter Frigg alle Geschöpfe einen Eid schwören ließ, ihm nie zu schaden oder ihn zu verletzen. Doch die kleine Mistel entging ihr. Loki, der Feuergott, fertigte aus ihr einen Pfeil, der Baldur schließlich tötete. (Mehr zu dieser Geschichte könnt ihr im Kapitel »Lughnasadh« nachlesen.) Ein anderer sonnengleicher Held, der um die Sommersonnenwende stirbt, ist Siegfried, der germanische Held der Nibelungensage, der durch Drachenblut ebenfalls fast unverwundbar war – bis auf eine einzige Stelle am Rücken, die sein Feind Hagen von Tronje nutzte, um ihn tödlich zu verletzen.

# Astrologie

In einer Zeit, in der wir den zerstörerischen Qualitäten der Sonne ausgesetzt sind, kommt das Wasserzeichen **Krebs** genau richtig. Die Sonne ist zwar Lebensspenderin, aber in ihrer Intensität trocknet sie aus, macht uns zu hitzig oder verbrennt sogar. Der Krebs ist der kühlende Gegenpol, wenn wir uns mal wieder zu sehr verausgaben, zu viel unterwegs und zu gesellig waren. Gerade wenn wir viel Zeit im Außen verbringen, dürfen und müssen wir auch wieder mit uns selbst einchecken und in Austausch gehen. Daran erinnert uns der emotionale Krebs.

### Für dein Journal:

› *Wo in deinem Leben ist es gerade besonders heiß oder hitzig?*
› *Welche Emotionen begleiten dich zu dieser Zeit?*

## Zeitqualität heute: Rituale & Routinen

Nachdem es die letzten Wochen und Monate vor allem um Vorbereitungen ging und um das Warten auf die Fülle, kommen wir nun in die Phase des Jahres, wo wir reich beschenkt werden.
Die Natur und die Gemüsegärten stehen in voller Pracht, ein sattes Grün hat sich über die Landschaft ausgebreitet, und es ist eine natürliche Fülle spürbar. Für unsere Vorfahr*innen war es eine der arbeitsreichsten, aber auch eine potente und freudige Phase im Jahr, in der ausgelotet wurde, was für die Ernte noch herauszuholen sei, wo man seine Kräfte lieber sparen sollte und was noch gelingen könnte. Die Sommerfeste waren Fülle-Feste, von allem war reichlich vorhanden, und man machte sich schon langsam bereit für die Erntezeit, die im August begann. Jetzt schon konnte man mit dem Einlegen und Einlagern beginnen, alles, was reif war, konnte auch verarbeitet werden. So dehnte man diese Fülle auch auf die Wintermonate aus.

In der heutigen Zeit lehrt uns diese Phase, auf unsere eigene Fülle zu blicken. Meistens sind wir in der Sommerzeit in unserer vollen Kraft und motiviert, aus dem Vollen zu schöpfen.

### Fülle & Prosperität

Vermutlich eher aus dem Englischen oder den zahlreichen Workshops und Ultimativrezepten für Reichtum als *abundance* und *prosperity* bekannt, haben sich diese Begriffe während der Pandemiejahre auch in der deutschen Sprache verankert. Die Thematik kommt in Krisenzeiten natürlich besonders zum Tragen, wenn eine allgegenwärtige Mangelwolke über uns schwebt.

**Fülle** bezieht sich auf das allgemeine Vorhandensein von allem Notwendigen – dem, was wir brauchen, und auch dem, was wir möchten. Das können materielle Güter wie Geld oder Nahrungsmittel sein, aber auch immaterielle Dinge wie Liebe, Glück und Zufriedenheit zählen dazu.
**Prosperität** hebt die Fülle in einen Zustand von Wohlstand, der vor allem mit finanziellem und geschäftlichem Erfolg verbunden ist und auf kontinuierlichem Wachstum und Fortschritt beruht.

Um beide Formen in unserem Leben zu halten, bedarf es des regelmäßigen Bewusstmachens und der Übung in Dankbarkeit und Demut.

Am Höhepunkt der Fülle der Natur kannst du dich mit einem wertvollen Ritual der Fülle und dem Überfluss in deinem eigenen Leben widmen. Die Tage werden von nun an wieder kürzer. Die Chancen stehen hoch, dass es auch wieder magere Zeiten geben wird. Trotzdem oder gerade deshalb dürfen wir lernen, die Fülle, die jetzt in unserem Leben ist, wertzuschätzen und vollends zu genießen. Jetzt ist die Zeit, alles aufzusaugen und die Gelegenheiten, die sich dir bieten, am Schopf zu packen.

### Für dein Journal:

› *Wie zeigt sich Fülle in deinem Dasein, und wie lebst du sie?*
› *Erlaubst du dir, Fülle zu empfangen?*
› *Wo herrscht Mangel?*

## Halbzeit: Von Wende zu Wende

Der regelmäßige Check-in mit unseren Plänen ist das A und O, damit sie sich tatsächlich zu unserer Zufriedenheit realisieren und wir Fülle und Prosperität stetig aufbauen und in unserem Leben halten können. Pläne und Visionen, die wir zur Wintersonnenwende und während der Rauhnächte ausformuliert haben, kommen jetzt zur Reife und tragen oftmals ihre ersten Früchte. Träume und Wünsche, auf deren Erfüllung wir schon lange gepocht haben, könnten nun erfüllt werden.
Der Sommer ist eine nach außen gerichtete Zeit, und unsere Projekte dürfen nun für alle sichtbar werden, so, wie auch die Natur ihre Früchte zur Schau trägt. Wir dürfen uns in unserer vollen Kraft zeigen, selbst feiern und loben für alles, was wir erschaffen, geschafft und umgesetzt haben.
Doch bleiben wir realistisch, selten geht alles glatt und genau nach Plan. Umso wichtiger ist es für uns, in regelmäßigen Abständen Bilanz zu ziehen, um bösen Überraschungen vorzubeugen. Eben dazu dienten in früheren Zeiten all die zahlreichen Segnungsräucherungen, Feldweihen und Bräuche zum Schutz der Ernte und die regelmäßige Anbetung der Gottheiten für Fülle.

## Bilanz ziehen

Hast du dir zum letzten Jahresende bereits Notizen gemacht, gehe zurück zu diesen, ansonsten beginne hier und beantworte dir die folgenden Fragen.

### Für dein Journal:

› *Was waren deine Pläne und Wünsche für dieses Jahr?*
› *Was davon konntest du bereits umsetzen, und was ist eingetreten?*
› *Was ist noch offen?*
› *Wo stehst du in deinem Zeitplan?*
› *Was fühlt sich noch stimmig an, und womit hast du dich übernommen oder gar geirrt?*
› *Gibt es etwas, wo du jetzt feststellst, dass es sich verändert hat, du es gar nicht mehr willst oder dem noch nicht gewachsen bist?*
› *Wo darf noch etwas reifen, und es ist nur Geduld gefragt?*

Sobald du wieder einen Überblick hast, kannst du an eine angepasste Planung für die kommenden Wochen und Monate gehen.

## Resümee: 2-Stufen-Plan

Zu Ostara haben wir unser inneres Feuer entzündet und es zu Beltane zum Lodern gebracht. Nun zu Litha stecken wir meist mittendrin in unseren Projekten und haben einen Teil tatsächlich in die Tat umgesetzt. Dafür brauchte es einen starken Willen. Wir können die Sonnenenergie dieser Zeit nutzen, um noch mal zu reflektieren, was getan werden muss.

In der zweiten Jahreshälfte nimmt zwar das Sonnenlicht schon wieder ab, doch wie wir wissen, ist der Sommer nur eine kurze Verschnaufpause, bevor das lineare Geschäftsjahr noch mal richtig Fahrt aufnimmt. Umso mehr sind wir angehalten, nun Klarheit in Bezug auf unsere Pläne zu schaffen.

### Für dein Journal:

- *Was kannst du noch in dieser Saison erreichen?*
- *Mache dir einen 2-Stufen-Plan und teile ihn wie folgt ein:*
- *Ziele und Actionpoints bis zur Herbsttagundnachtgleiche,*
- *Ziele und Actionpoints bis zur Wintersonnenwende.*
- *Wofür lohnt es sich noch, seine Kräfte zu bündeln und zu investieren?*
- *Was ist für dich nicht diskutabel und muss unbedingt bis zum Jahresende umgesetzt werden?*

# Litha & die Natur

Im Frühling und Sommer erreicht die Sonne bei uns in Europa ihren Höchststand, und die Natur feiert mit. Es ist die Zeit im Jahr, in der wir Blätter, Blüten und Früchte zusammen erleben.

## Der Sommergarten als Allegorie der Leistungsgesellschaft

Um die Energie des Sommers wahrhaft zu verstehen, müssen wir nur raus in unsere Gärten gehen. Bisher sind die Pflanzen hauptsächlich in die Höhe gewachsen. Jetzt macht sich alles an die Entfaltung und Ausdehnung. Es geht um das Volumen, das Reifen und die Fruchtansetzung. Die ersten Früchte versüßen uns das Leben: Erdbeeren, Himbeeren, Johannisbeeren. Alles ist jetzt süß, sinnlich, prall und voller Genuss. Wir schwelgen im Überfluss und sind umgeben von überschäumender Fülle. Vor allem diejenigen, die einen eigenen Garten haben und Obst und Gemüse anbauen, werden zu dieser Zeit erinnert, dass die Fülle manchmal auch zu viel des Guten sein kann und wir gar nicht alles selbst konsumieren können. So geht es ans Teilen und Beschenken von Freund*innen und Nachbar*innen. Auch fällt jetzt im Garten eine Menge Arbeit an, denn mit der starken Hochsommersonne muss mindestens einmal am Tag gegossen werden. Äste müssen zurückgeschnitten und gestutzt werden, und der Rasen muss regelmäßiger gemäht, gemulcht, getrimmt und gejätet werden. Um die Geschenke der Natur sollten wir uns jetzt intensiv kümmern, sie müssen ernährt und erhalten werden.
Eine große Auswahl an Kräutern ist jetzt reif zum Ernten, Trocknen und Konservieren. Je mehr wir im Sommer aus dem Garten verarbeiten, desto mehr Nahrung und Medizin steht uns später zur Verfügung.

Den Sommergarten dürfen wir als Allegorie für unsere bestehenden Systeme und Strukturen in der Leistungsgesellschaft betrachten. Der Sommer ist in der Natur die arbeitsintensivste Jahreszeit, es muss gewirtschaftet, geerntet und vorbereitet werden.
Als Gesellschaft befinden wir uns eigentlich in einem dauerhaften Sommerzustand. So zumindest die Erwartungshaltung. 365 Tage im Jahr wird produziert und geleistet. Erdbeeren und Avocados sollen im Supermarkt jederzeit bereitstehen, und das auch immer in üppiger Fülle. Etwa ein Drittel aller hergestellten Lebensmittel wird aufgrund von Überproduktion, Transportverlusten oder unzureichender Lagerung unbenutzt weggeworfen – das entspricht etwa 1,3 Milliarden Tonnen im Jahr.

Wir erwarten von uns selbst wie von der materiellen Verfügbarkeit, ständig auf Hochleistung zu laufen. Es ist eine utopische Erwartungshaltung, Karriere, Kinder, Herzensprojekte, Sport und Freizeit unter einen Hut zu bringen – und das alles mit einer sommergleichen, selbstverständlichen Leichtigkeit als Sahnehäubchen obendrein. Trotzdem fühlen wir Scham und Schuld, wenn wir nicht alles schaffen. Die Zahl von Menschen, die an Überlastungserscheinungen und Burn-out-Erkrankungen leiden, steigt weltweit immer weiter.
Die zyklischen Qualitäten des Jahreskreises zeigen uns: Wir dürfen nicht nur lernen, mit unserer Energie hauszuhalten, sondern auch, dass alles seine Phasen hat und wir sie im richtigen Maß zur richtigen Zeit einsetzen sollten. Gerade im Sommer braucht es eine gute Balance von Produktivität und Auszeiten.
Das bedeutet, dass wir uns auch in produktiven und kreativen Hochphasen, in denen wir vor Ideen nur so übersprudeln, Auszeiten nehmen sollten, um uns gut um uns selbst zu kümmern und erdende und beruhigende Aspekte in diese Zeiten einzubringen. Kreative Schaffensphasen – so schön sie besonders nach längeren Phasen der Stagnation und Ruhe auch sind – verlangen uns viel Energie ab. Sie nehmen jegliche Leerräume ein, die vorher vielleicht bestanden haben. Das Verlangen und Bedürfnis nach Selfcare ist entsprechend in Phasen hoher Produktivität besonders hoch.

Mit gutem Grund trinken wir im Sommer kühlenden Eistee, essen wasserreiches Obst und Gemüse wie Wassermelonen und Gurken und verbringen viel Zeit nah am Wasser, um die Hitze zu besänftigen und hydriert zu bleiben. Wir kennen die Pausen mitten am Tag vor allem aus den südlichen Ländern, wo Siesta oder Faulenzen im Schatten am Nachmittag Teil der Kultur ist. Bei der prallen Mittagssonne lässt sich sowieso nicht produktiv arbeiten.
Wir wollen unsere Projekte auch nicht zu sehr forcieren. Zu viel Sonnenkraft kann manchmal auch kontraproduktiv sein und nicht nur die Erde verbrennen. Die Devise ist, die Polarität dieser Zeit bewusst wahrzunehmen.

### Ritual: Erdung

Bei Erdung, im Englischen auch bekannt als *Grounding*, geht es darum, in Kontakt mit der Erde zu kommen, um von ihren natürlichen elektrischen Ladungen zu profitieren. Sie kann helfen, Stress zu reduzieren und das Nervensystem zu beruhigen sowie die Zirkulation von Blut und Sauerstoff im Körper zu fördern.

### So kannst du vorgehen:

› Laufe so oft barfuß, wie es nur geht. Vor allem das Gehen über saftiges Gras ist ideal, um dich zu erden und mit dem Erdboden in Kontakt zu kommen.
› Nimm dabei ganz bewusst den Boden unter deinen Füßen wahr. Stell dir vor, wie die Kraft der Erde über deine Füße in deinen Körper strömt.

## Pflanzen & Kräuter der Saison

Die Hauptblütezeit vieler kraftvoller Heilpflanzen können wir nutzen, um unsere Hausapotheke wieder aufzustocken. Wir können nun schmerzlinderndes Mädesüß sowie schweißtreibende Holunder- und beruhigende Lindenblüten sammeln, um Grippetees für die kalte Jahreszeit zu mischen. Die stimmungsaufhellenden und wärmenden Eigenschaften des Johanniskrauts wollen wir uns im lichtarmen Winter ebenfalls zunutze machen. Wir können frische Wildkräutersalate und grüne Pflanzensäfte mit Giersch, Brennnessel und Löwenzahn direkt von der Wiese genießen. Auf den Getreideäckern leuchten jetzt blaue Kornblumen und rote Mohnblumen um die Wette. Glühwürmchen besuchen uns in der Nacht, und auf den Feldern summen Bienen und Insekten vor sich hin. Das Vieh grast auf der Weide und schwelgt mit dem Rest der Natur im Sommerglück.

### Sonnenkräuter

Für Kräutersammler*innen ist jetzt der Höhepunkt ihrer Sammelaktivitäten. Am Johannitag geerntet, sollen die Pflanzen besonders heilkräftig sein. Wenn die Sonne im Zenit steht, ist auch die Sonnenenergie in den Pflanzen am potentesten, so die Idee. Besonders in der dunklen, kalten Jahreszeit können diese Kräuter dann etwas von ihrer gespeicherten Sonnenkraft an uns abgeben. Traditionellerweise werden jetzt neun (manchmal auch 7, 77 oder 99 – alles »magische« Zahlen) Kräuter gesammelt und zu einem Kräuterbuschen (oder auch Kräuterbüschel) gebunden, mit dem Königskerzenkraut als Mittelpunkt. Diese sollen Schutz und Segen bringen. Solange früher das Getreide noch reifte und Obst und Gemüse nicht abgeerntet waren, bestand die Gefahr, dass die Ernte schlecht ausfallen oder beschädigt würde. Wenn Sturm und Hagel das Getreide oder die Feldnahrung vernichteten, hatte das eine gravierende Bedeutung für das Überleben der Menschen und Tiere. Bei aufziehenden Unwettern entzündeten die Bauern deshalb getrocknete Bündel mit sogenannten schützenden Wetterkräutern, um sie fernzuhalten. Wir können diese Sonnenkräuter auch heute sammeln und Bündel daraus binden. Ins Feuer geworfen bringen sie uns Segen. Wir können sie aber auch zum Trocknen aufhängen und dann verräuchern. Weiter heißt es, wer einen Kräuterbuschen aus neun Kräutern unter sein Kissen legt, könne von der Zukunft träumen.

**Sonnenkräuter, die du sammeln kannst:**

- Johanniskraut (stimmungsaufhellendes, pflanzliches Antidepressivum)
- Beifuß (das klassische Räucherkraut und die kleine Schwester des Wermuts)
- Kamille (nannte man auch »die Augenbrauen Baldurs«)
- Holunderblüten (stark mit Frau Holle assoziiert)
- Schafgarbe (kennt man als »Augenbrauen der Venus«)
- Gundelrebe (geschmacklich das »Wiesen-After-Eight«)
- Ringelblume (Wunderheilerin und große Schwester des Gänseblümchens)
- Königskerze (oft das Mittelstück in einem Kräuterbuschen)
- Eisenkraut (soll das Glied des Mannes härten)
- Lindenblüten (als der Held Siegfried im Drachenblut badete, legte sich ein Lindenblatt auf seine Schultern, was ihn dort verwundbar machte)
- Mädesüß (als pflanzliches Aspirin bekannt)

### Johanniskraut

Das Johanniskraut spielt in den Sommermonaten eine große Rolle. Seine gelben Blütenköpfchen sehen wie kleine Sonnen aus, und tatsächlich können seine erhellenden und wärmenden Kräfte besonders in den dunkeln Wintermonaten Niedergeschlagenheit und düstere Gedanken vertreiben. Mehrere Studien belegen mittlerweile seine stimmungsaufhellenden Eigenschaften, weshalb das Johanniskraut als natürliches Antidepressivum gilt. Als Tablette eingenommen oder als Tee getrunken, kann es bei Sorgen, Ängsten und negativen Verstimmungen helfen. Reibt man die Blüten zwischen den Fingern, tritt roter Pflanzensaft aus. Dieser wurde häufig als Symbol für das Blut des enthaupteten Johannes des Täufers betrachtet, so erhielt das Kraut seinen Namen.

**Achtung:** Johanniskraut hat die Eigenschaft, Ungleichgewichte im Körper »richtigstellen« zu wollen. Medikamente (auch Antidepressiva) und die Pille können bei einer Johanniskrautkur möglicherweise schlechter vom Körper aufgenommen werden. Eine längere Einnahme sollte unbedingt mit Arzt, Ärztin oder Apotheker*in abgesprochen werden.
Auch sollte während der Einnahme unbedingt auf den Konsum von Alkohol und Drogen verzichtet werden.

## Rezept: Rotöl mit Johanniskraut

Mit diesem einfachen traditionellen Rezept können wir die Sonnenenergie des Johanniskrauts wunderbar konservieren. Am Höhepunkt des Sommers zubereitet, können wir das Rotöl im Winter nutzen, um etwas von den Sonnenstrahlen selbst in der tiefsten Dunkelheit zu spüren. Es wirkt wärmend und kann bei Verspannungen und rheumatischen Beschwerden eingesetzt werden. Bei Ritualen wird es gerne auf die Stirn oder den Brustraum getupft, für eine bessere intuitive Empfänglichkeit.

**Was du brauchst:**
1 Handvoll Johanniskraut
2 Glasflaschen
Reines Olivenöl

**Zubereitung:**
- Sammle blühendes Johanniskraut oder kaufe getrocknetes im Bioladen. Wasche es nicht ab, da du sonst all seine guten Eigenschaften rauswäschst. Wenn du mit frischem Kraut arbeitest, lass es etwas trocknen. Wir wollen keine Wasserrückstände in unserem Öl haben, da es sonst zu schimmeln beginnt.
- Brich das ganze Kraut, Stängel und Blüte inklusive, in kleine Teile, sodass es in eine Glasflasche passt.
- Gieße reines Olivenöl dazu, bis das Kraut ordentlich bedeckt ist.
- Verschließe die Glasflasche und lass die Mischung drei Wochen ruhen. Schüttle das Ganze hin und wieder.
- Wenn sich die Mischung rot gefärbt hat, kannst du das Öl durch einen Kaffeefilter in eine weitere Glasflasche abseihen. Beschrifte sie eindeutig mit Namen und Datum, um die Haltbarkeit nachvollziehen zu können. Das Öl ist dann gut ein Jahr haltbar.

## Früchte der Saison

Die Natur und ihre Gaben zeigen sich jetzt in ihrer vollen Pracht. Dies spiegelt sich in den reifen Erdbeeren, saftigen Kirschen, süßen Aprikosen und vielen anderen Sommerfrüchten wider. Sie alle repräsentieren die Fülle und Lebenskraft der Natur. In den Litha-Feiern werden oft frische Früchte in Riten und Zeremonien verwendet, um die Energie der Sonne und die Fülle des Sommers zu ehren. Sie laden uns dazu ein, die Zeitqualität von Vitalität, Leidenschaft und Wachstum zu feiern, während man die süßen Früchte des Sommers genießt und die Verbindung zur Natur und zur Sonnenenergie vertieft. Es ist eine Zeit des Überflusses und der Freude, die den Höhepunkt der warmen Jahreszeit feiert, bevor es in den Hochsommer und die Vollreife geht.

### Holunderblüten

Es ist Holunderzeit. Der »Hollerbusch« steht nun in voller Blüte und verkündet somit den Sommer. Wenn im Herbst seine dunklen Früchte erscheinen, wissen wir, die Winterzeit ist im Anmarsch.
Jetzt aber weht uns süßer Holunderduft um die Nase, weshalb die Sommersonnenwendezeit und die damit einhergehende Liebesekstase stark mit ihm verbunden werden.
Der Holunder war immer schon ein heiliger Baum, der Frau Holle geweiht war und deren Namen er im Volksmund, wo er oft als Holler bezeichnet wird, auch trägt. »Vor dem Holunder soll man den Hut ziehen«, sagt ein Sprichwort und zeigt, mit welchem Respekt und Hochachtung man dem Holunder früher begegnet ist. Einst war es üblich, dass jede Familie einen Hollerbusch vor dem Haus stehen hatte. Es brachte sogar Unglück, ihn abzuholzen, da man ihm nachsagte, dass sein beschützender Hausgeist sowie alle Ahn*innen der Familie ihm innewohnen.
Der Holunder gilt außerdem als des Bauern Apotheke. Die vitaminreichen Blüten können jetzt geerntet und für schlechtere Zeiten getrocknet werden. Sie helfen bei Erkältungen und Grippe, da der Holunder eine schweißtreibende und schleimlösende Wirkung hat. Zusammen mit Mädesüß und Lindenblüten kann man einen bewährten Grippetee herstellen. Bei den ersten Anzeichen einer Erkältung kannst du eine Schwitzkur einlegen, indem du drei bis vier Tassen des Holunder- oder Grippetees trinkst. Dabei erhöhst du deinen Stoffwechsel und schwitzt alles durch dein wichtigstes Entgiftungsorgan, deine Haut, aus. Wenn um dich herum alle krank sind, kannst du diese Mischung auch vorbeugend trinken.

**Achtung:** Der Holunder kann mit dem giftigen Zwergholunder (Attich) verwechselt werden. Die giftige Art riecht jedoch unangenehm, bleibt eher klein und hat keinen verholzten Stamm.

## Rezept: Anti-Grippe-Tee

**Was du brauchst:**
1 Teil Holunderblüten, getrocknet
1 Teil Lindenblüten, getrocknet
1 Teil Mädesüß, getrocknet

**Zubereitung:**
› Mische die Kräuter und fülle sie in einen luftdichten Behälter.
› Für eine Tasse Tee übergieße zwei Teelöffel der Mischung mit kochendem Wasser und lass alles zehn Minuten ziehen. Danach abgießen und möglichst heiß genießen.

### Obstreife: Import & Export

Auch wenn zahlreiche Obstsorten ganzjährig im Supermarkt erhältlich sind, kommen diese meist nicht aus regionalem Anbau, sondern aus Monokulturen, wo häufig große Mengen an Pestiziden und Düngemittel eingesetzt werden. Das Obst legt lange Transportwege für den Verkauf in den Supermärkten zurück und büßt dadurch an Geschmack und Nährstoffen ein. Trendobst wie zum Beispiel Avocados verursacht während der Produktion immense Schäden. Der Wasserverbrauch für den Anbau wie auch die benötigte Fläche haben schwerwiegende Auswirkungen auf die Ursprungsregionen und den Lebensraum der Menschen.
Andere Problemfrüchte sind Bananen, Erdbeeren, Ananas und auch seit einigen Jahren vermehrt Blaubeeren.[19] Die beliebten Superfood-Beeren haben nur kurze Zeit Saison in Europa und werden in der Nebensaison vor allem aus Chile, Peru und Südafrika importiert. Grundsätzlich gilt es, beim Obstkauf darauf zu achten, woher die Früchte importiert wurden und ob sie aktuell Saison haben. So kannst du deinen ökologischen Fußabdruck minimieren.

**Tipp:**
Finde Bauernhöfe oder Produzenten in deiner Region, zu denen du einen Ausflug machen kannst, um die leckeren Früchte selbst zu pflücken oder direkt von den Bauern zu kaufen. Hierbei zahlt es sich aus, eine größere Menge zu kaufen und sie auch zum Beispiel zu Marmelade zu verarbeiten, um ganzjährig etwas davon zu haben.

## Grundrezept für Marmeladen

Achte immer darauf, welches Obst in deiner Region gerade reif ist oder ob du es sogar selbst ernten kannst.

**Was du brauchst:**
1 kg Früchte
500 g Zucker (Alternativen: Honig, Agaven- oder Birnendicksaft, Stevia)
Saft von 1 Zitrone
Optional: Gelatine zum Verdicken (Alternative: Agar Agar)

**Zubereitung:**
› Früchte waschen, säubern, entkernen, klein schneiden.
› Gib die Früchte in einen großen Topf und vermische sie gut mit dem Zucker.
› Lass das Ganze eine Stunde oder sogar über Nacht stehen, damit die Früchte ihren Saft freisetzen und auch der Zucker sich auflöst.
› Füge dann dem Ganzen den Zitronensaft hinzu.
› Erhitze die Mischung auf mittlerer Hitze unter ständigem Rühren und lass sie ungefähr 30 Minuten köcheln, bis sie dick und sirupartig ist.
› Gieße die Marmelade in sterilisierte Gläser und verschließe sie fest. Zum Abkühlen die Gläser
auf den Kopf stellen und später kühl und dunkel lagern.

# Selfcare

› Steh mit der Sonne auf, um jede Minute des Sommers auszukosten und Licht zu tanken. Wir wollen unseren Körper mit dem Hell-Dunkel-Rhythmus synchronisieren.

› Jetzt ist die beste Zeit, um viel barfuß zu laufen.

› Praktiziere sogenannte Lichtmeditationen. Stelle dich dafür morgens ans Fenster, auf deinen Balkon oder mach einen kurzen Spaziergang, um bewusst Sonne und Licht zu tanken.

› Rohes, wasserreiches Gemüse und Obst sind jetzt optimal.

› Sag Ja zu Partys, auf denen du nicht viele Leute kennst, und gehe zu After-Work-Veranstaltungen, um zu netzwerken. Jetzt ist die Zeit, um Gemeinschaft und Geselligkeit zu kultivieren.

› Verbringe so viel Zeit wie möglich draußen, am See, in deinem Garten, in Biergärten und in der Natur.

› Sammle Kräuter, trockne sie und bereite Pflanzenmedizin für das restliche Jahr vor.

## Himmel & Erde

**Tageszeit:**
Nachmittag

**Name des Vollmonds:**
Getreidemond, Blitzmond

**Himmelsrichtung:**
Westen

**Element:**
Feuer

## Natur

**Kräuter & Pflanzen:**
Goldrute,
Brennnessel,
Ringelblume

**Phänologische Jahreszeit:**
Hoch- und Spätsommer, Pflanzen-, Frucht- und Gemüsereife

## Zeitqualität

Dankbarkeit,
erste Ernte,
Kräfte sammeln,
Ausruhen

## Tradition & Religion

**Christlich:**
Heiliger Jakobus (25. Juli),
Petri Kettenfeier (1. August),
Mariä Himmelfahrt (15. August)

**Andere Namen:**
Lammas, Schnitterfest,
Frauendreißiger

**Aussprache:**
Luu-na-so

## Modern Mystic Facts

**Sternzeichen:**
Löwe, Jungfrau

**Tarotkarte:**
Die Kraft

**Gottheiten:**
Lugh, Loki, Sif,
Ceres, Demeter

**Kristalle:**
Granat, Sonnenstein,
Citrin, Karneol

**Altardekoration:**
Sonnenblumen, Brot,
Maispuppen, Äpfel

**Farben:**
Gold, Orange, Hellbraun,
Sand- und Erdfarben

Lammas,
Schnitterfest
1. August
Lughnasadh

## Ursprung und Bedeutung: Erste Ernte

Der 1. August markiert den Zeitpunkt, an dem traditionell die ersten Ernten stattfanden. Die Sonne knallt jetzt unerbittlich auf Mensch, Tier und Getreide hinunter. »Endlich Feierabend« ist das vorherrschende Gefühl, das uns an den schwülen Spätsommertagen zu Lughnasadh begleitet. Es sind die heißen Hundstage im August, in denen das Getreide schnittreif wird. Die Tage von Mitte Juli bis Mitte August werden so genannt, nach dem Sternbild des Hundes mit seinem Fixstern Sirius, der in dieser Zeit am Himmel sichtbar ist. Mit Lughnasadh erreicht die Trockenheit ihren Höhepunkt, doch das sommerliche Leben mit all seinen Vorzügen steht für viele von uns noch im Vordergrund. Schließlich ist August die Haupturlaubszeit. Viele von uns zieht es in die Ferne. Diese Zeit lädt ein, jeden Sonnenstrahl bis in die letzte Zelle aufzusaugen und das Leben ausgiebig und in vollen Zügen zu genießen, auch wenn die Tage nicht mehr ganz so lang sind wie noch vor einem Monat. Nicht nur das Korn, sondern auch der Sonnenbogen wird jetzt beschnitten. Wir wollen die Erinnerung an Wärme, das Lebensgefühl und die Stimmung für die kalte Jahreszeit speichern.

### Heiß & heißer: Die Jahrhundertsommer

Obwohl wir den Sommer mit vorwiegend positiven Attributen assoziieren, sehen wir mit dem fortschreitenden Klimawandel immer mehr auch sein anderes Gesicht. Einst als Wetterphänomen abgetan, galten Jahrhundertsommer als Seltenheit, bis sie zu ungebetenen Dauergästen geworden sind.
Sind wir anfangs noch erfreut über die Rückkehr des Sommers, zeigt sich spätestens im Hochsommer auch seine zerstörerische Kraft. Hitze und Trockenheit zum einen und gefährliche Unwetter zum anderen stehen immer öfter auf der Tagesordnung.

Seit Jahren kämpft man nicht nur in südlichen Ländern, sondern auch in Zentral- und Nordeuropa mit Waldbränden und Dürre im Hochsommer. Der Mangel an Regen, die sengende Sonne und die zerstörerische Gewitterbildung werden immer mehr zur Gefahr. Laut des European Forest Fire Information System (EFFIS) wurden allein 2020 ein Drittel mehr Waldbrände als im Jahr zuvor verzeichnet. Die Anzahl an Waldbränden variiert von Jahr zu Jahr, abhängig von der Intensität des Sommers, jedoch ist ein allgemeiner Trend nach oben zu verzeichnen, welcher ein ernsthaftes Problem für Umwelt, Wirtschaft und Gesellschaft darstellt. Die überdurchschnittliche Hitze führt neben Waldbränden auch zu Ernteausfällen, was sich auf die Lebensmittelpreise auswirkt, zu Gesundheitsproblemen wie Hitzeerschöpfung, Wasserknappheit und auch zu Schäden an Gebäuden. Vor allem die älteren Bauten in den europäischen Städten sind nicht für diese Art von extremer Hitze gebaut, und die Trockenheit der Böden kann sogar zu Verschiebungen im Fundament der Gebäude führen. Zur Herkunft des Namens »Lughnasadh« gibt es verschiedene Theorien, aber es ist klar, dass er eng mit dem keltischen Gott Lugh und dem Erntedankfest verbunden ist. In einer Version bedeutet Lughnasadh so viel wie »Tötung« oder »Tod des Lugh«, denn sein Tod am Ende des Sommers bedeutet den Übergang in den Herbst. In einer anderen Version widmete Lugh das Jahreskreisfest seiner am 1. August verstorbenen Ziehmutter Tailtiu, die eng mit der Landwirtschaft verbunden war.

## Das erste Erntefest (Schnitterfest)

Lughnasadh ist das erste der drei Erntefeste. Darauf folgen im Herbst noch Mabon und Samhain. Es ist nun das erste Mal im linearen Jahr, dass das Ernten im Vordergrund steht und nicht mehr das Pflanzen, Gießen und Pflegen. Die Getreidefelder leuchten im Sonnenlicht satt hell- bis goldgelb. Dinkel, Hafer und Weizen sind herangereift, und die Bauern beobachten das Zusammenspiel von Wetter und ihren Feldern ganz genau, um den besten Zeitpunkt für die Ernte nicht zu verpassen. Jetzt ist es Zeit, den Lohn ihrer Arbeit einzufahren, um die Früchte des Sommers, die Sonne und die Fülle, die mit den wärmeren Monaten des Jahres einhergehen, zu genießen.
Es war üblich, das erste Brot mit dem frisch geernteten Getreide zu backen, Kornpuppen aus Mais herzustellen und auch Rituale zum Ernten der spirituellen »Samen«, die im Frühling gepflanzt wurden, zu praktizieren. Getreide war für die Menschen früher überlebenswichtig, und das erste Brot aus frischem Korn hatte somit besondere Bedeutung. Es wurde oft zum Symbol, etwa als Sonne oder Spirale geformt, für den ewigen Kreislauf des Lebens.

Die Ernte verkörpert den Wandlungsprozess vom Leben über den Tod und zurück zum Leben. Der Keim, der im Frühjahr sprießt und über den Sommer wächst, wird nun geerntet, und aus der Ernte werden wieder neue Samen gesammelt für den nächsten Zyklus. Das Abernten ist im übertragenen Sinne ein Tod, denn das Land verliert seine Früchte. Lughnasadh ist somit nicht nur dazu da gewesen, die Ernte zu beginnen – es ging vor allem darum, Dankbarkeit und Demut zu zeigen für das, was ist, was war und sein wird. Es gibt dazu viele überlieferte Bräuche. Die schönsten Ähren auf dem Feld ließ man für die große Göttin stehen und den größten Apfel am Baum hängen, um Dankbarkeit und Wertschätzung für die Gaben der Natur zu zeigen. Segnungen wurden durchgeführt, man bedankte sich und bat die Götter um Gnade und weiterhin reiche Felder.

## Vorrat anlegen

Mit der langsamen Vorbereitung auf den Winter wurde nun alles, was reif war, eingesammelt und geweiht. Kräuter, Blüten und Früchte bereitete man zum Trocknen und zur Weiterverarbeitung vor, damit es in der kühlen und finsteren Jahreszeit ausreichend Tees, Tinkturen und sonstige nährende Erzeugnisse gab.

Heute klingt das womöglich befremdlich, da wir ja alles im Supermarkt, Reformhaus oder im Internet zu jeder Jahres- und Tageszeit bekommen.

In der modernen Welt ist der 1. August also nicht unbedingt ein bekanntes Erntedatum und mag manchen sogar ziemlich früh vorkommen, schließlich ist der Sommer noch in vollem Gange. Tatsächlich gibt es aufgrund unserer fortschrittlichen landwirtschaftlichen Technologie jetzt mehrere Wachstumszyklen für verschiedene Arten von Getreide und anderen Feldfrüchten. Aber damals, als das Ernten des Getreides noch von Hand erledigt wurde, mussten die Landwirte so früh wie möglich damit beginnen. Natürlich war der 1. August kein festes Datum für unsere Vorfahr*innen, obwohl er als der frühestmögliche Zeitpunkt galt, um mit dem Einbringen des Weizens zu beginnen. Wenn das Getreide aufgrund von zu wenig Regen oder Sonnenschein noch nicht ganz reif war, musste die Ernte – und die damit verbundenen Feierlichkeiten – warten. Der Zeitplan der Natur war immer schon viel mächtiger als jeder Kalender, den Menschen erfunden hatten.

Nichtsdestotrotz spüren sowohl Körper als auch Geist die nahende Erntezeit und den Herbst. Leichte Wehmut und das Bewusstsein für die allgemeine Vergänglichkeit überkommen uns an dem ein oder anderen lauen Sommerabend im August.

# Tradition & Religion: Feste damals & heute

## Heiliger Jakobus

Kurz vor dem Schnitterfest findet das Fest des heiligen Jakobus am 25. Juli statt, welches den Erntebeginn kennzeichnet. Die Jakobi-Kirmes in Ascheberg zum Beispiel ist ein Kirchweihfest, das dem Apostel Jakobus gewidmet ist. Als Schutzpatron von Spanien ist ihm eine der bekanntesten Pilgerrouten, der Camino de Santiago bis nach Santiago de Compostela, gewidmet. Es gibt mehrere Routen für den »Jakobsweg«, doch die meistbegangene Strecke hat ihren Startpunkt in Frankreich in Saint-Jean-Pied-de-Port und ist etwa 780 Kilometer lang.
Die Verehrung Jakobi hat sich deutlich in unserer Kultur und unserem Sprachgebrauch eingebettet. Die ersten Kartoffeln der Erntesaison hießen in einigen Gebieten Deutschlands früher »Jakobskartoffeln« oder »Jakobserdbirnen«, in der Schweiz begann man die Ernte mit der Jakobsfeier und trank sich »Jakobsstärke« an, um beim Ernten nicht »zwischen den Halmen stecken zu bleiben«. Auch viele Redewendungen, die sich auf Wahrheit und Richtigkeit beziehen, führen auf den heiligen Jakobus zurück wie zum Beispiel »Das ist der wahre Jakob« oder »den billigen Jakob abgeben«.

## Mariä Himmelfahrt

Mariä Himmelfahrt ist auch als »Großer Frauentag« oder »Büschelfrauentag« bekannt. Ursprünglich war dieser Gedenktag der Kräuterweihe zugeordnet, bevor dieser Brauch ab dem 13. Jahrhundert in die Kirche einzog. Über die gesegneten Kräuter sollten die Kräfte der Natur durch Gottes Hilfe Mensch und Tier schützen und unterstützen. Heute ist diese Tradition nur noch in ländlichen Gebieten verbreitet, auch wenn das grundsätzliche Interesse an Heilkräutern und ihrer Wirkung wieder zunimmt.

## Feuerfest

Lughnasadh gilt als ein weiteres Feuerfest im Rad der Naturfeiern. Das Jahreskreisfest, das ihm gegenüberliegt, ist Imbolc. Während das Fest der Brigid ein Wasserfest ist, steht Lughnasadh mit seiner feurigen Kraft im Zeichen des Feuers.

## Laib-Messe

Das Fest wird auch Lammas genannt, von dem angelsächsischen *hlaef-masse* (was »Laibmasse« bedeutet). Es ist deshalb auch als das Fest des Brotes bekannt wie auch als Tag der Reife aller Früchte. Am 1. August brachten die Bauern Brote und Früchte für den Erntesegen in die Kirche. Es war Tradition, dass die Frau des Hauses aus den Körnern der ersten Ernte ein Brot bäckt. Man nannte sie die Brotkneterin, was im angelsächsischen *hläfdige* hieß und woraus sich schließlich das Wort Lady entwickelte. Die Herrin des Hauses, die das Brot bäckt, war somit die Lady des Hauses. Ihr Mann war bekannt als der *hlafward* oder auch Laibwart, woraus sich das Wort Lord entwickelte. Getreide war und ist schließlich heute noch die Lebensgrundlage für viele Menschen auf der Welt.

# Mythologie

## Das Götterpaar

Die reife Göttin steht jetzt kurz vor ihrer nächsten Transformation zur Göttin der Unterwelt. Noch zeigt sie sich aber als Schnitterin. Man stellte sich die Göttin jetzt mit einer Sichel bei der Ernte vor. Sie nimmt selbstbewusst zum richtigen Zeitpunkt die Sichel in die Hand, um das Korn zu schneiden. Denn ein zu langes Warten würde die Ernte verderben, und das reife Getreide ist immerhin ein wichtiger Überlebensvorrat für die lange Winterzeit. Sie weiß aber, dass es ohne Tod kein neues Leben gibt, so muss auch das Leben der Ackerpflanzen beschnitten werden, damit sie als Nahrung dienen können. Sie ist jetzt der reife Aspekt der vielfältigen Göttin und zeigt, wie sie verantwortungsbewusst und ordnend in ihrem Reich regiert.
Ihr Begleiter, der Sonnengott, tritt nun auch nicht mehr in seiner milden, jugendlichen Gestalt auf. Er ist älter geworden und zeigt sich feurig, scharf und austrocknend. Gleichzeitig verliert er langsam an Kraft, nachdem sein Licht zur Sommersonnenwende beschnitten worden ist. Er stellt sich bereits auf seinen bevorstehenden Untergang zu Mabon und schließlich seinen Tod zu Samhain ein. Die Kelten nannten die Gestalt des Gottes um diese Zeit Lugh. Er symbolisiert den sich zu Ende neigenden Sommer, den Westen, wo die Sonne in roter Glut untergeht. In der einen Version ist er der Schnitter, der mit seiner gnadenlosen Hitze dem grünen, sprossenden Leben ein Ende bereitet. In einer anderen Version überträgt der Sonnengott seine Macht auf das lebende Getreide und wird so geopfert, wenn es geschnitten wird. Der Gott opfert sich bereitwillig, damit sein Volk leben kann.

## Der Gott Lugh

Lugh ist einer der wichtigsten Götter in der keltischen Mythologie und wird oft als der »Held mit vielen Talenten« bezeichnet. Er war der Gott des Lichts, der Kunst, des Handwerks und des Krieges und wurde entsprechend oft als mächtiger Krieger und talentierter Handwerker dargestellt. Lugh wurde aber auch als Sonnengott und Gott der Ernte verehrt. Sein Name bedeutet so viel wie »der Leuchtende«. Die ihm zugeordneten Attribute sind die Sonne, roter Mais und der Rabe, seltener auch der Löwe und das Pferd.
Viele europäische Städte, vor allem in Frankreich, sollen nach ihm benannt worden sein. Durch die Christianisierung wurden seine Qualitäten Heiligen wie Patrick und Lukas zugeordnet.

Lughs Geschichte ist eng mit der Geschichte der Tuatha Dé Danaan verbunden. Dieses Volk von Gottheiten und Halbgottheiten, die in der keltischen Mythologie als die ersten Bewohner*innen Irlands angesehen werden, kämpften gegen die Fomori, ein anderes Volk von mythischen Wesen, um die Vorherrschaft über Irland.
In der Mythologie ist Lugh der Enkel von Balor, einem fomorischen König. Balor wurde in einer Prophezeiung vorhergesagt, dass er von seinem Enkel ermordet werden würde. Also sperrte er seine Tochter Eithne ein und ließ sie nur von Frauen bedienen. Ihr Liebhaber Cian verkleidete sich jedoch als Frau und umging so Balors Plan. Eithne gebar Drillinge, von denen nur Lugh überlebte. Seine Ziehmutter Tailtiu zog Lugh groß. Nach manchen Erzählungen widmete Lugh das Augustfest seiner Ziehmutter und hielt ihr zu Ehren Wettkämpfe ab. Einige der bekanntesten Geschichten über Lugh beinhalten seinen Kampf gegen den Fomorian-König und Großvater Balor, den er mit einem gezielten Schuss in das Auge besiegte und somit die Prophezeiung erfüllte.

## Loki

Bei den Nordgermanen ist Lugh dem trügerischen Loki gleichgestellt, der zur Sommersonnenwende für den Mord am beliebten Gott Baldur verantwortlich gemacht wird. In der Geschichte über seine Ermordung war Loki derjenige, der Baldurs einzige Schwachstelle entdeckte und seinen Zwillingsbruder Hödur so manipulierte, dass dieser den tödlichen Schuss mit dem Mistelpfeil abgab. Jedoch ist Loki nicht ausschließlich Bösewicht, wie gerne dargestellt, sondern er konnte dank seiner trickreichen Fähigkeiten auch dabei helfen, den Hammer des Donnergotts Thor zurückzuerobern.

## Korngöttinnen: Von Ceres bis Sif

Überall auf der Welt gibt es verschiedene Darstellungen von Muttergottheiten, die während der Christianisierung zum größten Teil von Maria abgelöst worden sind.
Bei den Germanen hatten wir die Korngöttin Sif, bei den Iren Tailtiu. Die Griechen hatten Demeter, in deren Zuständigkeit als Muttergöttin im Olymp Fruchtbarkeit, Saat und Getreide fielen. Ihr römischer Name war Ceres, von dem sich der Begriff »Cerealien« ableitet.

### Sifs goldenes Haar

Laut der nordischen Mythologie schnitt der intrigante Loki, den man hauptsächlich als tückischen Gestaltenwandler und Feuergott kennt, der Göttin und Frau des Wetter- oder Donnergottes Thor (Donar), Sif, die goldenen Haare ab. Um den Zorn Thors zu besänftigen, verbündete sich Loki mit den Zwergen des Waldes und ließ für Sif als Ersatz goldenes Zauberhaar anfertigen. Die goldenen Haare wurden später in Erzählungen als Zeichen für das goldene Ährenfeld gedeutet, weshalb Sif als Korn- und Erntegöttin gefeiert wird.

### Vegetations- & Wettergott Thor

Thor war nicht nur Gott des Wetters, Donners und Gewitters, sondern auch der Vegetationsgott und besonders wichtig für die germanischen Bauernvölker, da er den befruchtenden, nährenden und für eine erfolgreiche Ernte nötigen Regen brachte.
Die Beziehung zwischen Loki und Thor ist heute vor allem bekannt durch die Marvel-Filme und -Serien.

## Astrologie

Astrologisch gesehen befinden wir uns zu diesem Fest im Sternzeichen **Löwen**, einem Feuerzeichen mit der Sonne als Planetenherrscher. Passend zum Höhepunkt des Sommers ist der Löwe Mittelpunkt jeder Party.
Zu Lughnasadh werden unter seinem Zeichen massive Energien freigesetzt, und es steht uns einiges an Antriebskraft zur Verfügung. Die Qualitäten des Löwen liegen vor allem in seinem inneren Feuer und seinem Charisma. So großzügig, wie er ist, zeigt sich uns auch die Natur in ihrer ganzen Fülle. Die Zeitqualität, die sich durch den Löwen in der Natur, aber auch bei uns ausdrückt, ist vor allem das erhöhte Selbstbewusstsein und die eigene Strahlkraft. Es ist eine leidenschaftliche und kreative Zeit, in der wir angehalten sind, unser Selbstvertrauen auszuleben. Spätestens im Sommerurlaub, ausgeruht und von der Sonne geküsst, entwickeln viele genau diese strotzende Selbstsicherheit des Löwen und sprühen vor Kreativität und Ideen.

### Für dein Journal:

- *Was bringt dein inneres Feuer jetzt zum Lodern?*
- *Worauf bist du stolz, und was gibt dir Selbstsicherheit?*
- *Wie würdest du deine Kreativität gerne ausdrücken?*

Als Gegengewicht zum Strahlen des Löwen tritt das Sternzeichen der **Jungfrau** Ende August auf die Bildfläche und sorgt für die notwendige Portion Ordnung, der es während der Erntezeit bedarf. Die Jungfrau ist außerdem bekannt dafür, sehr gesundheitsbewusst zu leben. Sie ist ein bodenständiges, erdverbundenes Tierkreiszeichen und wird auch gerne mit der Göttin der Ernte, Demeter, assoziiert. Beide halten in Darstellungen oft eine Ähre oder Weizen in der Hand. Die Jungfrau bringt das Gereifte ein und macht es haltbar für die Winterzeit. Sie sorgt vor und kümmert sich darum, dass auch andere versorgt sind. Sie verstärkt in uns den Wunsch, für den kommenden Winter vorzusorgen. In diesem Zusammenhang bietet sich diese Zeit perfekt an, sich um Ordnung im Innen und Außen zu kümmern. Auch für wichtige Arzttermine, allgemeine Untersuchungen oder einen Blutcheck ist nun der Moment gekommen.

### Für dein Journal:

- *Wie kannst du die Kraft des Löwen auch zurzeit der Jungfrau zu deinen Gunsten nutzen?*
- *Was muss jetzt wieder in Ordnung gebracht werden?*
- *Wo gilt es jetzt, vorausschauend zu denken und vorzusorgen?*

# Zeitqualität heute: Rituale & Routinen

Für die meisten von uns ist die Sommerzeit, vor allem die Monate Juli und August, auch Ferien- und Urlaubszeit. Viele Büros und Firmen machen Sommerpause, und die Arbeitsleistung wird generell etwas heruntergeschraubt. Auch wenn wir keine Ernte wie Korn, Gemüse oder Obst einbringen, ernten wir. Denn auch wir haben in den vorangegangenen Monaten viel Vorarbeit geleistet – jetzt geht es für uns ans Lorbeerensammeln. Zum einen möchten wir uns in Dank und Demut üben, zum anderen sammeln wir jetzt unsere Kräfte, bevor die richtige Arbeit losgeht.

## Erste Ernte & Dank

Mit Imbolc im Februar auf der gegenüberliegenden Seite des Jahreskreises, wo wir noch beim Ausfegen des Winters und in der Vorbereitungsenergie gewesen sind, möchten wir jetzt unsere ersten Früchte ernten. Im übertragenen Sinne geht es jetzt nochmals um eine Reflexion und eine Momentaufnahme. Beim vorhergehenden Jahreskreisfest Litha haben wir schon Bilanz gezogen und Maßnahmen für die kommenden Monate geplant. Jetzt richten wir unseren prüfenden Blick wiederum auf uns und unser Feld.

### Für dein Journal:

- *Was erntest du?*
- *Was sind die Schnitte, die du setzt, und die Pläne, die du über Bord wirfst?*
- *Wo musst du jetzt Abstriche machen und noch dran arbeiten?*
- *Wofür bist du gerade allgemein dankbar?*
- *Wo bist du dankbar, dass es vorüber ist oder sogar, dass die Samen nichts geworden sind?*

## Ritual: Schnitterinnen, Wanderung & Picknick

Nach den Vorbildern traditioneller Schnitterfeste kannst du dein eigenes erstes Erntefest mit selbst gebackenem Brot, einer Kräuterweihe und den Geschenken der Natur feiern. Dafür eignen sich eine Wanderung und ein Picknick mit deinen liebsten Wegbegleiter*innen in der Natur, auf einer schönen Wiese, im Park, an einem schattigen Waldplätzchen oder am Badesee.

### Inspirationen:

› Aufgabenverteilung: Jeder bringt etwas mit, so, wie es auch während der Erntezeit üblich war.
› Wandere in Stille, gehe in dich und nimm die Natur sowie das Leben wahr.
› Sammelt gemeinsam Kräuter, die ihr auch gleich für frische Eistees, Aufstriche oder Salate verwenden könnt.
› Backe Brote, die mit in den Picknickkorb kommen.
› Tauscht euch darüber aus, wofür ihr dankbar seid und was euch demütig macht.

## Kräfte sammeln

Neben der ersten Ernte ist es jetzt essenziell, unsere Kräfte für die Haupterntezeit im September zu sammeln. Ideal ist eine Balance zwischen der Erntearbeit, also den Dingen, die erledigt werden müssen, und ausreichend Faulenzen, Ruhepausen und Genuss. Sommerpausen gibt es nicht umsonst, denn meistens ist es zu dieser Zeit viel zu heiß, um sich wirklich konzentrieren zu können. Wir wollen deshalb unsere produktive Zeit möglichst auf die frühen Morgenstunden verlagern, um die Nachmittage und Abende genießen zu können. Das sollte dabei helfen, dein inneres Feuer unter Kontrolle zu halten und es effizient für dich zu nutzen.

## Dein Feuer & dein Licht

Sobald wir uns mit unserer Ernte auseinandergesetzt haben, spüren wir ein neues Strahlen in uns und erleben einen auflodernden Tatendrang, den wir so steuern sollten, dass wir nicht ausbrennen. Lote deshalb für dich genau aus, wofür du jetzt brennst und was deine Leidenschaften sind, die dich beleben.

### Für dein Journal:

› *Wofür brennst du dich aus? Was ist zu viel?*
› *Wie ist dein Licht/Leuchten – hell, dunkel, grell, farbig, dumpf, strahlend?*
› *Gibt es etwas, das dein Leuchten beeinträchtigt?*
› *Was kannst du tun, um dein Feuer und Licht zu konservieren?*

# Lughnasadh & die Natur

Das Getreide wird golden, das Obst süß, und die Kräuter werden noch kräftiger. Das üppige Sprießen und Gedeihen auf dem Balkon und im Garten erfordern jetzt aufwendige Pflege.
Die Zeit im August bis zum Einbringen der Ernte war und ist auch heute noch für die Bauern mit einer unterschwelligen Existenzangst verbunden. Dürre, Gewitter und Schädlinge konnten jederzeit die Arbeit einer ganzen Saison vernichten. Aus diesem Grund gab es gleich mehrere Erntefeste, die Schutz und Segen bringen sowie Dankbarkeit ausdrücken sollten. Erntefeste begleiten uns ab jetzt durch den September bis hin zum berühmt-berüchtigten Oktoberfest.

## Frauendreißiger

Ab dem 15. August zu Mariä Himmelfahrt beginnen die sogenannten Frauendreißiger. Eine Zeitspanne von 30 Tagen, in der die Kräuter als besonders heilkräftig gelten. Ursprünglich eine günstige Zeit für das Sammeln von Kräutern und Heilpflanzen, wurde der Brauch vom Christentum übernommen und als Marienverehrung umgewidmet. Die Frauen weihten früher der großen Erdgöttin zu Ehren die kräftigen Augustkräuter, damit sie sie mit einer guten Ernte segnete. Ein Brauch, den der Missionar Bonifatius vergeblich zu verbannen versuchte. Da sich die Menschen nicht so einfach von ihren Bräuchen abhalten ließen, stellte man diese schließlich einfach unter die Schirmherrschaft Marias. Das Christentum erklärte sich den Zusammenhang mit diesem Naturfest so, dass bei der Öffnung von Marias Grab duftende Blumen und Kräuter zu finden waren. In der katholischen Kirche wird bis zum 15. September des Todes und der Aufnahme Marias in den Himmel gedacht. Bis heute finden deshalb um den 15. August herum Kräuterweihen und Prozessionen statt. Aufgrund der Sonneneinstrahlung sind die Pflanzen dieser Zeit mit einem hohen Gehalt an ätherischen Ölen besonders wirkungsvoll. Der Segen Marias soll diese Wirkung in der christlichen Vorstellung noch mal verstärken.
Für die Kräutersträuße gibt es je nach Region unterschiedliche Vorgaben zur Anzahl der Pflanzen. 7, 9, 77 oder 99 Pflanzen sind jedoch immer schutzmagische Zahlen. Der Ausruf »Ach du grüne Neune!« weist heute noch darauf hin. Die 9 verkörpert in der germanischen Mythologie die neun Welten des Weltenbaums Yggdrasil, weshalb wir diese Zahl immer wieder in Bräuchen finden. Die Zahl 7 wiederum steht im Christentum für Fülle und Vollendung und deutet auch auf die sieben Leiden Marias hin, die sie durch die Qualen ihres Sohnes Jesus erlitt.

In einem traditionellen Kräuterbuschen bildet immer ein Königskerzenstängel die prachtvolle Mitte, der sich als hochwachsende Pflanze wunderbar dafür anbietet. Meist ist sie dann umgeben von Schafgarbe, Johanniskraut, Kamille, Baldrian, Beifuß, Spitzwegerich wie auch Getreide als Bitte und Dank für unser täglich Brot.

- 77 oder 99 Pflanzen zu sammeln, mag für uns heute absurd wirken, doch diese Kräuterbuschen hatten vielfach Verwendung:
- Getrocknet für Tees oder zum Räuchern
- Als Hausapotheke der einfachen Leute, wenn der nächste Arzt zu weit weg war
- Als Schutz für Mensch wie Vieh vor bösen Geistern in den Rauhnächten
- Verräuchert, um Unwetter von den Getreide-, Frucht- und Gemüsefeldern fernzuhalten
- Als Opfergaben

## Pflanzen & Kräuter der Saison

### Herbstanzeiger: Die Goldrute

Wenn die Goldrute blüht, wissen wir, es ist Spätsommer. Sie ist eine sogenannte Herbstanzeigerpflanze. Mit ihrem strahlenden Sonnengelb verwandelt sie gegen Ende des Sommers öde Landschaften noch mal in ein gelbes Blütenmeer. Mittlerweile findet man in der Apotheke einige Präparate mit Goldrutenextrakt, nämlich gegen die lästige Blasenentzündung. Die Goldrute ist seit Hunderten von Jahren ein bewährtes Mittel gegen Harnwegsinfekte. Das sagt uns auch die Signaturenlehre, bei der von Äußerlichkeiten auf die inneren Wirkungen geschlossen wird, denn die gelbe Goldrute mit ihren hängenden Blütenrispen sieht einem Urinstrahl nicht unähnlich. Wir können sie für eine Durchspülungstherapie nutzen, denn sie regt die Niere an, mehr Wasser auszuscheiden, wodurch wiederum Bakterien und Keime ausgeschwemmt werden.

**Wichtig:**
Wenn du Goldrutentee trinkst, viel zusätzliches Wasser trinken.

## Brennnesselsamen als regionales Superfood

Die Brennnessel ist wohl eines der bekanntesten Wildkräuter. Ihr schlechter Ruf wird ihr nicht gerecht, denn dieses verhasste »Unkraut« ist eine absolut kraftvolle Heilpflanze. Leider haben die Brennhaare zu viele von uns in unserer Kindheit an den Fingern oder Beinen erwischt und erst mal schlechte Erinnerungen hinterlassen.
Doch hätte die Brennnessel ihr Nesselgift nicht, wäre sie vielleicht längst aufgegessen worden, denn sie ist eine wahre Nährstoffbombe. Ein Eisen- und Eiweißlieferant sondergleichen, von Vitamin C, Kalium und Magnesium ganz zu schweigen. Die Brennnessel enthält ungefähr zwei- bis viermal so viel Eisen wie ein Steak, und durch das Vitamin C kann es besser vom Körper aufgenommen werden. Aufgrund der harntreibenden Wirkung wird Brennnessel auch gerne für Frühlingskuren genutzt. Die enthaltene Kieselsäure ist außerdem eine Wohltat für Haut, Haare und Nägel. Die Brennnessel ist eine dieser Pflanzen, die wir tatsächlich weltweit finden. Überall ist sie zu Hause und zeigt besonders stickstoffreiche Böden an.
Ab Ende August beginnen Brennnesseln, ihre Samen auszubilden, die wir als nachhaltiges und saisonales Müsli-Topping sammeln können. Es handelt sich hierbei um sogenannte zweihäusige Pflanzen, was bedeutet, dass es männliche und weibliche Samen gibt. Für ihre Heilwirkung wollen wir nur die weiblichen sammeln. Zugegeben, die Brennnessel und ihre Samen sind nicht ganz so einfach zu sammeln – pikst und sticht sie doch etwas. Du kannst entweder Handschuhe nutzen, um sie zu sammeln, oder riskieren, leicht gepikst zu werden. Aber wenn du vorsichtig greifst und von unten nach oben ziehst, sollte nicht allzu viel passieren. Außerdem hat Nesselgift tatsächlich eine belebende Wirkung, weshalb Brennnesseln auch bei Rheuma empfohlen werden.
Aufgrund der Anzahl an wertvollen Vitaminen und Mineralstoffen, die die Brennnesselsamen besitzen – von B-Vitaminen bis Zink –, werden sie gerne als regionales Superfood bezeichnet. Mönchen war der Verzehr von Brennnesselsamen aufgrund ihrer angeblich aphrodisierenden Wirkung früher streng verboten. Man sagte, die glühende Kraft des Lugh speichere sich vor allem in den Brennnesselsamen und ließe so Männer feurig in der Liebe werden.

### So kannst du beim Sammeln von Brennnesselsamen vorgehen:

- Sammle nur die weiblichen Samen. Sie sind eher grün oder braun, dicht und hängen herab, während die männlichen heller und weißlicher sind und eher waagrecht von der Pflanze abstehen.

- Sammle am besten an einem sonnigen Tag. Du kannst Handschuhe tragen und sie mit einer Gartenschere abschneiden.

- Alternativ kannst du aber auch ganz vorsichtig direkt am Ansatz ansetzen und sie mit bloßen Händen abreißen.

- Sammle alles am besten in einem Beutel.

- Breite die Samen zu Hause auf einem Teller oder Blech aus und lass sie drei bis fünf Tage trocknen. Löse dann die getrockneten Samen von ihrem Stiel und fülle sie in ein Glas. Sie sind ungefähr für ein Jahr haltbar.

- Du kannst die Samen als Topping von Müsli verwenden oder sie Pestos, Kräutersalz oder Brotteigmischungen beifügen. Wenn du deine Suppen oder Smoothies mit Brennnesselsamen garnierst, erhöhst du damit den Eiweißgehalt.

## Früchte der Saison

Die Ernte von Obst und Beeren ist zu Lammas in vollem Gange. Saftige Pfirsiche, süße Äpfel, aromatische Himbeeren und pralle Weintrauben sind nur einige der Früchte, die die Erntezeit feiern. Traditionell werden neben frischem Brot auch köstliche Obstkuchen, Marmeladen und Kompott zubereitet, um die Großzügigkeit der Natur zu ehren und sie für die kalte, dunkle Jahreszeit zu konservieren. Diese Früchte symbolisieren auch den Höhepunkt des sommerlichen Überflusses und ermutigen dazu, die Zeitqualität von Fülle und gemeinschaftlicher Feierlichkeit zu würdigen, während man die reichen Früchte des Hochsommers genießt und sich auf den Übergang in den Herbst vorbereitet.

## Rezept: Früchtekompott – Hochsommer im Glas

Für viele von uns ist das Kompott vermutlich eine Erinnerung an die Kindheit. Zwischenzeitlich ein bisschen aus der Mode geraten, feiert es gerade sein Comeback. Die ayurvedische Küche kennt die heilenden und nährenden Kräfte von eingekochtem Obst schon lange, ebenso wie unsere westlichen Vorfahr*innen. Eingekochte Früchte sind besonders förderlich für unsere Verdauung und enthalten viele Vitamine und Antioxidantien, die zur Stärkung unseres Immunsystems beitragen. Außerdem gelten gekochte Äpfel als Heilmittel für den Darm und wirken antibakteriell sowie entzündungshemmend.
Um die reifen Früchte der Sommerzeit haltbar zu machen, bietet sich neben der Marmeladenerzeugung auch das süße Dessert an. Kompott kann in Gläsern portioniert gut überwintern und als Nachspeise oder Beilage in der dunklen Jahreszeit gegessen werden.
Es gibt zahlreiche Fruchtkompositionen, also richte dich hier ganz nach deinem Geschmack.
**Früchte, die im August reif sind:**
Äpfel, Birnen, Aprikosen (Marillen), Heidelbeeren (Blaubeeren), Brombeeren, Himbeeren, Johannisbeeren, Kirschen, Mirabellen, Pflaumen (Zwetschgen), Stachelbeeren

**Was du für das Grundrezept brauchst:**
500 g Obst
50–100 g Zucker (je nach Süße des Obstes und Geschmack)
Gewürze nach Belieben (Zimtstange, Nelken, Anis …)
Saft einer halben Zitrone
Optional: Rum
Sterile, luftdicht verschließbare Gläser

**Zubereitung:**
› Das Obst waschen, schälen (je nach Vorliebe) und in kleine Stücke schneiden.
› Das gesamte Obst in einem Topf mit dem Zucker und den Gewürzen zum Kochen bringen. An dieser Stelle kannst du auch ein Paar Esslöffel Wasser oder Rum hinzufügen.
› Sobald das Obst kocht, kannst du die Hitze reduzieren und es ca. 15–20 Minuten köcheln lassen, bis es ganz weich und zerkocht ist.
› Danach eventuell die Gewürze (z. B. Zimtstangen) entfernen.
› Gib zum Schluss den Zitronensaft dazu und koche das Ganze noch mal unter Umrühren auf.
› Das Kompott kann nun in saubere Gläser abgefüllt werden. Nach dem Abkühlen sollte es kühl und dunkel gelagert werden.

Früchtekompott kann bei sauberer Verarbeitung und durch das Sterilisieren der Gläser bis zu einem Jahr haltbar sein. Wenn du ganz sichergehen willst, kannst du es auch einfrieren.

## Selfcare

› Um die Zeitqualität zu ehren, kannst du ein (Sauerteig-)Brot backen oder Kornpuppen aus Maisblättern fertigen.

› Geh Campen und verbringe in einer lauen Sommernacht eine Nacht unter freiem Himmel.

› Koche das gerade gereifte Obst für die dunkle Jahreszeit ein.

› Zeit an Gewässern oder am Meer zu verbringen ist ideal, um bei Hitze einen Temperaturausgleich im Körper zu schaffen.

› Mache Kräuterwanderungen und sammle, was du für Tees brauchen könntest.

## Himmel & Erde

**Tageszeit:**
Sonnenuntergang

**Name des Vollmonds:**
Herbstmond

**Himmelsrichtung:**
Westen

**Element:**
Wasser

## Tradition & Religion

**Christlich:**
Michaelstag

**Andere Namen:**
Alban Elued (Licht des Wassers), Äquinoktium, Quatembertage, Erntedankfest

**Aussprache:**
Ma-bon

## Natur

**Kräuter & Pflanzen:**
Wacholderbeeren, Goldrute, Hagebutten

**Phänologische Jahreszeit:**
Frühherbst und Pflückreife

## Zeitqualität

Dankbarkeit,
Ernte, Fülle,
Balance,
Vorbereitung,
Rückzug,
Abstieg ins Dunkle,
Bilanzziehen

## Modern Mystic Facts

**Sternzeichen:**
Jungfrau und Waage

**Tarotkarte:**
Gerechtigkeit

**Gottheiten:**
Mabon, Demeter und Persephone (Ceres und Proserpina)

**Kristalle:**
Bernstein, Topas, Citrin, Tigerauge, Saphir, gelber Achat

**Altardekoration:**
Tannenzapfen, Eicheln, Kürbisse, Kastanien, Äpfel, Hagebutten, Nüsse, Goldrute, knisternde Blätter

**Farben:**
Orange, Gelb, Gold, Bronze, Rot, Braun

Mabon
Herbsttagundnachtgleiche
21. September

## Ursprung & Bedeutung: Die Herbsttagundnachtgleiche

Wenn die Natur beginnt, sich in Gold, Rot, Orange und Braun zu kleiden, und die Nächte wieder länger werden, dann sind wir beim letzten Jahreskreisfest im Naturzyklus angekommen: Es ist Mabon, Erntezeit.

Am 21. September ist die sogenannte Herbsttagundnachtgleiche, Licht und Dunkel halten sich die Waage. Wir gehen über in die dunkle Jahreshälfte. Von jetzt bis Yule, der Wintersonnenwende (21. Dezember), wird es deutlich früher dunkel, und die Tage werden immer kürzer. Zu Tagundnachtgleichen erleben wir ungefähr zwölf Stunden Tageslicht und zwölf Stunden Nacht. Tag und Nacht sind also gleich lang. Der Spätsommer verwandelt sich in den angenehmen Altweibersommer – ein sanftes Ausklingen der hellen Jahreshälfte. Dieser Begriff hat übrigens nichts mit »alten Weibern« zu tun, sondern kommt von der alten Bezeichnung für »weben«. Denn zu dieser Zeit sehen wir morgens vermehrt wabernde Nebelschwaden und im Morgentau glitzernde Spinnweben, die durch die Luft fliegen.

Wenn wir den Ablauf eines ganzen Jahres auf den Tag übertragen, dann entspricht Mabon dem Sonnenuntergang, der Dämmerung, dem Abendrot. Der Herbst ist im übertragenen Sinne der große Sonnenuntergang des Jahres und gliedert sich in Früh-, Voll- und Spätherbst.

Im Vergleich zu den Sonnenwenden – die in der Mitte der jeweiligen Saison stattfinden – markieren die Tagundnachtgleichen spürbare Übergänge von einer Jahreszeit zur nächsten. Sie sind immer auch sogenannte Schwellenfeste. Während die Frühlingstagundnachtgleiche uns nach einer langen Winterphase wieder nach draußen einlädt, fordert die Herbsttagundnachtgleiche uns auf, den Fokus nach innen zu richten. Heutzutage spüren wir jedoch wenig von dem bevorstehenden Wechsel. Zu jeder Zeit elektrisches Licht, beheizte Innenräume und immer volle Supermärkte mit all unseren Lieblingsprodukten verlangen kaum nach Vorbereitungen für die Winterzeit.

Für unsere Vorfahr*innen bedeutete diese Zeit jedoch eine der arbeitsreichsten Phasen im Jahreszyklus: Erntezeit, Vorbereitung auf den kalten Winter, Einlagern, Einlegen und Einkochen für magere Zeiten, Gerätschaften nach drinnen bringen und all die Arbeit auf dem Feld zu Ende bringen.

## Erntezeit & Vorsorge

Das Wort »Herbst« leitet sich wie das englische Wort *harvest* vom althochdeutschen Wort *herbist* ab und bedeutet so viel wie Ernte.
Noch vor gar nicht allzu langer Zeit war der Erntemonat September von großer Bedeutung. Denn alles, was jetzt geerntet, gesammelt, verkocht und eingelegt wurde, sicherte das Überleben im kommenden Winter. Natürlich wird auch heute noch geerntet, damit die Regale voll sind, doch durch die ganzjährige Verfügbarkeit verschwimmen die Erntezeiten.
Tatsächlich beginnt die heute noch sichtbare Erntezeit schon im Juni mit der Heuernte und wird im August mit der ersten Kornernte zum Schnitterfest Lughnasadh fortgeführt. Mabon ist der Höhepunkt der Erntephase im Naturzyklus, denn jetzt stehen die restliche Obst-, Gemüse- und Nussernte sowie die Weinlese an. Bevor der Winter einfällt, geht es wortwörtlich noch mal ans »Eingemachte«. Es musste genau bedacht werden, wie man die Ernte portioniert und haltbar macht, damit man damit durch den Winter kommt.
So, wie wir unsere Vorräte aufstocken, legen sich zu dieser Zeit auch Säugetiere eine wärmende Fettschicht unter dem Pelz als Vorbereitung auf den Winter zu. Das Zusammenspiel von Natur und Tierwelt ist zu jeder Jahreszeit eine aufregende Komposition. Sie sind genau aufeinander abgestimmt, um sich gegenseitig winterfest zu machen.
Und auch für uns geht es darum, unsere inneren Energiespeicher ordentlich aufzuladen, um reichlich Kraft für den bevorstehenden Winter zur Verfügung zu haben. Denn der Winter und die kalte Jahreszeit fordern ihren Tribut am Körper und auch der mentalen Gesundheit – dazu später noch mehr.
Der Körper benötigt seine Energiereserven für die Wärmeproduktion und Temperaturregulation. Die Veränderung der Lichtverhältnisse hat ebenso ihre Auswirkungen und möchte ausbalanciert werden. Apropos Balance: Auch dieses Thema begleitet uns durch den Herbst. Es geht ums Neukalibrieren und eine ernst zu nehmende Veränderung im Innen und Außen.

# Tradition & Religion: Feste damals & heute

## Erntedankfeste: Ein letztes Hurra!

So, wie die changierenden Farben der Blätter ein letztes Aufbäumen vor dem Sterben der Natur sind, ist auch das Erntedankfest ein letztes Hurra – die letzte große Party des Jahres. Die Feierlichkeiten zu dieser Zeit sollen unsere Dankbarkeit für die Gaben der Natur ausdrücken, die uns – wenn die Wettergottheiten es gut gemeint haben – mit einer großzügigen Ernte beschenkt hat.
Ob Wein, Äpfel oder Kartoffeln – die jeweiligen Feste orientieren sich an der regionalen Ernte. So war die Ernte des Hopfens Ursprung für die heute noch bekannten Oktober- und Kirmesfeste. Bei der Münchner »Wiesn« geht es heute freilich weniger um Dankbarkeit – oder wenn, dann höchstens um die für das hopfenhaltige Bier.
Auftakt für das Bierbrauen war der Michaelstag, das christliche Fest zu Ehren des Erzengels Michael am 29. September. Er ist jedoch nicht der einzige Schutzengel, der im Herbst gefeiert wird. Auf den 2. Oktober fällt das Schutzengelfest, das neben Michael auch Gabriel und Raphael ehrt.

## Erzengel Michael

Im christlichen Glauben wird am 29. September zu Ehren des Erzengels Michael gefeiert, welcher Lucifer, den gefallenen »Lichtbringer«, in die Unterwelt verbannte. Die Unterweltthematik zieht sich durch die unterschiedlichen Glaubensbekenntnisse und Kulturen.
Genauso wie das Sternzeichen Waage wird der Erzengel Michael oft mit einem Schwert und einer »Seelenwaage« dargestellt. So ist er auch der Begleiter der Toten, der Verstorbene ins Jenseits führt. Früher wurden an besagtem Michaelsabend Feuer entzündet und damit das Zeichen gesetzt, dass ab diesem Tag wieder mit »Kunstlicht« (Kerzen, Kaminfeuer usw.) gearbeitet wird. Erst ab Lichtmess (2. Februar) wird das nicht mehr nötig sein, da die Tage dann wieder länger werden.
An den Michaelistag wurden außerdem Abgaben, Arbeitsverbote, Erntebräuche, Gesindewechsel und Jahrmärkte geknüpft. Grundsätzlich handelte es sich dabei um Termine, die den weiteren Verlauf des Zyklus und des Bauernjahrs bestimmten.

## Erntedankfest

Jahrtausendelang hat der Mensch sich als Teil und vor allem als abhängig vom Naturkreislauf wahrgenommen. Als noch Sonne, Mond und Sterne regierten und die Wettergottheiten angebetet wurden, hatte die Dankbarkeit für die Natur höchstes Gewicht. Erntedankfeste sind eine uralte Tradition des Menschen, um Mutter Erde und die Natur für die Früchte, die sie uns schenken, zu ehren.
Auch wenn das meiste, was heute auf unserem Teller landet, aus künstlicher Produktion stammt, gibt es eine starke Gegenbewegung zurück zu einem bewussteren Konsum. Wir machen uns wieder mehr Gedanken darüber, woher unsere Nahrung kommt, wann und wo sie wächst und was es überhaupt erfordert, sie anzubauen.

Von den Urvölkern der Erde bis in die heutige Zeit wurde die Erde auf unterschiedlichste Arten verehrt und für die Nahrung, die sie uns schenkt, gedankt. Aufgrund von Klimawandel, Stadtflucht und anderen globalgesellschaftlichen Veränderungen und Umstrukturierungen ist das Erntedankfest, wie es einst bekannt war, ein wenig verblasst. Im mitteleuropäischen Raum wird es immer noch am ersten Oktobersonntag gefeiert. Das nordamerikanische Thanksgiving wird erst später im Herbst, Ende November gefeiert und verliert seine ursprüngliche Bedeutung immer mehr.

# Mythologie

## Mabon, Sohn der Muttergöttin Modron, & die Entstehung der Jahreszeiten

Mabon ist der walisische Sonnengott. Sein Name bedeutet so viel wie »Großer Sohn«. Es heißt, dass der Sohn der Muttergöttin Modron verschwand, als er nur drei Tage alt war, und in die Unterwelt verschleppt wurde. Gefunden wurde er in der Bauchhöhle der Mutter Erde. Wieder zurück aus der Unterwelt, wird Mabon als Sohn des Lichts zur Wintersonnenwende wiedergeboren.

Einen ganz ähnlichen Mythos kennen wir aus der antiken Mythologie. Mit der Geschichte von Persephone, Demeter und Hades erklärten sich die alten Griechen die Entstehung der Jahreszeiten. Persephone, Tochter der Demeter, wurde von Hades in die Unterwelt entführt. Die griechische Göttin der Fruchtbarkeit, des Korns und Ackerbaus, Demeter, trauerte so sehr um ihre Tochter, dass sie sich ab sofort weigerte, Getreide und Früchte wachsen zu lassen. Als Zeus bemerkte, dass alles auf der Erde verblühte und die Menschen verhungerten, handelte er mit Demeter einen Kompromiss aus. Persephone sollte fortan zwei Drittel des Jahres bei ihrer Mutter verbringen und die restliche Zeit in der Unterwelt. Die Freude über die Wiederkehr ihrer Tochter lies Demeter und damit die Natur wieder erblühen und wachsen. Doch jedes Jahr aufs Neue, wenn sie die Trauer über Persephones Gang in die Unterwelt zu Hades ergreift, verblüht alles Leben in der Natur – der Herbst beginnt.

## Astrologie

Astrologisch befindet sich Mabon genau am Übergang von der **Jungfrau**- in die **Waage**-Saison.
Am 24. September betritt die Waage das Spielfeld, und nun geht es vor allem darum, alles in ein neues Gleichgewicht zu bringen. Die Zeit ist gekommen abzuwägen, wofür es sich noch lohnt, Energie zu investieren, was wir vertagen oder gar hinter uns lassen sollten, was nährt und was verdirbt. Die Waage fordert von uns klare Entscheidungen. Es gilt nun nicht mehr, etwas Neues zu beginnen oder eine neue »Saat« auszustreuen, sondern zu ernten und sich von den Lasten der Monate zuvor zu befreien. Jetzt brauchen wir wieder Mut, denn überall, wo Veränderung herrscht, ist er gefragt. Die Veränderung findet nicht nur im Außen statt. Wir spüren die nahende Zeit der Transformation und des Todes, die der Skorpion bald mit sich bringt.
Es darf nun Platz geschaffen werden. Der Herbstputz spielt eine ebenso große Rolle wie der Frühlingsputz, welchen wir zu Ostara kennengelernt haben. Die Waage-Zeit läutet mit dem Herbstputz langsam das Einnisten für den Winter ein.

### Für dein Journal:

- *Wo fühlst du dich im Gleichgewicht? Und wo aus der Balance?*
- *Wie kannst du mit deinen hellen sowie dunklen Seiten in Kontakt treten?*

# Zeitqualität heute: Rituale & Routinen

In unserer heutigen Welt und vor allem in urbanen Lebensräumen richten sich die Rituale zu Mabon längst nicht mehr nach Mythen, Heiligen und Sagen oder nach dem Acker, auf dem wir unsere Lebensmittel anbauen. Wir versuchen, die Qualität dieser Zeit für uns zu übersetzen und die Essenz daraus zu ziehen. Zu Mabon sind die Themen heute: Dankbarkeit, Resümee ziehen, persönliche Ernte und Rückzug.

## Angehender Rückzug

Nachdem wir den ganzen Sommer mit ausschweifendem *Socializing* und hitzigen Abenden unter freiem Himmel verbracht haben, ist es nun Zeit, den Blick langsam wieder mehr auf uns selbst und somit nach innen zu richten. Jede Party muss ein Ende haben!
So, wie die Lebenssäfte der Pflanzen sich allmählich in die Wurzeln zurückziehen, lassen auch wir die Rastlosigkeit des Sommers langsam hinter uns und kehren wieder nach Hause zurück. Wir machen uns auf den Weg zu unseren Wurzeln und stellen uns auf den Winter ein.
Nur weil der Sommer vergeht, wissen wir ihn überhaupt erst zu schätzen. Hätten wir 365 Tage lang Sonne und hohe Temperaturen, würden all die lauen Abende im Freien wohl schnell ihre Magie verlieren. Sie wären nichts Besonderes mehr, und wir würden im wahrsten Sinne des Wortes ausbrennen. In Europa leben wir in Breitengraden, in denen uns eine Verschnaufpause vom Sommer vergönnt ist, und diese sollten wir nutzen, um runterzufahren und zur Ruhe zu kommen. Auch deshalb ist der Herbstbeginn eine besondere Zeit, in der wir uns wieder mit uns selbst verbinden, zurückblicken und uns nicht nur der Natur, sondern auch uns selbst gegenüber in Dankbarkeit üben.

## Dankbarkeit & Ernte einbringen

Es geht nicht sofort ums Loslassen und Verabschieden. Zuerst sammeln wir noch – so, wie sich das Laub unter den Bäumen sammelt – alles, wofür wir aus den letzten sechs Monaten dankbar sind. Die Zeit zwischen den Tagundnachtgleichen ist die fruchtbare Phase des Naturzyklus. Oft vergeht sie wie im Flug und lässt uns kaum Zeit zu reflektieren.
Wir dürfen nun mit Stolz zurückblicken und erkennen, was wir eigentlich in diesen vergangenen sechs Monaten gemacht und geschafft haben. Es ist Zeit, Resümee zu ziehen. Im Vergleich zur Energie der Frühlingstagundnachtgleiche, die sich durch Neubeginn und ein Wiederaufblü-

hen auszeichnet, ist jetzt ein Gefühl von Abschluss und Sättigung präsent.
Mit der klaren Luft am Morgen darf unser Blick jetzt immer mehr für das Wesentliche geschärft werden. So, wie unsere Vorfahr*innen ihre Vorratskammern überprüften, möchten wir uns heute Zeit nehmen für eine persönliche Überprüfung. Hast du in den vergangenen Monaten einen Samen gesät und diesen auch genügend gepflegt und gehegt?
Wir ernten jetzt nämlich nicht nur im Außen, sondern im Idealfall im übertragenen Sinne auch die Früchte unserer Arbeit. Jetzt wird sich zeigen, ob diese sich als Vorrat für den bevorstehenden Winter eignen.

### Für dein Journal:

› *Wo warst du, und was hast du erlebt?*
› *Wer warst du zur Frühlingstagundnachtgleiche, und wer bist du heute?*
› *Auf welchen Reichtum aus den letzten sechs Monaten kannst du zurückblicken, und was erntest du aus diesem Zyklus?*
› *Für welche Erfahrungen bist du dankbar – was darf verabschiedet werden, was darf bleiben?*

## Ritual: Deine persönliche Ernteliste - Erfolge, Dankbarkeit & Verluste

### Für dieses Ritual benötigst du:

› Stift und Papier

### So kannst du vorgehen:

› Erstelle eine Liste deiner Ernten, also der Dinge, die entstanden oder gut gelaufen sind – Erfolge, Errungenschaften, Erlebnisse, für die du dankbar bist. Alternativ könntest du einfach auflisten, was seit der Frühlingstagundnachtgleiche passiert ist.
› Mache eine Liste der Dinge, bei denen du das Gefühl hast, dass sie noch mehr Zeit oder Arbeit brauchen, um auszureifen.
› Fertige eine dritte Liste an, in der du alles festhältst, was für dich unter die Rubrik »Verluste« fallen würde – Dinge, die auf der Strecke blieben, nicht im Fokus oder auf Sparflamme standen. Später, zu Samhain, kannst du dann entscheiden, was du komplett loszulassen möchtest und welche Dinge einfach für den Moment ruhen dürfen und auf neues Wachstum warten.

## SAD – Seasonal Affective Disorder

Mit der Einkehr der Dunkelheit können sich zu Wehmut auch Stimmungsschwankungen, Müdigkeit, depressive Episoden, Schlafstörungen, veränderter Appetit und Energielosigkeit gesellen. Mittlerweile sind die Ursachen dieser Symptome wissenschaftlich belegt und als »saisonal abhängige Depression/Verstimmung« fachlich benannt. Wir kennen sie auch als Herbst- oder Winterdepression.
Verantwortlich dafür ist unter anderem die Lichtveränderung während den Jahreszeiten. Sie beeinflusst den biologischen Tagesrhythmus sowie unsere Serotonin- und Melatoninproduktion. Der Körper möchte sich für die neue Jahreszeit ausrichten.
»Wir haben im Frühling gesät, im Sommer unsere Felder bewirtschaftet, und heute ernten wir, bedanken uns bei der Natur und befüllen unsere Speicher mit Nahrung für den Winter, damit wir es warm und gemütlich haben« – mit diesem Mantra wurde in alten Zeiten eine ganz andere Energie in diese letzte Phase des Jahres ausgesendet. So wurden die Weichen für ein besseres körperliches und mentales Wohlbefinden gestellt.

Unser Körper hat während der saisonalen Neuausrichtung andere Bedürfnisse und beginnt, diese vehement einzufordern. Haarausfall, Schweißveränderung, ungezügelter Appetit, Heißhunger auf Süßes, volle To-do-Listen und Jahresendpanik vermischen sich zu einer angespannten Dauerbelastung. Dem gilt es vorzubeugen: Jede Sonnenstunde sollte genutzt und so viel Tageslicht wie möglich getankt werden. Halte dich, so oft es geht, im Freien auf und fülle notfalls auch durch Nahrungsergänzungsmittel die Vitamindepots auf. Denn trotz Rückzugsstimmung gilt es vorerst noch, die Energien hochzuhalten.
Das anfängliche Herbsttief kann mit den richtigen Tools gut überwunden werden. Indem wir genau auf unseren Körper hören und ihm den nötigen Treibstoff geben, gelingt es uns, auch die Stimmung zu stabilisieren. Ein Aspekt deiner Selbstfürsorge in dieser Zeit ist, dass du dich »von innen« nährst, ein anderer, dass du dem Körper auch »von außen« gibst, was er benötigt. Die beginnenden Temperaturschwankungen zwischen Tag und Nacht wirken sich auch auf das Tempo aus, mit dem sich unser Körper reguliert. Wärme nimmt dem Körper einen Arbeitsvorgang ab, weshalb er in diesem Bereich weniger Energie verbrennt.
Die Orientierungslosigkeit in der Outfitwahl ist uns allen wohlbekannt. Es ist nie leicht genug und doch auch nie warm genug. Plötzlich müssen sich die Zehen wieder in Socken flüchten und die Füße in geschlossene Schuhe zwängen. Nun ist es an der Zeit, den Zwiebellook wieder zu akzeptieren und Teekochen als Alltagsritual einziehen zu lassen.

## Zwischen persönlichem Rückzug & Performancedruck der Globalisierung

Das lineare Jahr und die moderne Welt erfordern weiterhin ständig unseren Beitrag. Nur weil die Tage kürzer werden, können wir leider häufig nicht früher Feierabend machen. Auch wenn die letzten Pandemiewinter das Konzept Homeoffice endlich legitimiert und damit die eigene Zeiteinteilung in weiten Teilen flexibler gemacht haben, ist der Workload ab September in so gut wie jeder Branche gewaltig. Jetzt startet das wirtschaftlich wichtigste Viertel des linearen Jahres: das berüchtigte 4. Quartal. Wir kennen es als arbeitsintensivstes und hektischstes Vierteljahr. Es ist eine äußerst angespannte Phase im Jahr, die uns im Spagat zwischen Innenschau und den äußeren Ansprüchen vor eine Zerreißprobe stellt. Rückzug auf die Art und Weise, wie er zu dieser Zeit eigentlich empfohlen wird, ist nahezu unmöglich, wenn der Terminkalender zum Bersten voll ist und nach dem Sommer alles nachgeholt werden möchte, was an Arbeit liegen geblieben ist. Man könnte meinen, die moderne Welt steht im August still und nimmt ab September erst wieder Fahrt auf, um dann im Oktober und November so richtig Gas zu geben, bis der Dezember Lichtgeschwindigkeit erreicht.
Also was nun?! Eine strategische Vorgehensweise mit der eigenen Energieeinteilung im Innen und Außen ist von höchster Priorität, wenn man kräfteraubende Downs und Erschöpfungszustände vermeiden möchte, bevor der Winter überhaupt begonnen hat.

### Balance im Innen

Im Innen möchten wir zwischen physischer und nicht materieller Nahrung unterscheiden. Nährende Suppen, wärmende Kräutertees, Wurzelgemüse, Nüsse und Beeren erden und wärmen uns von innen.
Unsere Depots für Vitamin D und B, Eisen, Selen und Magnesium zu kontrollieren und aufzufüllen, kann ein absoluter Gamechanger gegen die Müdigkeit sein.
Auf der nicht materiellen Ebene benötigen wir in dieser Phase eine gute Mischung aus Austausch und Rückzug. Die Zeitqualität fordert unseren inneren Eremiten heraus, der sich vielleicht schon gerne ganz zurückziehen möchte, doch dafür ist es noch zu früh. Wir sind eingeladen, unsere Journals und Tagebücher wieder zu aktivieren, sollten diese über den Sommer etwas eingestaubt sein, weil wir vor lauter Aktivitäten im Außen abgelenkt waren. Sie möchten mit der Ernte unserer Erfolge und auch mit den Fehlschlägen befüllt werden. Jetzt dürfen wir unsere Gefühlswelt kennenlernen, mit der wir in die Herbst- und Wintersaison starten.

Finde deine Klarheit und deine Ziele für die kommende Phase und erlaube dir, zwischen Abgrenzung und radikaler Ehrlichkeit zu wandern. So findest du heraus, wie du deine Energie investieren möchtest, um im Frühjahr wieder durchstarten zu können.

### Für dein Journal:

- *Was muss noch tatsächlich in diesem Zyklus bis Ende Oktober erledigt werden? Was bis Ende des linearen Jahres? Was kann bis zum Frühling warten?*
- *Was darf zurückgelassen, zurück an den Äther gegeben oder gar verabschiedet werden?*
- *Was darf noch bis zum Ende des Zyklus (Samhain) gären und reifen?*
- *Wo darfst du in der kommenden Saison noch wachsen oder den Kurs korrigieren?*
- *Welche Pfade solltest du weiterverfolgen? Und welche nicht?*

### Grenzen nach Außen

Im Außen schaffen wir den Rahmen für das Innen, denn alles, was wir wahrnehmen, wirkt direkt auf uns ein.
Um uns davor zu schützen, dass ungefilterte Energien anderer oder die kollektive depressive Verstimmung der Zeit unkontrolliert über uns hereinbrechen, braucht es gesunde Grenzen.
Spaziergänge durch die langsam verblassende und sterbende Natur können eine meditative Alternative zu den geselligen Weinwanderungen und Jungweinverkostungen sein. Auch im Biergarten lässt es sich bei den meist noch angenehmen Temperaturen gut sitzen, vielleicht sogar mit deinem Journal.
Die Frage, die sich für das Außen stellt, ist: Wo hören die anderen auf, und wo beginnst du? Es geht darum, dich selbst wieder zu spüren, neue Orientierung zu finden und dich in ihr zu verankern, um von der Wucht der kommenden Zeit nicht mitgerissen zu werden.
September und Oktober haben sich mit dem Schul- und Unibeginn schon lange als eine Art Neuanfang etabliert, und gerade die Früchte, die erst jetzt reif werden, zeigen uns: Da ist noch Energie vorhanden.
Der Fokus auf das Wesentliche kann nun wirklich dein bester Freund werden und dich in neue Sphären tragen, sei es beruflich oder auf deinem ganz persönlichen Weg. Aber dafür darf man sich nicht zu sehr über die Felder verstreuen, seine Energien splitten und an allen Erntefesten teilnehmen.

**Für dein Journal:**

- *Wo sind deine Energien verstreut, wo liegt dein Fokus?*
- *Welche Pläne für dein letztes Quartal erfordern nun deine Aufmerksamkeit und deine Energie?*
- *Was gibt dir Energie und nährt dich?*
- *Was hilft dir, deinen Fokus zu halten? Entwickle deine Strategie.*

# Mabon & die Natur

## Pflanzen & Kräuter der Saison

In der Zeit rund um Mabon ziehen sich alle Pflanzensäfte und damit auch Nährstoffe langsam in die Wurzeln zurück. Deshalb ernten wir Wurzeln im Idealfall im Herbst, da sich dort jetzt die ganze Pflanzenkraft konzentriert und nicht mehr wie im Sommer in den oberirdischen Pflanzenteilen wie Blüten und Blättern.

### Die Wurzeln dieser Pflanzen kannst du jetzt sammeln:

- Meerrettich, Löwenzahn, Wegwarte, Meisterwurz, Engelwurz, Blutwurz, Enzianwurzel, Kletterwurzel, Baldrian

Die Wurzeln des Meerrettichs finden wir tatsächlich nicht nur im Supermarkt (in Österreich als Kren), sondern auch zuhauf draußen in der Natur. Die Wurzel von Löwenzahn oder der Wegwarte lassen sich zu sogenanntem Muckefuck (*Mocca faux*), also »falschem«, magenschonendem Kaffee verarbeiten. Auch Klettenwurzel ist sehr nährend, vor allem in heißem Wasser aufgekocht als Suppenbasis. Bucheckern und Kastanien begleiten dich auf Schritt und Tritt. Das klassische Schamanenkraut Beifuß lässt sich jetzt wunderbar am Wegesrand sammeln, damit kannst du schon mal Räucherbündel für die Rauhnächte binden.

## Früchte der Saison

Wir werden zu dieser Zeit mit saftigem Wildobst und -beeren beschenkt. Weißdorn, Kornelkirsche und Hagebutten leuchten dir jetzt rot entgegen. Auch der rotbackige Apfel ist wie nichts anderes ein Symbol dieser Zeit, denn nun ist die Zeit für seine Ernte reif. Die dunklen Holunderbeeren hängen herab und warten darauf, zu Holunderbeerensirup und -marmelade verarbeitet zu werden.
Im Garten wird um diese Jahreszeit geerntet, abgestorbenes Gestrüpp zurückgeschnitten, kompostiert und alles winterfest gemacht.
Jetzt pflücken Gärtner*innen auch ihre Samenstände für die nächste Aussaat im Frühling.

## Rezept: Kräuteressig mit Kapuzinerkresse für das Immunsystem

Mit ihren wunderschönen orangefarbenen Blüten ist die Kapuzinerkresse eine äußerst blühfreudige Pflanze, was sie zur perfekten Ergänzung für jeden Garten macht. Aber Kapuzinerkresse ist nicht nur schön, sondern sie hat auch eine unmittelbare Wirkung gegen Krankheitserreger. So ist sie eine äußerst effektive, antimikrobiell wirkende Heilpflanze, die sich wunderbar eignet, um die Abwehrkräfte zu stärken. Die Pflanze galt früher schon als Skorbutmittel für Seefahrer, denn sie enthält so viel Vitamin C wie Sanddornfrüchte. Ihre desinfizierende Wirkung entfaltet sich vor allem bei Atemwegserkrankungen und Harnwegsinfekten. Perfekt also für die bevorstehende Winterzeit!
Wir können rund um Mabon einen Kräuteressig für ein starkes Immunsystem mit Kapuzinerkresse ansetzen, damit der Auszug fertig ist, sobald die Temperaturen ordentlich fallen.

**Was du brauchst:**
Einige Kapuzinerkresseblüten, -blätter und/oder -samen
Apfelessig
1 Schraubglas oder Flasche

**Zubereitung:**
- Zerkleinere die Teile der Kapuzinerkresse etwas und fülle das Glas ungefähr bis zur Hälfte damit auf.
- Gieße mit Apfelessig auf und verschließe das Glas.
- Lass den Essig vier Wochen an einem schattigen, warmen Platz ziehen. Zwischendurch immer wieder schütteln.
- Seihe den Essig nach der Ziehzeit ab.
- Nimm pro Tag einen Teelöffel in Wasser verdünnt und optional mit Honig gemischt für maximal zwei Wochen am Stück ein. Alternativ kannst du den Essig auch für dein Salatdressing verwenden.

# Selfcare

› Trinke beruhigende Tees (Kamille, Passionsblume etc.) oder eine Goldene Milch mit Kurkuma als Feierabendritual.

› Koche nährende, erdende Suppen mit Wurzelgemüse der Saison.

› Gönn dir Massagen – komme runter und entspanne dich.

› Mach langsamer. Du darfst nun ein paar Gänge zurückschalten.

› Nimm warme Bäder mit ätherischen Ölen und Badesalzen.

› Besuche Thermen oder die Sauna.

› Mache Abendspaziergänge, beobachte die sich verändernde Natur und sieh den atemberaubenden Sonnenuntergängen des Herbstes zu.

› Stelle immunstärkende Kräutermedizin für die kalte Jahreszeit her.

› Konserviere Gemüse wie Karotten, Kraut und Zwiebeln, indem du sie einlegst.

› Notiere dir täglich drei Dinge, für die du dankbar bist.

› Sag Nein zu allem, was zehrend oder erschöpfend klingt.

› Reduziere deine sozialen Engagements und beginne, wieder mehr mit und bei dir selbst zu sein.

› Schaffe dir eine warme und sinnliche Wohnumgebung, die dich einlädt, wieder mehr Zeit in deinen vier Wänden zu verbringen.

# Abschlussworte

Der Gedanke, ein Buch zu schreiben, hat uns beide seit unserer Kindheit begleitet. Es war einer dieser großen Träume, die man in sich trägt, ohne genau zu wissen, ob er je realisiert würde und in welcher Form. Als die E-Mail des Piper Verlags in Christinas Postfach landete, war für eine von uns dieser Traum plötzlich greifbare Realität geworden. Aufgrund von vorangegangener Zusammenarbeit zu den Rauhnächten und Jahreskreisfesten war es naheliegend für Christina, dass sie dieses Buch gemeinsam mit Meliha verwirklichen wollte. Somit befanden wir uns schließlich beide auf dem Weg, unseren Traum vom eigenen Buch zu erfüllen. Wir waren uns sofort einig, dass unser Buch nicht nur die Rauhnächte, sondern auch die Jahreskreisfeste behandeln sollte, da sie für uns ineinandergreifen und zusammengehören. Wir möchten uns an dieser Stelle noch mal herzlichst bei unserer Lektorin Isabella Jaross bedanken, die mit der Idee an Christina herangetreten ist, und beim Piper Verlag, der auf den Vorschlag eingegangen ist, mit zwei statt einer Autorin zusammenzuarbeiten.

Ursprünglich war geplant, dass der Einfluss des Klimawandels nur eine Seite des Buches einnehmen sollte. Als wir uns aber tiefer mit den aktuellen Herausforderungen unserer Zeit auseinandergesetzt haben, erwies sich das Thema als wesentlich umfangreicher und wichtiger, als wir erwartet hatten. Somit bekamen auch die Naturrhythmen und -zyklen noch mal einen hören Stellenwert in Bezug auf die Jahreskreisfeste in einer modernen Welt. Wir leben beide in einer Großstadt, und es war uns wichtig, dass unsere Ideen und Praktiken auch in einer modernen urbanen Welt umsetzbar sind. Viele Bücher und Onlineressourcen befassen sich mit einer romantisierten Version der alten Bräuche und Traditionen, die in der esoterischen Bubble verankert sind. Aber wir wissen, dass es viel mehr Menschen gibt, die offen für diese Themen sind und bereits darüber Bescheid wissen. Die Realität ist, dass viele Menschen ein Bewusstsein dafür haben, auch wenn sie es nicht immer mit den-

selben Worten ausdrücken. Wir müssen alle zusammenarbeiten, um eine nachhaltige Zukunft zu gestalten. Das ist einer der Aspekte, die uns besonders am Herzen liegen. In unserem Buch haben wir deshalb nicht nur esoterische oder spirituelle Inhalte behandelt, sondern auch das Klima und gesellschaftsrelevante Themen. Wir wollten zeigen, warum diese Aspekte wichtig sind und wie wir sie in unserem Leben anwenden können. Wir möchten damit so viele Menschen wie möglich erreichen, ihnen die Tür öffnen zu einem neuen Verständnis über die Naturzyklen, die Bedeutung von Jahreskreisfesten und ihrer Riten. Es wäre für uns sehr spannend zu sehen, wie eine moderne Gesellschaft oder auch Welt aussehen und funktionieren könnte, wenn sie sich mehr nach den natürlichen Zyklen und Rhythmen richten würde. Ob sie gesünder wäre, ob sie zufriedener wäre, ob wir dadurch ein Stück weit mehr die Erde heilen könnten sowie auch uns selbst? Wir glauben ja!
Unser Buch ist mehr als nur ein weiteres Buch über Rauhnächte und Jahreskreisfeste. Es geht darum, wie wir diese alten Traditionen mit unserem modernen Leben verbinden können. Es geht darum, Authentizität zu bewahren und gleichzeitig Raum für individuelle Ausdrucksformen im Rahmen alter Traditionen zu schaffen. Unsere Vorschläge zu Ritualen, Praktiken und Herangehensweisen zu den einzelnen Festen sind zwar recherchiert und aus der Vergangenheit konserviert, bleiben jedoch vor allem Inspirationen und Anstöße für den Leser und die Leserin, ihre eigenen Riten zu etablieren. Wir möchten dich ermutigen, deine eigene Reise zu gehen, deine eigenen Bräuche spielerisch zu kreieren und für die Zukunft weiterzugeben.

# Danksagung

Neben unseren Vorfahren und Eltern, ohne die wir nicht hier wären, verdanken wir dieses Buch natürlich auch unserer Community und unseren Unterstützer*innen der letzten Jahre. Die zahlreichen Teilnehmer*innen unserer Workshops und unseres Rauhnächte-Programms haben uns immer wieder gezeigt, wie wichtig dieses Thema ist und dass ein Hunger danach besteht. Das hat uns ungemein auf unserem Weg bestärkt.
Wir sind unendlich dankbar für die Geduld und Unterstützung unserer Freund*innen und Kolleg*innen, die unsere Schreibblase respektiert haben und uns immer wieder angespornt und erinnert haben, dass wir hier nicht nur einen, sondern *unseren* Traum verwirklichen.
Ganz besonders möchten wir uns auch gegenseitig beieinander und bei uns selbst bedanken, für unsere Ausdauer, für all die Vorarbeit, die wir in den letzten Jahren für unsere eigenen inneren Zyklen und Rhythmen geleistet haben, für die Hingabe zum Andersdenken, für den Mut, ausgetretene Pfade neu zu gehen und der Welt alte neue Geschichten zu erzählen, dafür Spiritualität sowie Traditionen, Bräuche und Riten zu entstauben, aber vor allem zu entstigmatisieren.
We did it.

# Weiterführende Literatur

Becker-Huberti, Manfred: Feiern, Feste, Jahreszeiten. Freiburg: Herder, 2001.
Wolynn, Mark: It didn't start with you. How inherited family trauma shapes who we are and how to end the cycle. Penguin LLC US, 2017.
Atlas, Galit: Emotional Inheritance. Boston: Little Brown & Co., 2023.
MacKinnon, Danielle: Die geheimen Verträge der Seele. München: Goldmann, 2017.
Cotterell, Arthur: Mythologie – Götter, Helden, Mythen. Bath: Parragon, 2004.
Ryman, Anders: Rites of Life. Köln: Evergreen, 2010.
O'Donohue, John: Anam Cara: Das Buch der keltischen Weisheit. München: dtv, 1999.
Ziegler, Gerd B.: Tarot für alle. München: Goldmann, 2009.
Waibel, Katharina: Wilde Weiber Wünsche – Pflanzen, Sehnsucht, Begierde. Hohenems: Bucher, 2015.
Horx, Tristan: Unsere Fucking Zukunft. Köln: Quadriga, 2021.
Horx, Tristan: Sinnmaximierung. Köln: Quadriga, 2022.
Metzinger, Thomas: Bewusstseinskultur. Berlin: Berlin Verlag, 2023.
Jung, C. G.: Der Mensch und seine Symbole. Ostfildern: Patmos Verlag, 2020.
Storl, Wolf Dieter: Pflanzen der Kelten. Arau: AT-Verlag, 2000.
Storl, Wolf Dieter: Die alte Göttin und ihre Pflanzen. München: Kailash, 2014.
Krause, Annika und Stieler, Thorben: Kruut – Wildpflanzen im Alltag. Stuttgart: Kosmos, 2022.
Nitschke, Adolfine: Heilsames Räuchern mit Wildpflanzen. München: Goldmann, 2021.
Grünwald, Dr. Jörg, und Jänicke, Christof: Grüne Apotheke. München: Gräfe und Unzer, 2015.
Krutmann, Hannah und Marie: Everyday Magic. Köln: Lübbe Life, 2021.
Haberkorn, Lori: Die goldene Magie der Mondin. Berlin: Allegria, 2021.

# Anmerkungen

1 https://www.weforum.org/agenda/2019/09/children-are-forgetting-the-names-for-plants-and-animals/., abgerufen am 19.07.2023.
2 Bei historischen Begriffen haben wir uns entschieden, auf das Gendersternchen zu verzichten, selbstverständlich sind aber alle Geschlechter mitgemeint.
3 https://www.global2000.at/publikationen/obst-und-gemuese-im-pestizidtest, abgerufen am 24.3.2023.
4 Storl, Wolf Dieter: Pflanzen der Kelten. Arau: AT-Verlag, 2000, S. 170.
5 Ebd., S. 147.
6 Atlas, Galit: Emotional Inheritance. Boston: Little Brown & Co., 2023.
7 Jackson, Laura Lynne: Signs. The secret language of the universe. The Dial Press 2019, S. 151.
8 MacKinnon, Danielle: Die Geheimen Verträge der Seele. München: Goldmann, 2017, S. 55.
9 Becker-Huberti, Manfred: Feiern, Feste, Jahreszeiten. Freiburg: Herder, 2001, S. 120.
10 Isokauppila, Tero: Santa Sold Shrooms. Four Sigma Foods, 2018.
11 November 2022, Broschüre des deutschen Umweltbundesamtes zum Download: https://www.umweltbundesamt.de/sites/default/files/medien/1410/publikationen/uba_hg_silvesterfeuerwerk_nov_2022_bf.pdf, abgerufen am 18.02.2023.
12 https://www.nationalgeographic.de/umwelt/2022/12/feuerwerk-an-silvester-studie-zeigt-langzeitfolgen-bei-wildgaensen-boeller, abgerufen am 18.02.2023.
13 Becker-Huberti, Manfred: Feiern, Feste, Jahreszeiten. Freiburg: Herder, 2001, S. 169.
14 https://oem.bmj.com/content/80/1/1
https://oem.bmj.com/content/78/Suppl_1/A159.1, abgerufen am 18.05.2023.

15 https://austria-forum.org/af/Heimatlexikon/Faschingsrenner_d._Krakau, abgerufen am 18.05.2023.

16 Storl, Wolf Dieter: Die alte Göttin und ihre Pflanzen. München: Kailash, 2014, S. 166.

17 https://info.bml.gv.at/themen/landwirtschaft/landwirtschaft-in-oesterreich/tierische-produktion/gefluegel-eier/Ei-Artikel.html, abgerufen am 18.05.2023.

18 https://www.museum-joanneum.at/freilichtmuseum/sammlungen-hausforschung/braeuche-und-traditionen/sonnwend, abgerufen am 18.05.2023.

19 https://bauernzeitung.at/heimisches-obst-statt-beeren-aus-uebersee/, abgerufen am 17.3.2023.